古代歷史文化研究輯刊

十七編

王明蓀 主編

第13冊

遼金史論稿

周峰 著

國家圖書館出版品預行編目資料

遼金史論稿／周峰 著 — 初版 — 新北市：花木蘭文化出版社，
2017〔民 106〕
目 2+270 面；19×26 公分
（古代歷史文化研究輯刊 十七編：第 13 冊）
ISBN 978-986-404-953-0（精裝）
1. 遼史 2. 金史
618   106001387

ISBN-978-986-404-953-0

9 789864 049530

古代歷史文化研究輯刊
十七編　第十三冊　　　　　　ISBN：978-986-404-953-0

遼金史論稿

作　　者　周　峰
主　　編　王明蓀
總 編 輯　杜潔祥
副總編輯　楊嘉樂
編　　輯　許郁翎、王筑　美術編輯　陳逸婷
出　　版　花木蘭文化出版社
社　　長　高小娟
聯絡地址　235 新北市中和區中安街七二號十三樓
　　　　　電話：02-2923-1455／傳眞：02-2923-1452
網　　址　http://www.huamulan.tw 信箱 hml810518@gmail.com
印　　刷　普羅文化出版廣告事業
初　　版　2017 年 3 月
全書字數　209303 字
定　　價　十七編 34 冊（精裝）台幣 68,000 元

遼金史論稿

周 峰 著

作者簡介

周峰,男,漢族,1972 年生,現任中國社會科學院民族學與人類學研究所研究員,主要從事遼金史、西夏學的研究。1993 年畢業於北京聯合大學文理學院,獲得歷史學學士學位。2010 年考入中國社會科學院研究生院攻讀博士學位,導師史金波先生,2013 年 6 月獲歷史學博士學位。1993 年 7 月至 1994 年 2 月,在北京市文物研究所工作。1994 年 2 月至 1999 年 8 月在北京遼金城垣博物館工作。1999 年 8 月至今在中國社會科學院民族學與人類學研究所工作。主要代表作:《完顏亮評傳》,民族出版社 2002 年;《金章宗傳》(與范軍合作),中國廣播電視出版社 2003 年;《21 世紀遼金史論著目錄(2001—2010 年)》(上下),花木蘭文化出版社 2016 年;《西夏文〈亥年新法・第三〉譯釋與研究》,花木蘭文化出版社 2016 年。發表論文 70 餘篇。

提　　要

　　本書是作者學習、研究遼金史 20 年的階段性總結,共收入已發表論文 29 篇,涉及遼金政治、經濟、文化、民族、人物等方方面面的問題。

目次

一、遼代前期漢人重臣高勳生平發微

摘　要

　　高勳家族在五代的前三代都延續不衰，其本人由後晉降遼，仕途一帆風順。高勳參與了蕭思溫、韓匡嗣、女里、耶律賢等人謀弒穆宗的行動，但是景宗即位之後，該政治聯盟也因為政變的成功而分裂成了帝后兩黨，兩黨為爭奪統治大權而展開了激烈的鬥爭，首先，蕭思溫之死是出於景宗的指使，由高勳、女里等人派人暗殺。之後，蕭后借助韓匡嗣家族的力量，殺高勳、女里等人，使景宗失去了倚靠力量，大權最終落入蕭后之手。

關鍵詞：遼代、高勳、宮廷政治

　　由於《遼史》本傳中未載明高勳的族屬，因而學界一般認為他是漢人，有代表性的如白壽彝主編《中國通史》載：「早年投靠遼朝的漢人高勳、郭襲、室昉、韓匡嗣及其子韓德讓等，先後得到重用。」〔註1〕范文瀾、蔡美彪等著《中國通史》載：「九七〇年，統領漢軍的南院樞密使高勳和飛龍使女里合謀，指使蕭海只、海里等殺了北院樞密使蕭思溫。在遼朝的歷史上，多次出現過契丹貴族內部的鬥爭，但漢人領兵統帥參預謀殺契丹統帥，這還是第一次。」

〔註 1〕 白壽彝總主編、陳振主編：《中國通史》第七卷《中古時代·五代遼宋夏金時期》（上），上海人民出版社，1999 年，第 208 頁，引文執筆者為陳振。

〔註2〕但是新出土的《王守謙墓誌》〔註3〕卻提供了與此不同的說法。該墓誌載:「洎大丞相渤海高公保釐天邑,專摠朝政,下車不數月,選公宰人於薊北。」有的研究者認爲:「另志中所載『大丞相渤海高公』,應爲高模翰。」〔註4〕此說不對,此「渤海高公」,不是高模翰,而是高勳。所謂「保釐天邑」,也就是出任南京留守,《遼史·高模翰傳》並無其出任南京留守的記載。而據高勳傳,他「應曆初,封趙王,出爲上京留守,尋移南京。」〔註5〕另外石刻文獻中也有高勳出任南京留守的記載,《重修范陽白帶山雲居寺碑》記載:「丞相秦王統燕之四年」。〔註6〕有的學者考證出高勳是在應曆十二年(962)出任南京留守的。〔註7〕據《王守謙墓誌》,王守謙死於保寧元年(969),其任薊北縣令正在應曆年間。因此,「渤海高公」就是高勳。那麼關於高勳是否是渤海人,以及其在遼朝前期政壇中所起的作用,《王守謙墓誌》的出土都提供了新的史料,下文考述之。

一、高勳家族世系及入遼之前的高勳

據《遼史》本傳,高勳,字鼎臣,是後晉北平王高信韜之子,在後晉時任閤門使。高勳其父高信韜不見載於《舊五代史》及《新五代史》。但是其家族淵源卻有據可查,在五代全部歷史中,被封爲北平王且爲高姓的只有高萬興一人。高萬興在《舊五代史》、《新五代史》中都有傳。〔註8〕他是河西人,祖父高君佐及父親高懷遷官職都不高,高萬興及其弟高萬金初隸屬於李茂

〔註2〕范文瀾、蔡美彪等著:《中國通史》第六冊,人民出版社,1994年,第61頁,引文執筆者爲蔡美彪。

〔註3〕該墓誌的拓片見中國文物研究所、北京石刻藝術博物館編:《新中國出土墓誌·北京〔壹〕》(上冊),文物出版社,2003年,第44頁。另外見北京市文物局編:《北京遼金史蹟圖志》(下),北京燕山出版社,2004年,第127頁。還見熊鷹:《從館藏石刻略談遼金元時期石刻書法特點》,《書法叢刊》2007年第4期,第51頁。拓片的清晰程度以第一種最好,第三次之,第二最差。錄文見第一種書下冊,第34～35頁,以及第二種書第128頁,但第二種錄文有15處錯訛。

〔註4〕北京市文物局編:《北京遼金史蹟圖志》(下),北京燕山出版社,2004年,第127頁。

〔註5〕《遼史》卷八五《高勳傳》,中華書局,1974年,第1317頁。

〔註6〕向南編:《遼代石刻文編》,河北教育出版社,1995年,第33頁。

〔註7〕參見金申:《房山縣雲居寺〈千人邑會碑〉初探》,《文物》1986年第2期。

〔註8〕《舊五代史》卷一三二《高萬興傳》,《新五代史》卷四〇《高萬興傳》,中華書局點校本。

貞，後降後梁，任延州刺史、忠義軍節度使，高萬金任保大軍節度使。「貞明元年（915）二月進封延州節度使渤海郡王高萬興爲渤海王，六年四月進封延安王。」〔註9〕高萬金死後，高萬興又轄其屬地，任鄜延節度使，最後進封北平王。後唐時，高萬興維持了其地位。同光三年（925）高萬興死後，其子高允韜繼任，清泰二年（935）卒。高信韜很可能就是高允韜之弟，〔註10〕其北平王之封爵應該是沿襲自高萬興及高允韜，可見其家族在五代的前三代都延續不衰。又因爲高萬興本傳明確說明他是河西人，其歷代任職、活動都在陝西地區，因此不可能是渤海人。高萬興被封爲渤海王的原因應該是高姓的郡望是渤海，《王守謙墓誌》中的「渤海高公」的「渤海」也應該指的是高勳的郡望，這與該墓誌中所載的「清河張公」的「清河」是指郡望相同。據此，高勳的家族世系如下：

高勳家族世系表

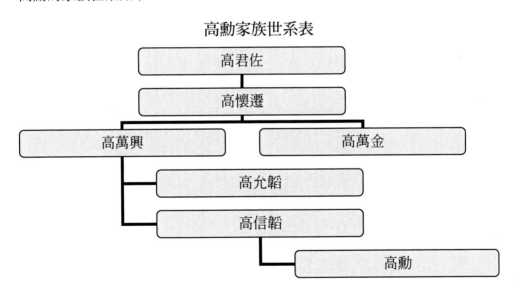

高勳早年經歷不詳，他最早見載於史籍是在遼滅後晉的戰爭中。後晉開運三年（946，遼會同九年）冬，晉軍在杜重威與李守貞等統帥下出兵北上，在瀛州（今河北河間市）城下，晉軍與遼軍接戰，晉將梁漢璋戰死，杜重威

〔註 9〕《冊府元龜》卷一九六《閏位部·封建》，中華書局，1960 年，第 2360 頁。
〔註10〕據《新五代史》卷四○《高萬興傳》，高萬金之子爲高允權，那麼高萬興及高萬金的下一代應該爲「允」字輩，故而高信韜究竟是否是高允韜之弟尚存疑。

退軍,在滹沱河上的中渡橋(今正定東南)與遼軍隔岸對陣。杜重威在危急的局勢下,決心降遼。「重威密遣人詣敵帳,潛布腹心。契丹主大悅,許以中原帝之,重威庸暗,深以爲信。一日,伏甲於內,召諸將會,告以降敵之意,諸將愕然,以上將既變,乃俛首聽命,遂連署降表,令中門使高勳齎送敵帳。」〔註11〕可見,此時的高勳爲杜重威的心腹,也因此被遼太宗耶律德光所知。但據《遼史》本傳及《資治通鑑》卷285「後晉開運三年十二月丙寅」所記載,高勳的官職都是閤門使而非中門使,上引《舊五代史》所載應該有誤。

二、入遼之後至景宗即位之際的高勳

高勳降遼之後,很快受到重用,爲太宗信任。「太宗入汴,授四方館使。」〔註12〕後晉降將張彥澤自以爲對遼滅後晉有功,因而飛揚跋扈,爲所欲爲。張彥澤與高勳有私怨,「因乘醉至其門,害其仲父、季弟,暴屍於門外。」〔註13〕高勳爲此向遼太宗申訴,「德光以其狀示百官及都人,問:『彥澤當誅否?』百官皆請不赦,而都人爭投狀疏其惡,乃命高勳監殺之。彥澤前所殺士大夫子孫,皆縗絰杖哭,隨而詬詈,以杖朴之,彥澤俛首無一言。行至北市,斷腕出鎖,然後用刑,勳剖其心祭死者,市人爭破其腦,取其髓,臠其肉而食之。」〔註14〕由此事,高勳更加對太宗感恩戴德,而太宗也倚之爲腹心,不久即升任宣徽使。

太宗留蕭翰守汴京,自己率軍北還。「自黎陽渡河,行至湯陰,登愁死岡,謂其宣徽使高勳曰:『我在上國,以打圍食肉爲樂,自入中國,心常不快,若得復吾本土,死亦無恨。』勳退而謂人曰:『虜將死矣。』」〔註15〕當然,此處的「虜」並非高勳的原話,他也不敢如此說太宗,這是《新五代史》的編著者對契丹人的蔑稱而已。《舊五代史》對此事的記載是:「契丹自黎陽濟河,次湯陰縣界,有一崗,土人謂之愁死崗。德光憩於其上,謂宣徽使高勳曰:『我在上國,以打圍食肉爲樂,自及漢地,每每不快,我若得歸本土,死亦無恨。』勳退而謂人曰:『其語偷,殆將死矣。』」〔註16〕可見,這裡高勳只是對太宗

〔註11〕《舊五代史》卷一〇九《杜重威傳》,中華書局,1976年,第1435頁。
〔註12〕《遼史》卷八五《高勳傳》,中華書局,1974年,第1317頁。
〔註13〕《舊五代史》卷九八《張彥澤傳》,中華書局,1976年,第1307頁。
〔註14〕《新五代史》卷五二《張彥澤傳》,中華書局,1974年,第600~601頁。
〔註15〕《新五代史》卷七二《四夷附錄第一》,中華書局,1974年,第898~899頁。
〔註16〕《舊五代史》一三七《契丹傳》,中華書局,1976年,第1835~1836頁。

之死做出預測，而並無不敬之語。

　　高勳為人機敏，「好結權貴，能服勤大臣，多推譽之。」〔註17〕因而他的仕途也就一帆風順。在遼世宗即位之後，任樞密使，總領漢軍。世宗天祿五年（951），後漢高祖劉知遠弟劉崇被後周進攻，劉崇向遼遣使稱侄，求援，並請求冊封。世宗「即遣燕王牒蠟、樞密使高勳冊為大漢神武皇帝。」〔註18〕但在《新五代史》中記載此事，則將高勳的官職稱為政事令。「兀欲遣燕王述軋、政事令高勳以冊尊旻（即劉崇——筆者注）為大漢神武皇帝，並冊旻妻為皇后。兀欲性豪俊，漢使者至，輒以酒肉困之，珙素有疾，兀欲強之飲，一夕而以醉卒，然兀欲聞旻自立，頗幸中國多故，乃遣其貴臣述軋、高勳以自愛黃騮、九龍十二稻玉帶報聘。」〔註19〕很可能高勳此時的官職是樞密使兼政事令。另外，《契丹國志》卷六記載景宗即位之後，「以樞密使知政事令高勳守政事令，封秦王。」〔註20〕

　　穆宗即位後，高勳仍被重用，「應曆初，封趙王，出為上京留守，尋移南京。」〔註21〕由於高勳位高權重，並為穆宗信任。因而，他曾解救了幾乎被殺的朋友李澣。李澣，仕後晉為中書舍人，晉亡歸遼。在遼太宗死後，世宗登基之際，政局洶洶。「澣與高勳等十餘人羈留南京。久之，從歸上京，授翰林學士。」〔註22〕可能正是由於共同經歷了這段兇險的日子，李澣與高勳結下了莫逆之交。但也可能在後晉時，李、高兩家族就有著政治同盟的關係。前文已述及，高勳與張彥澤有私人恩怨，因而導致高勳家族成員被張所殺，最終張也為高所殺。而張彥澤與李澣家族也有恩怨，李澣之兄尚書刑部郎中李濤「常忿張彥澤殺邠州幕吏張式而取其妻，濤率同列上疏，請誅彥澤以謝西土，高祖方姑息武夫，竟不從。」〔註23〕因此，李濤與張彥澤結下仇恨。後在後晉滅亡之際，張彥澤得勢之時，由於李濤的機智、滑稽，僥倖得免。因此，有著共同仇家張彥澤的李、高兩家很可能在後晉就有政治同盟關係，並一直維繫到遼朝。李澣在穆宗即位後，升至工部侍郎。此時，其兄李濤在

〔註17〕　《遼史》卷八五《高勳傳》，中華書局，1974年，第1317頁。

〔註18〕　《遼史》卷五《世宗紀》，中華書局，1974年，第66頁。

〔註19〕　《新五代史》卷七〇《劉旻世家》，中華書局，1974年，第864～865頁。

〔註20〕　《契丹國志》卷六《景宗孝成皇帝》，上海古籍出版社，1985年，第57頁。《續資治通鑑長編》卷一〇有同樣記載。《契丹國志》應以此為史源。

〔註21〕　《遼史》卷八五《高勳傳》，中華書局，1974年，第1317頁。

〔註22〕　《遼史》卷一〇三《李澣傳》，中華書局，1974年，第1450頁。

〔註23〕　《舊五代史》卷九八《張彥澤傳》，中華書局，1976年，第1308頁。

後周任翰林學士，曾秘密派人召喚李澣。「澣得書，托求醫南京，易服夜出，欲遁歸汴。至涿，爲徼巡者所得，送之南京，下吏。澣伺獄吏熟寢，以衣帶自經。不死，防之愈嚴。械赴上京，自投潢河中流，爲鐵索牽掣，又不死。及抵上京，帝欲殺之。時高勳已爲樞密使，救止之。屢言於上曰：『澣本非負恩，以母年八十，急於省覲致罪。且澣富於文學，方今少有倫比，若留掌詞命，可以增光國體。』帝怒稍解，仍令禁錮於奉國寺，凡六年，艱苦萬狀。會上欲建《太宗功德碑》，高勳奏曰：『非李澣無可秉筆者。』詔從之。文成以進，上悅，釋囚。」〔註24〕高勳救助李澣，一方面是高、李兩家的親密關係，另一方面也可看做是高勳努力擴大在入遼漢人中的威望。

前文已述，有學者考證高勳是在是在應曆十二年（962）出任南京留守的。南京地區是遼朝經濟最爲富庶之地，其地的賦稅收入對遼朝的國計民生都起著重要的作用。因此，高勳十分重視所屬各縣縣令的人選。前引王守謙墓誌載，「洎大丞相渤海高公保釐天邑，專揔朝政，下車不數月，選公字人於薊北。」可見，高勳上任之後，就調整了所屬各縣的官員人選，並且確實卓有成效。以王守謙爲例，墓誌記載其政績說：「是縣也，戶多兼併之室，人有物力之差。夏租秋稅，恒逾年之逋負；調發役使，俾容民之偏並。公之肇至也，峻其科條，嚴其程限，均其勞逸，恤其羸弱。期年免稽逋之累，黎元絕輕重之□。然後寬其懲責，檟楚幾不用矣。是時，比歲豐稔，百姓謐寧。視其聽政之所，懼有壞□□。始謀必葺，眾情悅隨。持新密賤之堂，悉去宰予之木。庭廡改觀，考課居最。」雖然墓誌難免有諂諛之詞，但其基本事實不會有太大出入。可見，高勳還是知人善任的。高勳除了對南京的人事進行了調整之外，還對行政區劃進行了調整，雲州懷安縣，「高勳鎮燕，奏分歸化州文德縣置。」〔註25〕弘州順聖縣，「高勳鎮幽州，奏景宗分永興縣置。」〔註26〕懷安縣、順聖縣在高勳設置時，都隸於奉聖州。康鵬博士認爲：「由於史料的匱乏，我們已很難知曉高勳鎮燕時是否還有其它身份、究竟因何事分置諸縣。不過，在重熙十三年西京建立之前，南京方面當有節制山西諸州之權限，這一點應該是可以肯定的。」〔註27〕誠如所論，此時任南京留守的高勳還有節制山西諸州

〔註24〕《遼史》卷一〇三《李澣傳》，中華書局，1974年，第1450～1451頁。

〔註25〕《遼史》卷四一《地理志五》，中華書局，1974年，第507頁。

〔註26〕《遼史》卷四一《地理志五》，中華書局，1974年，第507頁。校勘記中已指出「景宗」應爲「穆宗」之誤。

〔註27〕康鵬：《遼代五京體制研究》，北京大學博士研究生學位論文，2007年，第25頁。

的權力，可謂大權在握。他分置兩縣，我認爲很可能是針對宋朝的部署，其目的是增強面對北宋的山西方面縱深的防禦力度。高勳任南京留守之初，就面臨著對宋防禦問題。應曆十三年（963），「會宋欲城益津，勳上書請假巡徼以擾之。」〔註28〕穆宗「命南京留守高勳、統軍使崔廷勳以兵擾之。」〔註29〕宋人築城不果。應曆十七年（967），高勳再次在益津關的衝突中擊敗宋軍。隨即，高勳再任知南院樞密事。穆宗晚年沉湎於酒，高勳有時也難免參與。應曆十八五月「丁酉，與政事令蕭排押、南京留守高勳、太師昭古、劉承訓等酣飲，連日夜。」〔註30〕也正是由於穆宗晚年的荒淫，而導致了其死亡。應曆十九年（969）二月己巳夜，近侍小哥等六人謀反，殺穆宗。而此時的高勳，與飛龍使女里、侍中蕭思溫等人在耶律賢的率領下，以重裝騎兵千人至行在，耶律賢隨即即皇帝位，是爲景宗。

　　傳統認爲，遼穆宗之死，是因爲他過於殘暴，因而被身邊不堪忍受的奴隸殺死。但近年來李桂芝先生對穆宗之死及景宗即位的歷史進行了深入研究，認爲「遼景宗即位歷程表明，遼穆宗由於缺乏治國才能，導致宗室諸王對皇權的覬覦，故應曆年間諸王『謀反』、『謀叛』、『謀逆』事件頻繁發生。應曆十九年（969年）的小哥、花哥和辛古行刺遼穆宗，不是奴隸起義，而是由蕭思溫、韓匡嗣、高勳、女里和耶律賢精心安排的奪權活動。」〔註31〕筆者基本同意李先生的觀點。並就此進一步認爲，景宗即位之後，其原來的政治聯盟也因爲政變的成功而分裂成了帝后兩黨，兩黨爲爭奪統治大權而展開了激烈的鬥爭，首先，蕭思溫之死是出於景宗的指使，由高勳、女里等人派人暗殺。而之後，蕭后借助韓匡嗣家族的力量，殺高勳、女里等人，使景宗失去了倚靠力量，大權最終落入蕭后之手。下文試述之。

三、高勳之死與蕭后地位的確立

　　正如李桂芝先生所述，由於高勳參加了景宗謀弑穆宗集團。因此「景宗即位，以定策功，進王秦。」〔註32〕景宗即位後，其集團隨即分化爲帝、后兩黨，其中帝黨成員有高勳、女里等人，而后黨成員則有蕭思溫、韓匡嗣家

〔註28〕《遼史》卷八五《高勳傳》，中華書局，1974年，第1317頁。
〔註29〕《遼史》卷六《穆宗紀上》，中華書局，1974年，第77頁。
〔註30〕《遼史》卷七《穆宗紀下》，中華書局，1974年，第86頁。
〔註31〕李桂芝：《遼景宗即位考實》，《學習與探索》2006年第6期。
〔註32〕《遼史》卷八五《高勳傳》，中華書局，1974年，第1317頁。

族及耶律賢適等人。蕭思溫由於是蕭后的父親，且爲奪權集團的核心成員，因而立即被任命爲北院樞密使，隨後又兼北府宰相，這實際上是景宗不得已之舉。保寧二年（970）五月，蕭思溫跟隨景宗在閭山遊獵，「乙卯，次盤道嶺，盜殺北院樞密使蕭思溫。」〔註33〕此案很快於當年九月告破，「得國舅蕭海只及海里殺蕭思溫狀，皆伏誅，流其弟神睹於黃龍府。」〔註34〕但此案在高勳、女里失勢後，又被認爲出於二人指使。其實際情況，很可能是景宗爲了削弱后黨的實力，指使高勳、女里派人將蕭思溫殺害，而蕭海只等人只不過是替罪羊而已。

蕭思溫死後，后黨成員耶律賢適很快塡補了其權力空缺，於當年七月任北院樞密使。后黨的另一成員韓匡嗣在景宗登基後，因功「授始平軍節度使、特進、太尉，封昌黎郡開國公，尋加推誠奉上宣力功臣。……俄授上京留守、同政事門下平章事、臨潢尹。」〔註35〕後來，韓匡嗣又改任南京留守，而其子韓德讓也繼其先後任上京留守、南京留守。由於蕭后與韓匡嗣之子韓德讓眾所周知的親密關係，韓匡嗣家族成了蕭后所深爲倚靠的力量，也是后黨的中堅。此後，帝、后兩黨呈現相持狀態，而帝黨略占上風。作爲帝黨主要成員的高勳在景宗朝初期的政治生活中起著重要作用。保寧二年（970）正月己巳，「北漢主遣使持節禮幣賀契丹主，樞密使高勳言於契丹主曰：『我與晉陽父子之國也，歲嘗遣使求覲，非其大臣即其子弟，先君以一怒而盡拘其使，甚無謂也。今嗣主新立，左右皆非舊人，國有憂患，寧不我怨，宜以此時盡歸其使。』契丹主曰：『善。』乃悉索北漢使者，前後凡十六人，厚其禮而歸之。即命李弼爲樞密使，劉繼文爲保義節度使，詔北漢主委任之。」〔註36〕同樣爲帝黨成員的女里被景宗任命爲契丹行宮都部署，位高權重，他也與北漢保持著良好的關係。「北漢主劉繼元聞女里爲上信任，遇其生日必致禮。」〔註37〕可見，帝黨內倚景宗，外則以北漢爲援，此時達到了其權勢的頂峰。「大丞相高勳、契丹行宮都部署女里席寵放恣，及帝姨母、保母勢薰灼，一時納

〔註33〕《遼史》卷八《景宗紀上》，中華書局，1974年，第90頁。
〔註34〕《遼史》卷八《景宗紀上》，中華書局，1974年，第91頁。
〔註35〕《韓匡嗣墓誌銘》，載劉鳳翥、金永田：《遼代韓匡嗣與其家人三墓誌銘考釋》，（香港）《中國文化研究所學報》2000年新9期，第228頁。
〔註36〕《續資治通鑑長編》卷一一，上海古籍出版社，1986年，第93頁。中華書局本（2004年）「求覲」爲「來覲」，意較優。
〔註37〕《遼史》卷七九《女里傳》，中華書局，1974年，第1273頁。

賂請謁，門若賈區。賢適患之，言於帝，不報。以病解職，又不允，令鑄手印行事。」〔註 38〕可見，作爲后黨成員的耶律賢適向景宗告帝黨的狀，自然不會被理睬。但在帝、后兩黨的爭端中，高勳有時也會受到挫傷。「保寧中，以南京郊內多隙地，請疏畎種稻，帝欲從之。林牙耶律昆宣言於朝曰：『高勳此奏，必有異志。果令種稻，引水爲畎，設以京叛，官軍何自而入？』帝疑之，不納。」〔註 39〕耶律昆認爲稻田會阻礙軍隊行動無疑是無稽之談，很可能出於后黨或蕭后的親自指使，其目的在於打壓帝黨的勢力，而景宗不得已做出讓步。

帝黨、后黨的最終較量發生在保寧八年（976）。此年七月，后黨陷害高勳，說景宗之弟寧王只沒妻子安只「造鴆毒」，〔註 40〕送給了高勳，而高勳又將毒藥送給駙馬都尉蕭啜里。雖然未明言要毒害的對象，但蕭啜里之妻是景宗的姐妹和古典，不難想像作爲駙馬都尉，蕭啜里很可能要毒害皇帝或皇后。於是，「寧王只沒妻安只伏誅，只沒、高勳等除名。」〔註 41〕只沒被流放到烏古部，高勳被流放到銅州（今遼寧省海城市）。隨即，女里也被治罪，其罪名是「坐私藏甲五百屬，有司方按詰，女里袖中又得殺樞密使蕭思溫賊書」。〔註 42〕保寧十年（978），「五月癸卯，賜女里死，遣人誅高勳等。」〔註 43〕高勳的家產也都被賜予蕭思溫家。至此，后黨大獲全勝，帝黨慘敗。之後，景宗僅僅活了四年，於乾亨四年（982）九月病逝，年僅 35 歲。當然，其死因的真相可能已湮沒於史海，不爲人所知了。此後遼朝就開啓了蕭太后時代。

附記：由於遼代史料的匱乏，很多史實真相難以辨白。關於景宗朝帝、后兩黨之爭，本文只是提出了一個假設，希望今後能有新發現的史料予以明證。當然，本文的假設也可能不是史實。另外，康鵬博士對本文提出了修改意見，在此致謝！

（原載《北方文物》2011 年第 1 期）

〔註 38〕《遼史》卷七九《耶律賢適傳》，中華書局，1974 年，第 1273 頁。

〔註 39〕《遼史》卷八五《高勳傳》，中華書局，1974 年，第 1317 頁。

〔註 40〕《遼史》卷六四《皇子表》，中華書局，1974 年，第 986 頁。

〔註 41〕《遼史》卷八《景宗紀上》，中華書局，1974 年，第 95 頁。

〔註 42〕《遼史》卷七九《女里傳》，中華書局，1974 年，第 1273 頁。

〔註 43〕《遼史》卷九《景宗紀下》，中華書局，1974 年，第 100 頁。

二、遼南京皇城位置考

摘　要

　　遼南京府城有九個城門，皇城在府城的西南角，皇城西垣的顯西門就是府城西垣南段的顯西門，皇城南垣的丹鳳門就是府城南垣西段的丹鳳門。

關鍵詞：遼南京、城門、水窗門（南暗門）

　　由於遼代南京城（燕京）的遺跡除天寧寺塔以外，都已蕩然無存，而考古資料也寥寥可數，因此對南京城的研究還須借助文獻資料。但由於對文獻理解的差異及引用文獻深度、廣度的不同，眾多研究者尚存較多歧異。本文僅就遼南京皇城（又稱子城、大內）與南京城（即府城、外城）的位置關係作一番探討。

一、關於皇城位置的三種代表性觀點

　　《中國古代都城制度史研究》這樣記載：「據宋使王曾《行程錄》，遼南京的皇城，確是偏處在外郭城的西南隅，所謂『子城就羅郭西南爲之』。皇城的西牆就是外郭城的西牆，皇城的西門就是外郭城的西門，所以外郭城的西門之一叫顯西，皇城西門亦是顯西。這該是沿用唐代幽州治所的格局。這種子城設於外郭城西南隅的格局，也還是沿用戰國時代燕國建都於薊的傳統的制度。」〔註1〕

〔註1〕 楊寬：《中國古代都城制度史研究》，上海古籍出版社，1993年，第431～432頁。

《金中都》記載：「城內西南部有子城，遠在中唐時安祿山據幽州叛變時，即在城中建有僞宮；唐末劉仁恭父子據幽州稱帝，亦在城內建有僞宮，此僞宮當爲遼代所沿用，爲其陪都皇城，即子城。『子城就羅郭西南爲之』，『子城幅員五里，東曰宣和門，南曰丹鳳門，西曰顯西門，北曰子北門』，這都說明了子城在大城的西南部份，其西、南垣利用大城西、南垣的一段，大城西垣南邊的城門與南垣西邊的城門同時也是子城的西門與南門。」〔註2〕

《北京通史·遼代卷》這樣記載：「遼代皇城幅員五里，四面設門。據《遼史·地理志》記載，北門曰子北，東門曰宣和，西門曰顯西，南門稱南端。南門兩側有兩個小門，稱左掖門和右掖門。左掖門後改名萬春，右掖門改名千秋。皇城平時只開東部宣和門出入，其餘諸門一般不開。」〔註3〕書前附有《遼南京及金元明清都城城址變遷圖》，同文字記載同樣描繪皇城位於府城西南，有自己獨立的城垣。

綜述以上三種觀點，共同點都認爲皇城位於府城的西南部份，但第一種觀點認爲皇城的西垣是府城西垣的一部份；第二種觀點認爲皇城在府城的西南角，西垣及南垣各是府城西垣及南垣的一部份；第三種觀點認爲皇城有自己獨立的城牆。

二、遼南京皇城位置考述

關於遼南京皇城的原始資料，較完整的不外乎上述三家都曾引用的《遼史·地理志》及路振《乘軺錄》兩種，其它史書有零星記載。爲詳細考述，將兩書中的有關內容引述如下。《遼史·地理志》載：南京「城方三十六里，崇三丈，衡廣一丈五尺。敵樓、戰櫓具。八門：東曰安東、迎春，南曰開陽、丹鳳，西曰顯西、清晉，北曰通天、拱辰。大內在西南隅。皇城內有景宗、聖宗御容殿二。東曰宣和，南曰大內。內門曰宣教，改元和；外三門曰南端、左掖、右掖。左掖改萬春，右掖改千秋。門有樓閣，毬場在其南，東曰永平館。皇城西門曰顯西，設而不開；北曰子北。」〔註4〕路振《乘軺錄》載「幽州幅員二十五里，東南曰水窗門，南曰開陽門，西曰清音門，北曰安北門。內城幅員五里，東曰宣和門，南曰丹鳳門，西曰顯西門，北曰衙北門。內城

〔註2〕于傑、于光度：《金中都》，北京出版社，1989年，第7頁。
〔註3〕王玲：《北京通史·遼代卷》，中國書店出版社，1994年，第63頁。
〔註4〕《遼史》卷四〇，中華書局，1974年。

三門，不開，止從宣和門出入。」〔註5〕

從上述記載看，《乘軺錄》載有府城四門，肯定有漏載。這四門中兩門與《遼史‧地理志》記載相符，即南垣開陽門和西垣清晉門。〔註6〕而北垣安北門與《遼史‧地理志》所載通天門、拱辰門不符，是何緣故呢？實際我們從《乘軺錄》的另一段記載中可解決此問題。「十日，自幽州北行至孫侯館，五十里地無陵，出北安門……自通天館東北行……。」據此，我們可知，在北安門外，有一館驛名為通天館，而此館名恰與通天門名同，此館應得名於通天門，可見北安門即為通天。至此，《乘軺錄》所載府城四門中有三門與《遼史‧地理志》相符，只剩下一東南水窗門，而此門會不會是《遼史‧地理志》所載的東垣安東門和迎春門中的一個呢？答曰非也。該水窗門應為《遼史‧地理志》所漏載的一個水門，水窗即宋李誡著《營造法式》中所載的「卷輂水窗」，也就是水關或水門。正如同《金史‧地理志》中漏載了現已建成北京遼金城垣博物館以保護的金中都南城垣水關遺址一樣，《遼史‧地理志》也同樣漏載了這處水門，而《遼史》的粗疏荒漏是有目共睹的。這處水門的存在另有一條史料可以證明，即《三朝北盟會編》卷十一所載，在遼降將郭藥師引導宋軍攻入遼南京後，「（蕭）幹亦知我師入燕，晝夜來援，一望則燕王冢上立四軍（即蕭幹）旗幟矣！方錯愕瞪視，而四軍人馬自南暗門入。」此南暗門即應是水窗門，因為水窗門是供城市排水的城門，故不須十分高大，因而可稱之為暗門。而此事發生在陰曆十月底，正值天寒地凍，因而可以從水門進城。但此水門《乘軺錄》載在東南，而此處為南暗門。那麼究竟是在府城東垣的南段呢？還是在南垣的東段呢？據筆者推測，應在東垣的南段。據《金史》卷一二五《蔡珪傳》載：「初，兩燕王墓在中都東城外，海陵廣京城，圍墓在東城內。」可見在金海陵王營建中都前，「兩燕王墓」應在府城東垣外。那麼根據蕭幹急速回援燕京的情況，他所進入的南暗門只可能在東垣的南段，而不可能在南垣。因為如在南垣，蕭幹就不會迂迴繞道駐軍東垣外的燕王冢了。

綜上所述，遼南京城實應有九門，除《遼史‧地理志》所載的八門外，還有一位於東垣南段的水門，即水窗門或南暗門。那麼筆者得出這一結論對

〔註5〕 （宋）江少虞：《宋朝事實類苑》卷七七，上海古籍出版社，1981年。

〔註6〕 《遼史‧地理志》為清晉門，《乘軺錄》為清音門，「晉」與「音」字形相近，當有一誤，姑且稱之為清晉門。

判斷遼南京皇城的位置有何裨益呢？《三朝北盟會編》卷十一《郭藥師等入燕山軍敗而還》條載：「是日質明，郭藥師遣甄五臣領常勝軍五十人，雜郊民奪迎春門以入，殺守闇者數十人，大軍繼至，陳於憫忠寺。分遣七將官把燕城七門，各差將二人，騎二百守之。」這裡就有一個疑問了，據上所證，南京城（燕京）明明有九個城門，為什麼只把守七個城門呢？難道不怕敵人由另外兩個城門趁虛而入嗎？這就涉及到皇城與府城的關係了。從前引《遼史‧地理志》得知府城西垣有一門名顯西，而皇城西垣也有一門名顯西，且「設而不開」。而據《乘軺錄》載，府城南垣有一門名丹鳳，皇城南垣同樣有一門名丹鳳，西門名顯西，且「內城三門，不開，止從宣和門（東門）出入」。上引《遼史‧地理志》同樣又載「大內」在西南隅，而宋人王曾所著《上契丹事疏》同樣載「子城就羅郭西南為之」。可證遼南京皇城在府城的西南角，皇城西垣的顯西門就是府城西垣南段的顯西門，皇城南垣的丹鳳門就是府城南垣西段的丹鳳門。郭藥師之所以派兵把守九個城門中的七個城門，就因為此二門並不開放，因此無須把守。可見《金中都》一書對遼南京皇城位置的記載是正確的，本文不過在此又提供了一條史料證據而已。

（原載《黑龍江社會科學》2001 年第 1 期）

三、遼代的邊將——以西部邊疆爲中心的探討

摘　要

　　邊將，就是在邊疆地區駐守、征戰的將領。遼代西部邊疆的邊將主要是指烏古敵烈都詳穩司（後改稱烏古敵烈部都統軍司）、西北路招討司、西南面招討司的主要官員，包括烏古敵烈都詳穩（烏古敵烈部統軍使）、西北路招討使、西南面招討使等等。隨著戰爭的進行與間歇，以及邊將的主觀治邊策略，邊將可分爲殺伐征討型和懷柔鎮守型兩個類型。蕭撻凜、蕭圖玉等是遼代西北邊將中殺伐征討型的代表人物，懷柔鎮守型的邊將以蕭孝友、耶律撻不也（慶嗣）等人爲代表。對阻卜等部族的征伐是遼代西部邊疆主要進行的戰爭活動。

關鍵詞：遼代、邊將、西部、阻卜

一、何謂邊將

　　所謂邊將，顧名思義，就是在邊疆地區駐守、征戰的將領。正史中，邊將一詞在《後漢書》中就已多次出現，如陳龜「家世邊將，便習弓馬，雄於北州」〔註1〕。此後，這一詞在正史中屢見不鮮，其詞義也始終一致。就是在

〔註1〕《後漢書》卷五一《陳龜傳》，中華書局點校本，第 1692 頁。

唐詩的寶庫中，也多有以邊將爲題，描寫邊將征戰之豪邁與艱辛。如馬戴的《邊將》寫到：「玉榼酒頻傾，論功笑李陵。紅纓跑駿馬，金鏃掣秋鷹。塞迥連天雪，河深徹底冰。誰言提一劍，勤苦事中興。」〔註2〕其它還有劉長卿的《代邊將有懷》〔註3〕、雍陶的《罷還邊將》〔註4〕、李頻的《送邊將》〔註5〕、張喬的《宴邊將》〔註6〕、韋莊的《贈邊將》〔註7〕等等。

《遼史》中，邊將一詞凡五次出現，〔註8〕其詞義與各代也相同。那麼，何謂遼代的邊將呢？其實《遼史》的編纂者已經給了我們答案，《遼史》卷九二至卷九五的傳主大多有在邊疆征戰的經歷。《遼史》卷九二《傳論》曰：「烏古敵烈，大部也，奪剌爲統軍，克敵有功；普達居詳穩，悅以使人。西北，重鎮也，侯哂巡邊以廉稱；古昱鎮撫而民富；獨攧駐金肅而夏人不敢東獵。噫！部人內附，方面以寧，雖朝廷處置得宜，而諸將之力抑亦何可少哉。」〔註9〕這段話提到的人中，蕭奪剌曾任烏古敵烈統軍使、西北路招討使，蕭普達曾任烏古敵烈部都監、烏古敵烈部都詳穩，耶律古昱曾任烏古敵烈部都監、西北路招討使，耶律獨攧曾任同知金肅軍事，金肅軍（今內蒙古準格爾旗以北）在軍事上是由西南面招討司領導的。由此我們可以知道，遼代西部邊疆的邊將主要是指烏古敵烈都詳穩司（後改稱烏古敵烈部都統軍司）、西北路招討司、西南面招討司的主要官員，包括烏古敵烈都詳穩（烏古敵烈部統軍使）、西北路招討使、西南面招討使等等。

烏古又稱烏骨里、于骨里、羽厥等，族源還未有定論，有的認爲來源於南北朝時的烏洛侯，唐時爲室韋中的烏羅護（烏羅渾）部。在遼代活動在今額爾古納河流域和呼倫貝爾以東地區。敵烈又稱迪烈、敵烈得等，在遼代活動在今蒙古國克魯倫河流域。烏古、敵烈經常連稱爲烏古敵烈，兩者應是同源民族，可能類似於契丹和奚族的關係。遼朝在對烏古、敵烈部進行征討的

〔註2〕 《全唐詩》卷五五六。

〔註3〕 《全唐詩》卷一四七。

〔註4〕 《全唐詩》卷五一八。

〔註5〕 《全唐詩》卷五八七。

〔註6〕 《全唐詩》卷六三八。

〔註7〕 《全唐詩》卷六九六。

〔註8〕 分別見《遼史》卷三《太宗紀上》，中華書局點校本（下同），第32頁：卷四《太宗紀下》，第48頁；卷七〇《屬國表》，第1129頁；卷八六《耶律頗的傳》，第1328頁；卷九四《耶律化哥傳》，第1381頁。

〔註9〕 《遼史》卷九二《傳論》，第1371頁。

同時，設置了一系列職官對烏古、敵烈部進行管理，這些職官大致可分為兩個系統，一是烏古和敵烈部各自所有的都監、詳穩、節度使，對所部進行管理，其中都監是節度使的下級，詳穩可能只在景宗朝之前設置，而在聖宗時改為節度使。《遼史》中任烏古部詳穩的只見耶律盆奴和耶律僧隱二人。耶律盆奴在「景宗時，為烏古部詳穩，政尚嚴急，民苦之。有司以聞，詔曰：『盆奴任方面寄，以細故究問，恐損威望』」〔註10〕。可見，這一系統的官員主要負責的是民政。二是負責對烏古、敵烈部及所在地區的軍事行動的烏古敵烈都詳穩司（烏古敵烈部都統軍司），其官員也就是邊將，有烏古敵烈部都監及烏古敵烈都詳穩等。烏古敵烈都詳穩最早見於聖宗統和二十九年（1011），耶律的祿由北院大王「出為烏古敵烈部都詳穩」〔註11〕。烏古敵烈部都監是烏古敵烈都詳穩的下屬，如耶律韓留「開泰三年，稍遷烏古敵烈部都監，俄知詳穩事」〔註12〕。道宗咸雍四年（1068），「秋七月壬申，置烏古敵烈部都統軍司。」〔註13〕《蕭興言墓誌》載，道宗時，「改詳穩司為統軍司，復授三十萬兵都統軍。」〔註14〕由此可見，烏古敵烈部都統軍司只是烏古敵烈都詳穩司在名稱上的更改。道宗末年，其名稱又改為西北路統軍司。〔註15〕

西南路招討司（也稱西南面招討司、西南面都招討使司）設置較早。太祖神冊元年（916）十一月，「置西南面招討司，選有功者任之」〔註16〕。西南路招討司駐地在西京道的豐州天德軍（今內蒙古呼和浩特），主要是為了震懾西夏以及遼朝西南境內的党項諸部而設置的，因此在與西夏党項諸部的戰爭中，西南招討司的長官西南路招討使都要帶兵作為主力出征。西南路招討司下轄涅剌部、迭剌迭達部、品達魯虢部、烏古涅剌部、涅剌越兀部、斡突盌烏古部、梅古悉部、頡的部、匿訖唐古部、鶴剌唐古部等部節度使司，這

〔註10〕　《遼史》卷八八《耶律盆奴傳》，第1340頁。
〔註11〕　《遼史》卷八八《耶律的琭傳》，第1347頁。
〔註12〕　《遼史》卷八九《耶律韓留傳》，第1352頁。
〔註13〕　《遼史》卷二二《道宗紀二》，第268頁。
〔註14〕　《蕭興言墓誌》，載蓋之庸編著：《內蒙古遼代石刻文研究》（增訂本），內蒙古大學出版社2007年，第456～457頁。又見劉鳳翥、唐彩蘭《遼〈蕭興言墓誌〉和〈永寧郡公主墓誌〉考釋》，《燕京學報》新第14期，北京大學出版社，2003年，第91～92頁。
〔註15〕　參見康鵬：《遼代五京體制研究》，北京大學博士學位論文，2007年，第83～84頁。
〔註16〕　《遼史》卷一《太祖紀上》，第11頁。

些節度使司的兵員也是西南路招討司所掌部隊的主要組成部份。

西北路招討司設置於景宗保寧三年（971），其設置主要是爲了震撫西北的阻卜、烏古、敵烈等部。西北路招討司前期駐於臚朐河（今蒙古國克魯倫河）一帶，在統和二十二年（1004）建鎮州城（今蒙古國布爾根省青托羅蓋）之後，西北路招討司就一直駐守於此地。在歷次對阻卜諸部的戰爭中，西北路招討司都是主要力量。西北路招討司下轄有突呂不部、楮特部、奧衍女直部、室韋部等部族節度使司。

二、殺伐征討與懷柔鎮守——邊將的兩種類型

邊將的職責無非是平定叛亂，保衛邊疆的安全。因而隨著戰爭的進行與間歇，以及邊將的主觀治邊策略，邊將可分爲殺伐征討型和懷柔鎮守型兩個類型。

蕭撻凜是遼代西北邊將中殺伐征討型的代表人物之一。聖宗朝，他在與宋的戰爭中立下戰功，後又參與討伐高麗，但其最主要的戰功則是在任西北招討使時所立下的。在討伐阻卜、敵烈等部的戰爭中他都擔任了實際統帥，並且創建邊防城，以圖長治久安。詳見下節。蕭撻凜的繼任者蕭圖玉也是這一類型的邊將，並曾兩次遠征甘州回鶻。統和二十六年（1008）「十一月，蕭圖玉奏討甘州回鶻，降其王耶剌里，撫慰而還。」〔註17〕但是耶剌裏不久復叛，「命討之，克肅州，盡遷其民於土隗口故城。」〔註18〕其後，蕭圖玉還曾任烏古敵烈詳穩。康鵬博士指出，「世選制度在西北路招討使中有著濃厚的傳統，而且這一傳統貫穿著有遼一代的始終。」〔註19〕誠如所言，蕭圖玉之孫蕭興言（此爲漢名，在《遼史·蕭圖玉傳》中的契丹名爲蕭訛篤幹）墓誌言：「公世鎮西北隅」〔註20〕，蕭興言也曾出任烏古敵烈統軍使和西北路招討使。他在西北路任節度使時，曾只率五十騎進入叛亂的敵烈部，與其首領談判，使其派出質子，並歸還所掠人口及財產，達成和議。在道宗咸雍四年（1068）七月，烏古敵烈詳穩司改爲統軍司時，他又首任統軍使，轄三十萬眾。「詔制

〔註17〕《遼史》卷一四《聖宗紀五》，第 164 頁。
〔註18〕《遼史》卷九三《蕭圖玉傳》，第 1378 頁。
〔註19〕康鵬：《遼朝西北路招討司與統軍司研究》，待刊稿。
〔註20〕《蕭興言墓誌》，載蓋之庸編著：《內蒙古遼代石刻文研究》（增訂本），內蒙古大學出版社，2007 年，第 456～457 頁。又見劉鳳翥、唐彩蘭《遼〈蕭興言墓誌〉和〈永寧郡公主墓誌〉考釋》，《燕京學報》新第 14 期，北京大學出版社，2003 年，第 91～92 頁。

閫外專以生殺。後又以萌骨子不虔，公乃九征而五帥其師，矛鍛所指，罔不畏從。或犯他守，則公亦越境而制之矣。是故，四懷款附之誠，一無犬吠之警者，皆公之力焉。以此又加龍虎衛上將軍、招討使、守太子太保兼賜勤力功臣。疆場內外，聆其威名。向其風聲，雖孩提無識，尙猶屛氣跼脊，莫敢呱呱而啼焉。況渠魁大憝其可犯乎。……勇而有謀，智而不法，克必在和，威以濟愛，用兵如破竹，去凶若摧山，氣干青雲，精貫白日。」〔註21〕雖然墓誌不無諛美之詞，但在《遼史‧蕭圖玉傳》中，也稱他「以善戰名於世」。可見，蕭興言是當時馳騁在西部邊疆的一員赫赫邊將。不僅在招討使等邊將中存在世選制，就是在招討司所屬的小吏中，也有世選現象。如耶律阿息保「祖胡劣，太祖時徙居西北部，世爲招討司吏」〔註22〕。

　　邊將中多有多次在邊疆任職的經歷，如蕭奪剌其父蕭撒抹曾任西南面、西北路招討使。他本人曾任烏古敵烈統軍使，後因戰功升任西北路招討使。他曾提出西北路招討司所屬軍隊與西南路招討司下屬的倒塌嶺統軍司的軍隊連兵屯戍的建議，但是未被採納。後改任東北路統軍使。天祚帝乾統元年（1101），「以久練邊事，復爲西北路招討使。北阻卜耶睹刮率鄰部來侵，奪剌逆擊，追奔數十里。二年，乘耶睹刮無備，以輕騎襲之，獲馬萬五千匹，牛羊稱是。」〔註23〕

　　殺伐征討型的邊將還有蕭惠〔註24〕、耶律仁先〔註25〕、蕭迂魯〔註26〕等等。

　　邊將存在的價値就是謀求邊疆的長治久安，而殺伐征討只能是戰爭期間的行爲，不能長期存在。就是殺伐征討型的邊將也曾思考邊疆安穩之道，如西北路招討使蕭撻凜曾咨詢門客耶律昭：「今軍旅甫罷，三邊宴然，惟阻卜伺隙而動。討之，則路遠難至。縱之，則邊民被掠。增戍兵，則饋餉不給。欲苟一時之安，不能終保無變。計將安出？」〔註27〕耶律昭書面回答道：

　　　　竊聞治得其要，則仇敵爲一家。失其術，則部曲爲行路。夫西

〔註21〕 同上。
〔註22〕 《遼史》卷一〇一《耶律阿息保傳》，第1434頁。
〔註23〕 《遼史》卷九二《蕭奪剌傳》，第1368頁。
〔註24〕 《遼史》卷九三《蕭惠傳》，第1373～1375頁。
〔註25〕 《遼史》卷九六《耶律仁先傳》；《耶律仁先墓誌》，《遼代石刻文編》，河北教育出版社，1995年。
〔註26〕 《遼史》卷九三《蕭迂魯傳》，第1376～1377頁。
〔註27〕 《遼史》卷一〇四《耶律昭傳》，第1454頁。

北諸部，每當農時，一夫爲偵候，一夫治公田，二夫給糺官之役，大率四丁無一室處。芻牧之事，仰給妻孥。一遭寇掠，貧窮立至。春夏賑恤，吏多雜以糠粃，重以掊克，不過數月，又復告困。且畜牧者，富國之本。有司防其隱沒，聚之一所，不得各就水草便地。兼以逋亡戍卒，隨時補調，不習風土，故日瘠月損，馴至耗竭。

爲今之計，莫若振窮薄賦，給以牛種，使遂耕穫。置遊兵以防盜掠，頒俘獲以助伏臘，散畜牧以就便地。期以數年，富強可望。然後練簡精兵，以備行伍，何守之不固，何動而不克哉？然必去其難制者，則餘種自畏。若捨大而謀小，避強而攻弱，非徒虛費財力，亦不足以威服其心。此二者，利害之機，不可不察。

昭聞古之名將，安邊立功，在德不在眾。故謝玄以八千破符堅百萬，休哥以五隊敗曹彬十萬。良由恩結士心，得其死力也。閣下膺非常之遇，專方面之寄，宜遠師古人，以就勳業。上觀乾象，下盡人謀。察地形之險易，料敵勢之虛實。庶無遺策，利施後世矣。

〔註28〕

耶律昭書面答覆的第一段，指出了西北邊疆農牧業方面存在的弊端，第二段則提出了解決辦法，就是輕繇薄賦，發展農業；散養牲畜，發展畜牧；訓練精兵，攻堅撫弱。第三段則主要是對蕭撻凜的恭維。其中心思想就是發展生產，避免無謂的戰爭。實際上，這是對懷柔鎮守型邊將的要求。對此，在當時嚴苛的戰爭環境下，蕭撻凜只能表面贊成，而不能切實實行。

蕭普達在聖宗時先後任烏古部節度使、烏古敵烈部都監，興宗初年，任烏古敵烈部都詳穩。前後在討伐敵烈、阻卜等部的戰爭中都立有戰功。「深練邊事，能以悅使人。有所俘獲，悉散麾下，由是大得眾心。」〔註29〕可見蕭普達是對內懷柔而對外強橫，後在西南面招討使任上因討伐党項叛部而陣亡。

眞正懷柔鎮守型的邊將以蕭孝友、耶律撻不也（慶嗣）等人爲代表。蕭孝友在興宗重熙元年（1032）出任西北路招討使，至少在重熙十年（1041）之前，一直在任。在這不短的任期內，他汲取前任的經驗教訓，對諸部一直採取懷柔政策。「先是，蕭惠爲招討使，專以威制西羌，諸夷多叛。孝友下車，

〔註28〕《遼史》卷一〇四《耶律昭傳》，第1454～1455頁。
〔註29〕《遼史》卷九二《蕭普達傳》，第1368頁。

厚加綏撫，每入貢，輒增其賜物，羌人以安。久之，寖成姑息，諸夷桀驁之
風遂熾，議者譏其過中。」〔註30〕可見，蕭孝友被時人認爲矯枉過正，姑息
養奸。蕭孝友的後任蕭朮哲就汲取了他的教訓，但基本上仍是取懷柔鎮守之
勢。蕭朮哲在清寧二年（1056）出任西北路招討使，清寧四年離任時，因爲
此前曾私用官粟三百斛，「及代，留畜產，令主者鬻之以償。」〔註31〕可見，
蕭朮哲爲官還是較爲清廉的。但是，卻爲後任者蕭胡睹告發，因而受到杖責。
清寧九年（1063），道宗認爲蕭朮哲任前職時，威行諸部，因此再次任命他爲
西北路招討使。蕭朮哲到任後，「訓士卒，增器械，省追呼，嚴號令。人不敢
犯，邊境晏然，十年，入朝，封柳城郡王。」〔註32〕

　　道宗大康六年（1080），耶律仁先之子耶律撻不也（漢名慶嗣）出任西北
路招討使，他也採取懷柔策略。「公之鎮西北隅也，凡十有一年，塞風肅謐，
土俗安恬，畜牧既蕃，軍儲亦足。遣使累降璽書褒諭，仍促覲行闕。」〔註33〕
此其墓誌所載，當然有諂諛之詞。而其本傳中則多指責之語。「蕭敵祿爲招討
之後，朝廷務姑息，多擇柔願者用之，諸部漸至跋扈。撻不也含容尤甚，邊
防益廢，尋改西南面招討使。」〔註34〕此蕭敵祿很可能就是蕭孝友。耶律撻
不也的「含容尤甚」也導致了他的最終命運。「無何，西北路馳奏，將臣失職，
賊眾窺邊。公承命討伐，且不虞其獸窮則攫，遂至掩歿，時年五十有五。」〔註
35〕其死，是出於對叛亂酋長的輕信，詳見下文。

三、以邊將爲主對阻卜等部族的征伐

　　阻卜是遼朝對分佈在蒙古高原的眾多部族的統稱，也就是後來蒙古諸部
的前身。按分佈地域又有西阻卜、東阻卜、北阻卜、西北阻卜等，廣泛分佈
於遼朝的北部和西北邊疆一帶。「北至臚朐河，南至邊境，人多散居，無所統
壹，惟往來抄掠。」〔註36〕從太祖建國初期到道宗的將近二百年中，遼朝對
阻卜屢次討伐，其中以太祖、聖宗和道宗時期的規模最大。

　　遼朝對阻卜諸部的征討始於天贊三年（924）六月，太祖親自率軍西征，

〔註30〕　《遼史》卷八七《蕭孝友傳》，第1334頁。
〔註31〕　《遼史》卷九一《蕭朮哲傳》，第1363頁。
〔註32〕　《遼史》卷九一《蕭朮哲傳》，第1363頁。
〔註33〕　《耶律慶嗣墓誌》，《遼代石刻文編》，河北教育出版社，1995年，第457頁。
〔註34〕　《遼史》卷九六《耶律撻不也傳》，第1397頁。
〔註35〕　《耶律慶嗣墓誌》，《遼代石刻文編》，第457頁。
〔註36〕　《遼史》卷一○三《蕭韓家奴傳》，第1447頁。

「至於流沙，阻卜望風悉降，西域諸國皆願入貢。因遷種落，內置三部，以益吾國，不營城邑，不置戍兵，阻卜累世不敢爲寇。」〔註37〕之後，直至景宗時期的近半個世紀中，阻卜始終保持向遼朝進貢。但到了聖宗時期，雙方關係又漸趨惡化，阻卜發動了數次大規模的叛亂。聖宗剛即位的乾亨四年（982）十二月，就派西北路招討使耶律速撒討伐阻卜，這次戰爭斷斷續續持續了兩年，次年春正月，「速撒獻阻卜俘」〔註38〕。統和二年（984）十一月，「速撒等討阻卜，殺其酋長撻剌干」〔註39〕。之後，阻卜諸部陸續叛亂，到統和十二年（994），就爆發了大規模地對阻卜諸部的戰爭。聖宗命皇太妃（皇太后之姊、齊王罨撒葛妃）蕭胡輦率領烏古部兵及永興宮分軍討伐之，「（蕭）撻凜爲阻卜都詳穩。凡軍中號令，太妃並委撻凜」〔註40〕。此阻卜都詳穩一職，就是西北路招討使的別稱。〔註41〕這次戰爭持續時間很長，統和十四年（996），蕭撻凜誘斬叛亂的阻卜首領阿魯敦等 60 人。「十五年，敵烈部人殺詳穩而叛，遁於西北荒，撻凜將輕騎逐之，因討阻卜之未服者」〔註42〕。統和十八年（1000）六月，叛亂首領鶻碾之弟鐵剌率部投降，鶻碾走投無路，也只能投降，但是隨即被殺。之後，阻卜諸部相繼歸附，統和二十一年（1003）六月，「阻卜鐵剌里率諸部來降」〔註43〕。爲了震懾諸部，蕭撻凜和皇太妃修建了鎮州、防州、維州三個邊防城，後以鎮州爲西北路招討司駐地，對鞏固西北邊疆起到了關鍵作用。

聖宗後期開泰和太平年間，阻卜諸部又兩次叛亂。統和二十九年（1011）六月，聖宗命令西北路招討使蕭圖玉「安撫西鄙」〔註44〕，並設置了阻卜諸部節度使。設置節度使，引起了阻卜諸部首領的不滿。而遼朝規定阻卜每年貢馬 1700 匹、駱駝 440 匹夫、貂鼠皮 10000 張、青鼠皮 25000 張，這些無疑會轉嫁到部民身上，因而也引起了部民的不滿。開泰元年（1012）十一月，阻卜七部太師阿里底利用其部民之怨，殺本部節度使霸暗及其全家，雖然部份對遼朝效忠的首領將阿里底擒拿獻給遼朝，但是大部份阻卜部眾都起而反

〔註37〕《遼史》卷一〇三《蕭韓家奴傳》，第 1447 頁。
〔註38〕《遼史》卷一〇《聖宗紀一》，第 108 頁。
〔註39〕《遼史》卷一〇《聖宗紀一》，第 114 頁。
〔註40〕《遼史》卷八五《蕭撻凜傳》，第 1313 頁。
〔註41〕參見《遼史》卷一〇四《耶律昭傳》，第 1454 頁。
〔註42〕《遼史》卷八五《蕭撻凜傳》，第 1314 頁。
〔註43〕《遼史》卷一四《聖宗紀五》，第 158 頁。
〔註44〕《遼史》卷一五《聖宗紀六》，第 169 頁。

抗。叛亂的阻卜諸部將蕭圖玉圍困於鎮州，次年，在北院樞密使耶律化哥的支持下，圍困才得以解除，蕭圖玉又趁機誘降阻卜諸部。叛亂平息後，蕭圖玉請求增加西北路招討司的兵員，「詔讓之曰：『叛者既服，兵安用益？且前日之役，死傷甚眾，若從汝謀，邊事何時而息？』遂止。」〔註45〕太平六年（1026）五月，聖宗派西北路招討使蕭惠討伐甘州回鶻，蕭惠向諸部徵兵，「獨阻卜酋長直剌後期，立斬以徇」〔註46〕。這樣，引起了阻卜諸部的強烈不滿，而隨後遼軍又攻甘州不克，回師途中，阻卜又一次叛亂。「時直剌之子聚兵來襲，阻卜酋長烏八密以告，惠未之信。會西阻卜叛，襲三克軍，都監涅魯古、突舉部節度使諧理、阿不呂等將兵三千來救，遇敵於可敦城西南。諧理、阿不呂戰歿，士卒潰散。惠倉卒列陣，敵出不意攻我營。眾請乘時奮擊，惠以我軍疲敝，未可用，弗聽。烏八請以夜斫營，惠又不許。阻卜歸，惠乃設伏兵擊之。前鋒始交，敵敗走。」〔註47〕之後，聖宗又派惕隱耶律洪古和林牙耶律化哥增援，這次叛亂才得以平息。

　　阻卜最大的一次叛亂發生在道宗朝。大安八年（1092），阻卜部的一支耶睹刮部叛亂入侵，西北路招討使耶律何魯掃古聯合遼朝任命的北阻卜諸部長磨古斯將其擊敗。但是在隨後的追討中，遼軍誤擊磨古斯部眾，引起了磨古斯的不滿，他殺害了金吾吐古斯，於十一月叛亂。次年三月，遼「二室韋與六院部、特滿群牧、宮分等軍俱陷於敵」〔註48〕。十月，磨古斯向當時的西北路招討使耶律撻不也僞降，「磨古斯之爲酋長，由撻不也所薦，至是遣人誘致之。磨古斯紿降，撻不也逆於鎮州西南沙磧間，禁士卒無得妄動。敵至，裨將耶律縮斯、徐烈見其勢銳，不及戰而走，遂被害」〔註49〕。磨古斯又聯合烏古札、達里底、拔思母等部進攻倒塌嶺。之後，磨古斯等連續侵擾。大安十年（1093），道宗以知北院樞密使事耶律斡特剌爲都統、夷離畢耶律禿朵爲副統、龍虎衛上將軍耶律胡呂爲都監，率大軍討伐磨古斯。而協同的還有東北路統軍使耶律石柳所部、南京鄭家奴所部、烏古敵烈統軍使蕭朮哥所部等。遼軍先後擊敗達里底、拔思母等部，迫使一些附和磨古斯的部落投降，隨後耶律斡特剌率軍傾全力進擊磨古斯，「會天大雪，敗磨古斯四別部，斬首

〔註45〕《遼史》卷九三《蕭圖玉傳》，第1378頁。
〔註46〕《遼史》卷九三《蕭惠傳》，第1373頁。
〔註47〕《遼史》卷九三《蕭惠傳》，第1374頁。
〔註48〕《遼史》卷九四《耶律何魯掃古傳》，第1385頁。
〔註49〕《遼史》卷九四《耶律撻不也傳》，第1398頁。

千餘級，拜西北路招討使」〔註50〕。之後，又經過長期的討伐，直至壽昌六年（1100）正月，耶律斡特剌才擒獲了磨古斯，隨即，「磔磨古斯於市」〔註51〕。磨古斯的這場叛亂給遼朝的西北邊疆造成了極大的動盪，遼朝西部的幾個群牧司也遭到極大的破壞，牧業損失慘重。

原載《宋史研究論叢》（第 11 輯），河北大學出版社，2010 年

〔註50〕 《遼史》卷九七《耶律斡特剌傳》第 1407 頁。
〔註51〕 《遼史》卷二六《道宗紀六》，第 313 頁。

四、宋使所見契丹人的生活──以行程錄和使遼詩爲中心

摘　要

　　宋人出使遼金的行程錄和出使詩留下了大量關於契丹人生活的記載，本文從衣食住行四個方面對此進行了闡述。

關鍵詞：契丹、形程錄、使遼詩、衣食住行

　　所謂行程錄，就是宋人出使遼金的文字記錄，又稱語錄。劉浦江先生將其分爲三類，第一類是語錄也即行程錄，它是每位使臣完成使命歸朝後遞交的出使報告；第二類是使臣向朝廷遞交的專題報告；第三類是使團成員的私人記錄。〔註1〕並由此認爲趙永春先生在《奉使遼金行程錄》〔註2〕一書中將一些出使記錄列入語錄不合適。之後，趙永春先生進行了辯駁，認爲「宋人所稱『語錄』含義比較廣泛，宋人出使遼金之記錄均可泛稱爲『語錄』」。〔註3〕因爲「語錄」這一概念不是本文主旨所在，筆者在本篇文章中無意對「語

〔註1〕　參見劉浦江：《宋代使臣語錄考》，載張希清、田浩、黃寬重、于建設編《10—13世紀中國文化的碰撞與融合》，上海人民出版社，2006年。
〔註2〕　趙永春編注：《奉使遼金行程錄》，吉林文史出版社，1995年。
〔註3〕　趙永春：《「語錄」緣起與宋人出使遼金「語錄」釋義》，《遼金契丹女眞史研究》2008年第1期。

錄」這一概念進行詳細分析，爲了行文方便，並爲了與其它「語錄」體文章相區分，而將此類記錄統稱爲行程錄。宋使在撰寫行程錄的同時，還留下了大量描寫契丹風貌的使遼詩。這些文獻一方面展現了宋使眼中的契丹人，另外一方面也爲後人瞭解契丹人提供了第一手寶貴的民族志資料。〔註4〕

契丹人游牧的生產、生活方式與北宋漢人的農耕生產方式迥然不同，因而也就使二者的衣食住行等生活諸方面也不相同，這是最引人注目的，因此，在宋使筆下，異族的生活方式也成了重點描述的對象。

一

由於使者職責所在，以及接觸的對象限於遼臣，因而宋使的關注點多在遼朝的帝王將相，而對普通民眾涉及較少。這在宋使對契丹人衣著的觀察上，尤其如此。如路振於北宋眞宗大中祥符元年（1008，遼聖宗統和二十六年）以賀契丹國主生辰使的身份出使遼朝，在抵達遼南京（今北京）後，他觀察到，「俗皆漢服，中有胡服者，蓋雜契丹、渤海婦女。」〔註5〕但對於契丹婦女的「胡服」並沒有具體描寫。而在抵達遼中京（今內蒙古寧城縣）後，遼承天皇太后蕭綽兩次接見使團，路振對太后的服裝有著詳細的描繪。第一次是在文化殿正式接見，「國母約五十餘，冠翠花，玉充耳，衣黃錦袍小襖袍，束以白錦帶。方床累茵而坐，以錦裙環覆其足。侍立者十餘人，皆胡婢，黃金爲耳璫，五色彩纏髮，盤以爲髻，純練彩衣，束以繡帶。」〔註6〕對於太后的穿著，從頭至足，都加以說明。第二次是在遼聖宗的生辰宴會上，「國母當陽，冠翠鳳大冠，冠有綏纓，垂覆於領，鳳皆浮。衣黃錦青鳳袍，貂裘覆足。」〔註7〕路振對於太后衣著可謂觀察入微，第一次太后戴翠花冠，第二次則戴翠鳳大冠，並且有垂到領子的瓔珞作爲裝飾。由於時值冬季，並且太后歲數較

〔註 4〕 利用這些文獻作爲主要史料進行研究的論文有以下所列：楊靜：《北宋使遼詩研究》，南京師範大學碩士學位論文，2003 年；孫冬虎：《北宋詩人眼中的遼境地理與社會生活》，《北方論叢》2005 年第 3 期；石光英：《從〈奉使遼金行程錄〉透析遼代社會生活》，吉林大學碩士學位論文，2006 年；蔣英：《論兩宋使北詩》，新疆師範大學碩士學位論文，2006 年。

〔註 5〕 （宋）路振：《乘軺錄》，載貫敬顏：《五代宋金元人邊疆行記十三種疏證稿》，中華書局，2004 年，第 49 頁。

〔註 6〕 （宋）路振：《乘軺錄》，載貫敬顏：《五代宋金元人邊疆行記十三種疏證稿》，第 64 頁。

〔註 7〕 （宋）路振：《乘軺錄》，載貫敬顏：《五代宋金元人邊疆行記十三種疏證稿》，第 65 頁。

大，因而對於腳部的保暖十分重視，路振看到她第一次用錦裙蓋著腳，第二次可能天氣更冷，則用貂皮蓋著腳。對於太后身邊侍女服飾的描繪，可得知這些人的地位都不低，應該是陪伴太后的契丹貴婦。由於遼代皇帝也著漢服，因而路振對於遼聖宗的著裝沒有花費太多筆墨，只簡單地寫道：「虜主年三十餘，衣漢服，黃紗袍，玉帶鞈，互靴。」〔註8〕

北宋眞宗天禧四年（1020，遼聖宗開泰九年），宋綬出使遼朝，他對於契丹人的服飾也有著詳細的描寫。「其衣服之制，國母與蕃臣皆胡服，國主與漢官則漢服。蕃官戴氈冠。上以金華爲飾，或加珠玉翠毛，蓋漢、魏時遼人步搖冠之遺象。額後垂金花織成，夾帶中貯髮一總。服紫窄袍，加義欄，繫鞊鞢帶，以黃紅色縧裏革爲之，用金、玉、水晶、碧石綴飾。又有紗冠，制如烏紗帽，無簷。不摵雙耳。額前綴金花，上結紫帶，帶末綴珠。或紫皁幅巾。紫窄袍，束帶。大夫或綠巾，綠花窄袍，中單多紅綠色。貴者被貂裘，貂以紫黑色爲貴，青色爲次。又有銀鼠，尤潔白。賤者被貂毛、羊、鼠、沙狐裘。」〔註9〕可見，契丹人的服飾，有著鮮明的民族特色，除了大量以動物皮革直接製作服裝外，還有以氈製帽子，以皮革製作腰帶等等游牧民族的傳統工藝。

二

相較服飾而言，更給宋使以切身體會的是具有游牧民族特色的契丹飲食。在漢族使臣眼中，肉食、奶製品以及野味無疑是有別於宋朝的飲食習慣，這往往使其難以適應。蘇轍在宋哲宗元祐四年（1089，遼道宗大安五年）出使遼朝，在其《奉使契丹二十八首》中的《渡桑乾》一詩中就寫到：「會同出入凡十日，腥膻酸薄不可食。羊修乳粥差便人，風隧沙場不宜客。」〔註10〕可見，在蘇轍眼中，契丹腥膻特色的飲食是難以入口的，而羊修乳粥則尙可品嘗。契丹人的粥類食品相對其它飲食較易爲宋使所接受，因而在多位宋使筆下都有記載。如王欽臣記載道：「北人饋客以乳粥。亦北荒之珍。彼中有鐵腳草，採取陰乾，投之沸湯中，頃之，莖葉，舒卷如生。」〔註11〕王曾認爲

〔註8〕（宋）路振：《乘軺錄》，載貫敬顏：《五代宋金元人邊疆行記十三種疏證稿》，第61頁。

〔註9〕（宋）宋綬：《契丹風俗》，載貫敬顏：《五代宋金元人邊疆行記十三種疏證稿》，第119～120頁。

〔註10〕（宋）蘇轍：《欒城集》卷一六《奉使契丹二十八首》，上海古籍出版社，1987年。

〔註11〕（宋）王欽臣：《王氏談錄》「契丹風物條」，文淵閣四庫全書本。

契丹人「食止麋粥秒糒」。〔註12〕沈括寫到，契丹人「食牛羊之肉酪而衣其皮，間啖秒粥。」〔註13〕路振在遼南京城內曾受到駙馬都尉、蘭陵郡王蕭寧的盛宴款待，他詳細記載了宴會上的飲食。「文木器盛虜食，先薦駱麋，用杓而啖焉。熊脂、羊、豚、雉、兔之肉為濡肉，牛、鹿、雁、鶩、熊、貉為臘肉，割之令方正，雜置大盤中。二胡雛衣鮮潔衣，持帨巾，執刀匕，遍割諸肉，以啖漢使。」〔註14〕所謂駱麋，也就是乳粥。濡肉應為白水煮肉，臘肉則為風乾肉。由此也可見契丹人肉食的多樣性，舉凡野生的獸類如熊、鹿、貉、兔，野生的禽類如野雞、大雁、天鵝，人工飼喂的牛、羊、豬等等都可肉食。而進食工具也是有契丹特色的木勺和小刀。

在宋使筆下，還記載了契丹人的一種珍饌，也就是貔狸。刁約於宋仁宗嘉祐元年（1056，遼道宗清寧二年）使遼，戲作了一首參雜有契丹語的詩，詩云：「押燕移離畢，看房賀跋支。踐行三匹裂，密賜十貔狸。」〔註15〕其中，移離畢是遼朝職官名，賀跋支是看門的僕役，匹裂則是木質酒杯。至於貔狸，在詩前自注中，刁約寫到：「形如鼠而大，穴居，食穀粱，嗜肉。北朝為珍膳，味如豚肉而脆。」〔註16〕可見，貔狸是一種近似於老鼠而又較大的野生動物。其它宋使也曾被賜予或帶回過這種野味。如陸游的祖父陸佃曾出使遼朝，帶回過貔狸。陸游的父親後來回憶道：「猶記其狀，如大鼠而極肥脂，其畏日，偶為隙光所射，輒死。性能麋肉，一鼎之內，以貔一臠投之，旋即糜爛，然虜人亦不以此貴之，但謂珍味耳。」〔註17〕另一則記載則認為即使是貴為王公大臣的契丹人也難以品嘗到這種珍饌。「契丹國產毘狸，形類大鼠而足短，極肥，其國以為殊味，穴地取之，以供國主之膳，自公、相下，不可得而嘗。常以羊乳飼之。頃年虜使嘗攜至京，烹以進御。今朝臣奉使其國者皆得食之，然中國人亦不嗜其味也。」〔註18〕據今人考證，這種珍貴的野味很可能是鼢

〔註12〕 （宋）王曾：《上契丹事》，載貫敬顏：《五代宋金元人邊疆行記十三種疏證稿》，第 103 頁。
〔註13〕 （宋）沈括：《熙寧使虜圖抄》，載貫敬顏：《五代宋金元人邊疆行記十三種疏證稿》，第 127 頁。
〔註14〕 （宋）路振：《乘軺錄》，載貫敬顏：《五代宋金元人邊疆行記十三種疏證稿》，第 46 頁。
〔註15〕 《契丹國志》卷二四，上海古籍出版社，1985 年。
〔註16〕 《契丹國志》卷二四，上海古籍出版社，1985 年。
〔註17〕 （宋）陸游：《家世舊聞》卷上，中華書局，1993 年。
〔註18〕 （宋）王闢之：《澠水燕談錄》卷八《事志》，中華書局，1981 年。

鼠。〔註19〕

在宋使筆下，契丹人宴會上的餐具也頗爲講究。前文所載路振在南京城內受到蕭寧的宴請，其餐具都是文木器。所謂文木器，應該就是漆器。而漆器在中國自古以來就是貴族豪門所享用的，平民是接觸不到的。在路振剛抵達南京時，在城南的亭驛中，南京留守、秦王耶律隆慶派副留守張蕭宴請路振一行，其餐具更爲考究。「置宴於亭中，供帳甚備。大闔具饌，盞斝皆頗璃，黃金扣器。」〔註20〕頗璃也就是玻璃，玻璃器皿在今天是司空見慣之物，然而在當時則是十分罕有和珍貴之物。據考古發現，遼代的玻璃器皿大多來自西方伊斯蘭世界，如在內蒙古奈曼旗發掘的耶律隆慶之女陳國公主墓中，就曾發現有七件來自異域的玻璃器皿。其中有不同形制的高頸玻璃瓶四件，帶把玻璃杯二件，乳釘紋玻璃盤一件。〔註21〕易碎的玻璃製品萬里迢迢地從西方運到遼朝，其艱難程度可想而知。而在宴會上的杯盤都是玻璃製品，由此可想契丹貴族生活的奢華程度，以及給宋使造成的心理震撼。與此相比，所謂的黃金扣器也就是黃金鑲嵌口沿的陶瓷器物就略遜一籌了。王欽臣出使遼朝，也目睹了未曾見過的精美玉杯。「昔使契丹，戎主觸客，悉以玉杯，其精妙，殆未嘗見也。」〔註22〕

三

契丹人的游牧生活方式決定了其居所以氈帳爲主，即使是到了聖宗朝五京全部建立後，遼朝皇帝仍主要過著四時捺缽的生活，其居住地主要在捺缽的行帳中，而不是京城。因此，宋使往往在捺缽地朝觀遼帝，對其居住環境有著不同於漢地的體會。蘇頌曾於熙寧元年（1068，遼道宗咸雍四年）、熙寧十年（1077，遼道宗大康三年）兩次出使遼朝，都作有使遼詩。其中後一次，在途中的鹿兒館休息，「見契丹車帳，全家宿泊坡阪。」因此有感而發，賦詩《契丹帳》：「行營到處即爲家，一卓穹廬數乘車。千里山川無土著，四時畋獵是生涯。酪漿膻肉誇希品，貂錦羊裘擅物華。種類益

〔註19〕 參見肖愛民：《遼代珍奇動物貔狸考》，《北方文物》1999年第1期。

〔註20〕 路振：《乘軺錄》，載賈敬顏：《五代宋金元人邊疆行記十三種疏證稿》，第43頁。

〔註21〕 參見內蒙古自治區文物考古研究所、哲里木盟博物館：《遼陳國公主墓》，文物出版社，1993年，第55～59頁，圖版32。又見孫建華、楊星宇：《大遼公主——陳國公主墓發掘紀實》，內蒙古大學出版社，2008年，第140～148頁。

〔註22〕 （宋）王欽臣：《王氏談錄》「契丹風物條」，文淵閣四庫全書本。

繁人自足，天教安逸在幽遐。」〔註23〕詩中對契丹人以車帳爲家，四處遷徙的生活方式不無歆慕之情。而後於他出使遼朝的蘇轍也曾賦詩《虜帳》云：「虜帳多住沙陀中，索羊織葦稱行宮。從官星散依豖阜，氈廬窟室欺霜風。舂粱煮雪安得飽，擊兔射鹿誇強雄。朝廷經略窮海宇，歲遺繒絮消頑凶。我來致命適寒苦，積雪向日堅不融。聯翩歲旦有來使，屈指已復過奚封。禮成即日卷廬帳，釣魚射鵝滄海東。秋山既罷復來此，往返歲歲如旋蓬。彎弓射獵本天性，拱乎朝會愁心胸。甘心五餌墮吾術，勢類畜鳥遊樊籠。祥符聖人會天意，至今燕趙常耕農。爾曹飲食自謂得，豈識圖霸先和戎！」〔註24〕蘇轍此詩雖然與蘇頌詩同題，但詩中充斥著宋人在文化、經濟等各方面對契丹人的優越感，格調沒有蘇頌的高。但儘管如此，卻仍給我們展示了一幅契丹人生活的風俗畫卷。

路振在抵達中京後，「城中無館舍，但於城外就車帳而居焉。」〔註25〕晚於路振一年，於大中祥符九年（1016，遼聖宗開泰五年）出使遼朝的薛映在上京（今內蒙古巴林左旗南）觀察到，「內有昭德、宣政二殿，皆東向，其氈廬亦皆東向。」〔註26〕可見，即使上京城內建有宮殿，但是氈廬仍是契丹人不可缺少的居所，並且其朝向都是東向，與契丹人的朝日風俗密切相關。宋綬出使遼朝，曾抵達木葉山。「木葉山本阿保機葬處，又云祭天之地。東向設氈屋，題曰省方殿。無階，以氈藉地，後有二大帳。次北又設氈屋，題曰慶壽殿。去山尙遠。國主帳在氈屋西北，望之不見。」〔註27〕可見，在木葉山，契丹人是直接以氈屋爲宮殿。沈括在道宗的捺缽地所見也都是氈帳，沒有其它固定建築。

四

契丹人是馬上民族，因而其主要交通工具就是馬，而搬運氈帳、物品則

〔註23〕（宋）蘇頌：《蘇魏公文集》卷一三，中華書局，1988年。

〔註24〕（宋）蘇轍：《欒城集》卷一六《奉使契丹二十八首》，上海古籍出版社，1987年。

〔註25〕路振：《乘軺錄》，載賈敬顏：《五代宋金元人邊疆行記十三種疏證稿》，第60頁。

〔註26〕薛映：《遼中境界》，載賈敬顏：《五代宋金元人邊疆行記十三種疏證稿》，第108頁。

〔註27〕（宋）宋綬：《契丹風俗》，載賈敬顏：《五代宋金元人邊疆行記十三種疏證稿》，第116～117頁。

離不開車，奚車則是另一項重要交通工具。蘇頌在宋使中，是較少的不帶民族偏見者，他對契丹事物多抱著觀察者以至學習者的心態。他的《契丹馬》一詩寫到：「邊林養馬逐萊蒿，棧皂都無出入勞。用力已過東野稷，相形不待九方皋。人知良御鄉評貴，家的材駒事力豪。略問滋繁有何術？風寒霜雪任蹄毛。」詩前小注說：「契丹馬群動以千數，每群牧者才三二人而已。縱其逐水草，不復羈絆。有役則驅策而用，終日馳驟而力不困乏。彼諺云『一分喂，十分騎。』番漢人戶亦以牧養多少為高下。視馬之形，皆不中相法。蹄毛不剪除剔，云馬遂性則滋生益繁，此養馬法也。」〔註 28〕這不啻是一篇契丹人的養馬經。可見，蘇頌對契丹人的養馬方法讚賞有加，認為順應馬匹的習性是契丹人養馬成功的關鍵因素。沈括對契丹人所乘的奚車有詳細的描繪。「契丹之車，皆資於奚。車工所聚，曰打造館。其緇車之制如中國，後廣前殺而無般，材儉易敗，不能任重而利於行山。長轂廣輪，輪之牙其厚不能四寸，而軫之材不能五寸。其乘車，駕之以駝，上施幰，惟富者加氈幨文繡之飾。」〔註 29〕可見，由木材製成的奚車雖然不能負重太多，但是在崎嶇的路況下，便於駕馭。這在當時的道路交通條件下，是其一大優勢。

在當今的遼史學界，對於遼朝的不同於中原王朝的行國體制，已經基本上成了大家的共識。也就是遼朝的政治中心不是五京，而是在皇帝的捺鉢地。四時捺鉢貫穿著有遼一代的始終。其實，四時捺鉢也就是牧民生活的皇家版本而已。因此，「行」在契丹帝王貴族的生活中佔據著首席之地。宋使朝覲遼朝皇帝，要追隨其捺鉢的步伐。因而在宋使筆下，也留下了關於契丹四時捺鉢的鮮活記錄。

遼代皇帝的春捺鉢地一般在鴨子河濼，其活動有鈎魚、捕捉天鵝等。宋綬就記載了聖宗在另一處春捺鉢地土河鈎魚的情況。「蕃俗喜罩魚，設氈廬於河冰之上，密掩其門，鑿冰為竅，舉火照之，魚盡來湊，即垂釣竿，罕有失者。回至張司空館，聞國主在土河上罩魚。以魚來饋。」〔註 30〕路振記載了捕捉天鵝的情況。「（刑頭）東北百餘里有鴨池，鶩之所聚也。虜春種稗以飼

〔註 28〕　（宋）蘇頌：《蘇魏公文集》卷一三，中華書局，1988 年。

〔註 29〕　（宋）沈括：《熙寧使虜圖抄》，載賈敬顏：《五代宋金元人邊疆行記十三種疏證稿》，第 131～132 頁。

〔註 30〕　（宋）宋綬：《契丹風俗》，載賈敬顏：《五代宋金元人邊疆行記十三種疏證稿》，第 117～118 頁。

鶩，肥則往捕之。」〔註31〕

夏捺缽一般在黑山、吐兒山一帶，皇帝夏天來此避暑。路振記載：「（中京）西至炭山七百里。炭山，即黑山也。地寒涼，雖盛夏必重裘。宿草之下，掘深尺餘，有層冰，瑩潔如玉。至秋分，則消釋。山北有涼殿，虜每夏往居之。（中京）西北至刑頭五百里，地苦寒，井泉經夏常凍。虜小暑則往涼殿，大熱則往刑頭，官屬、部落咸輦妻子以從。」〔註32〕

秋捺缽的主要活動是圍獵，蘇頌《觀北人圍獵》一詩寫到：「莽莽寒郊畫起塵，翩翩戎騎小圍分。引弓上下人鳴鏑，羅草縱橫獸軼群。畫馬今無胡待詔，射雕猶懼李將軍。山川自是縱禽地，一眼平蕪接暮雲。」詩前小注說：「北人以百騎飛放謂之羅草，終日才獲兔數枚，頗有愧色，顧謂予曰：『道次小圍不足觀，常時千人已上爲大圍，則所獲甚多，其樂無涯也。』」〔註33〕儘管蘇頌所見僅是一次規模較小的圍獵，但是其氣勢已使其感慨有加。圍獵中契丹人所用的弓箭「弓以皮爲弦，箭削樺爲杆」。〔註34〕

冬捺缽之地主要是在廣平澱，皇帝來此避寒是主要目的。元祐六年（1091，遼道宗大安七年）出使遼朝的彭汝礪有《廣平甸》一詩，對冬捺缽的情形進行了詳細描述。詩云：「四更起趁廣平朝，上下沙陂道路遙。洞入桃源花點綴，門橫葦箔草蕭條。時平主客文何縟，地大君臣氣已驕。莫善吾皇能尚德，將軍不用霍嫖姚。」詩前小注：「廣平甸，謂北地險，至此廣大而平易云。初至單于行在，其門以蘆泊爲藩垣，上不去其花以爲飾。其上謂之羊箔門。作山門，以木爲牌。左曰紫府洞，右曰桃源洞，總謂之蓬萊。宮殿曰省方殿，其左金冠紫袍而立者數百人，問之多酋豪。其右青紫而立者數十人。山棚之前作花檻，有桃杏楊柳之類。前謂丹墀，自丹墀十步謂之龍墀殿，皆設青花氈。其階高二三尺，闊三尋。縱殺其半，由階而登，謂之御座。」〔註35〕從這首詩及小注可看出，廣平澱捺缽地的建築較爲簡陋，其布置與裝飾都較爲簡樸且具游牧民族特色。蘇頌有一首詩記載了在廣平澱舉行宴會的情

〔註31〕（宋）路振：《乘軺錄》，載貫敬顏：《五代宋金元人邊疆行記十三種疏證稿》，第70頁。

〔註32〕（宋）路振：《乘軺錄》，載貫敬顏：《五代宋金元人邊疆行記十三種疏證稿》，第69～70頁。

〔註33〕（宋）蘇頌：《蘇魏公文集》卷一三，中華書局，1988年。

〔註34〕（宋）宋綬：《契丹風俗》，載貫敬顏：《五代宋金元人邊疆行記十三種疏證稿》，第120頁。

〔註35〕（宋）彭汝礪：《鄱陽集》卷八，文淵閣四庫全書本。

況，《廣平宴會》：「遼中宮室本穹廬，暫對皇華闢廣除。編曲垣牆都草創，張旃帷幄類鶉居。朝儀強效鵁行列，享禮猶存體薦餘。玉帛繫心眞上策，方知三表術非疏。」〔註36〕由於蘇頌出使在彭汝礪之前，其所見更爲簡樸，宮殿大多爲氈帳，牆垣也都是剛剛才建。由此可見，契丹人的捺缽地設施都是因陋就簡，不飾奢華，這是其游牧民族的習性所致。

（原載《族際認知——文獻中的他者》，社會科學文獻出版社，2009年）

〔註36〕（宋）蘇頌：《蘇魏公文集》卷一三，中華書局，1988年。

五、遼代的園林

摘　要

　　本文就遼代的皇家園林、山水園林、私家園林、寺院園林四個方面對遼代的園林進行簡單的介紹。

關鍵詞：遼代、皇家園林、山水園林、私家園林、寺院園林

　　以往關於中國園林史的著述，或是對遼代的園林根本不曾提及，或是用短短的篇幅一帶而過。〔註1〕儘管遼代的史料十分匱乏，但是如果我們從有限的史料中仔細耙梳，還是能對遼代的園林有一些較爲具體的認識。本文就從皇家園林、山水園林、私家園林、寺院園林四個方面對遼代的園林進行簡單的介紹。

一、皇家園林

　　雖然遼代有五京，但是皇帝是以四時捺鉢爲中心進行活動，其行朝體制決定了京城並不像多數封建王朝傳統意義上的首都。因此，漢族皇帝大規模的在京城修建皇家園林的情況在遼代並未出現，屈指可數的一些園林也都規

〔註1〕前者有安懷起：《中國園林史》，同濟大學出版社，1991年；孔德建：《中國園林史》，中國電力出版社，2008年。後者有儲兆文：《中國園林史》，東方出版中心，2008年；任常泰、孟亞男：《中國園林史》，北京燕山出版社，1993年。

模較小。並且有些皇家園林實際也就是捺缽地。

皇家園林主要分佈在南京（今北京）和中京（今內蒙古寧城縣）。南京城內的皇家園林主要有內果園和臨水殿。聖宗太平五年（1027），「十一月庚子，幸內果園宴，京民聚觀。」〔註2〕

可見，內果園是一座以種植果樹爲主的園林，而且爲了體現皇帝的親民，在一定時間或經過批准，普通百姓也可以進入遊覽。遼興宗重熙十一年（1042）閏九月，「幸南京，宴於皇太弟重元第，泛舟於臨水殿宴飲。」〔註3〕臨水殿應該是一座以觀賞水景爲主的皇家園林。另外在南京城的近郊，還有華林、天柱二莊，既是景宗、聖宗的春捺缽地，也是風景優美的皇家園林。「城東北有華林、天柱二莊，遼建涼殿，春賞花，夏納涼。」〔註4〕但是從《遼史》上的記載來看，此兩地景宗和聖宗都是正月到此。如景宗乾亨「四年（982）春正月己亥，如華林、天柱。」〔註5〕聖宗統和五年（987）正月「壬辰，如華林、天柱。」〔註6〕統和「六年（988）春正月庚申，如華林、天柱。」〔註7〕華林、天柱二莊分別是今順義區的花梨坎村和天竺村，〔註8〕均在溫榆河北岸，兩地相距 3 里餘。在遼代此地應是風景優美，兼有水景的觀賞勝地。另外在此兩村的東南，也在溫榆河的北岸，還有一個村莊名爲樓臺，很可能也與遼代的遺址有關。〔註9〕在南京道灤州石城縣（今河北省唐山市豐南區）還有一處既是皇家園林也是行宮的長春宮。遼聖宗對這處皇家園林格外喜愛，曾多次到此賞花，釣魚。而此處種植的花卉尤以牡丹出名。如統和五年（987）「三月癸亥朔，幸長春宮，賞花釣魚，以牡丹遍賜近臣，歡宴累日。」〔註10〕統和十二年（994）三月「壬申，如長春宮觀牡丹。」〔註11〕這處皇家園林在金代被沿用，仍名長春宮，並且作爲金代皇帝的春捺缽地之一。此地至今仍

〔註2〕 《遼史》卷一七《聖宗紀八》，中華書局1974年，第198頁。
〔註3〕 《遼史》卷六八《遊幸表》，第1066頁。
〔註4〕 《遼史》卷四〇《地理志四》，第496頁。
〔註5〕 《遼史》卷九《景宗紀下》，第105頁。
〔註6〕 《遼史》卷一二《聖宗紀三》，第129頁。
〔註7〕 《遼史》卷一二《聖宗紀三》，第130頁。
〔註8〕 參見尹鈞科：《北京郊區村落發展史》，北京大學出版社，2001年，第109頁。
〔註9〕 參見于德源：《北京歷代城坊、宮殿、苑園》，首都師範大學出版社，1997年，第59頁。
〔註10〕 《遼史》卷一二《聖宗紀三》，第129頁。
〔註11〕 《遼史》卷一三《聖宗紀四》，第144頁。

有大長春、小長春兩個村子，〔註12〕其名稱很可能就是來自遼代的長春宮。

中京也有一處皇家園林，名爲南園，多次見於使遼宋使的筆下。宋眞宗大中祥符二年（1009，遼聖宗統和二十七年）路振出使遼朝，正月抵達中京。「七日，又宴射於南園，園在朱夏門外。虜遣大內惕隱、知政事令耶律英侑宴，贈漢中的者馬五疋、綵二十段、弓一、矢十。英又贈馬二疋。園中有臺，樹皆新植。射畢，就坐。」〔註13〕由於中京是在統和二十五年（1007）正月才開始營建，到路振出使時，才剛剛兩年。因此，南園也應剛建不久，所以樹木都是新栽種的。從功能上看，南園主要是接待宋使時舉行宴會及射箭等活動。對此，宋眞宗大中祥符六年（1013，遼聖宗開泰元年）出使遼朝的王曾也有記載：「城南有園囿，宴射之所。」〔註14〕

二、山水園林

遼代的山水園林中最著名的是延芳澱，在今天北京市通州區東南，「東起今潞縣鎭唐頭村，西至今馬駒橋鎭前、後銀子村，北起今張家灣鎭牌樓營村，南至今永樂店鎭德仁務村及于家務鄉吳寺村，約有200多平方公里。」〔註15〕遼代在此設潞陰縣進行管理。延芳澱是遼聖宗的主要捺缽地。《遼史·地理志》記載：「延芳澱方數百里，春時鵝鶩所聚，夏秋多菱芡。國主春獵，衛士皆衣墨綠，各持連鎚、鷹食、刺鵝錐，列水次，相去五七步。上風擊鼓，驚鵝稍離水面。國主親放海東青鶻擒之。鵝墜，恐鶻力不勝，在列者以佩錐刺鵝，急取其腦飼鶻。得頭鵝者，例賞銀絹」。〔註16〕遼聖宗多次到此捺缽，統和十二年（994）正月「乙卯，幸延芳殿。」〔註17〕統和十三年（995）「春正月壬子，幸延芳澱。」〔註18〕另外統和十八年（1000）、二十年（1002）等也多次到此捺缽。延芳澱也應該有行宮建築，統和十三年（995）九月「丁卯，奉安

〔註12〕 河北省製圖院編製：《河北省地圖冊》，地質出版社，2001年，第130頁。
〔註13〕 （宋）路振：《乘軺錄》，載貫敬顏：《五代宋金元人邊疆行記十三種疏證稿》，中華書局，2004年，第66頁。
〔註14〕 （宋）王曾：《上契丹事》，載貫敬顏：《五代宋金元人邊疆行記十三種疏證稿》，第102頁。
〔註15〕 北京市文物局編：《北京遼金史蹟圖志》（上），北京燕山出版社，2003年，第127頁。
〔註16〕 《遼史》卷四〇《地理志四》，第496頁。
〔註17〕 《遼史》卷一三《聖宗紀四》，第144頁。
〔註18〕 《遼史》卷一三《聖宗紀四》，第146頁。

景宗及皇太后石像於延芳澱。」〔註19〕景宗與皇太后的石像應該是安置在行宮中的宗廟。至今，「在吳寺村南尚有遼景宗石雕像與祭祀用的巨大鼎式供座。」〔註20〕

與延芳澱毗鄰的臺湖（在今北京市通州區臺湖鎮）也是遼聖宗所喜愛的一處山水園林，他也曾多次把此地作爲春捺缽之地。統和八年（990）「春正月辛巳，如臺湖。」〔註21〕九年（991）正月「庚辰，如臺湖。」〔註22〕統和十年（992）正月「丙午，如臺湖。」〔註23〕同年「夏四月乙丑，以臺湖爲望幸里。」〔註24〕可見其對臺湖之喜愛。

遼代除了皇帝能夠充分享受山水園林之樂趣外，有些王公大臣也在風景優美之處建有山水園林。宋眞宗天禧四年（1020，遼聖宗開泰九年），宋綬出使遼朝，他記載道：「自中京過小河，唱叫山，道北奚王避暑莊，有亭臺。」〔註25〕可見奚王避暑莊也是一處臨山臨水的山水園林。今人通過實地調查，已經發現了該處遺址。在今河北省平泉縣楊樹嶺鎮鉛南溝，有一處夾在南北向兩山之間的遺址，南北長約 1300 米，東西寬約 500 米，總面積約 65 萬平方米。此處的地理形勢符合宋綬的記載，「在遺址東北不過 1 公里處，正好有一好似仰天長嘯的大裂山。……在遺址兩側的山腰上恰好各有一亭臺，在遺址東側又確有一條小河。」〔註26〕可見，此處是奚王避暑納涼的一處山水園林。

另外，在遼代的寺院園林中，很多都是建在山水形勝之地，這些寺院園林本身也是山水園林，詳見下文。

三、私家園林

遼代渤海人在文化上較契丹人更爲接近漢人，而其生活方式也接近同樣爲農耕民族的漢人，包括對園林的喜愛也是如此。金初出使金朝被扣留的宋

〔註19〕《遼史》卷一三《聖宗紀四》，第 147 頁。
〔註20〕北京市文物局編：《北京遼金史蹟圖志》（上），第 127 頁。
〔註21〕《遼史》卷一三《聖宗紀四》，第 139 頁。
〔註22〕《遼史》卷一三《聖宗紀四》，第 141 頁。
〔註23〕《遼史》卷一三《聖宗紀四》，第 142 頁。
〔註24〕《遼史》卷一三《聖宗紀四》，第 142 頁。
〔註25〕（宋）宋綬：《契丹風俗》，載賈敬顔：《五代宋金元人邊疆行記十三種疏證稿》，第 111 頁。
〔註26〕張秀夫、劉子龍、張翠榮：《失落千年的文明——奚王避暑莊的調查》，載《承德民族歷史與建設文化大市學術論壇文選》，遼寧民族出版社，2006 年，第 109 頁。又載《平泉遼文化》，遼寧民族出版社，2008 年，第 264 頁。

使洪皓記述了當時渤海人被從遼東遷移到內地時的情況。「其人大多富室，安居逾二百年，往往爲圍池，植牡丹多至三二百本，有數十幹叢生者，皆燕地所無，才以十數千或五千賤貿而去。」〔註27〕由此可見，從遼代直至金初，東北的渤海人中的富裕大戶往往都有私家園林，而私家園林中又大多種植大量的牡丹花。

金章宗明昌元年（1190），時任提點遼東路刑獄的王寂巡察所部，三月抵達咸平府（今遼寧省開原市）。他記述到：「己卯，予公餘塊坐，因念舊年逐食於此，嘗遊李氏園。時牡丹數百本，方爛漫盛開，內一種萼白蕊黃者，風韻勝絕，問其名曰：『雙頭白樓子』。予惡其名不佳，乃改曰：『並蒂玉東西』。後日復往，則群芳盡矣。所謂玉東西者，雖已過時，其典刑猶在。竚立久，少休於小亭，亭中有几案，置小硯屏，乃題絕句於硯屏上，今不知在否？因訊其家李氏子，取以示予，醉墨宛然，計其歲月，一十有七年矣。」〔註28〕可見，李氏園是一座私家園林，以種植有數百株牡丹而聞名。王寂上一次來訪，是在十七年前，也就是金世宗大定十三年（1173）。由於渤海大姓中有李姓，而此地也是渤海人聚居之地，很可能李氏園在遼代就存在，而一直延續到金章宗時。

遼代的富裕漢族地主，也有建立私家園林以供享樂的。如著名的宣化遼墓墓主之一張世卿，家境十分富裕，遼道宗大安年間，因爲遭遇饑荒，他向朝廷進獻粟二千五百斛，而被授予右班殿直之虛職。他爲了享樂之需，「特於郡北方百步，以金募膏腴，幅員三頃。盡植異花百餘品，迨四萬窠，引水灌溉，繁茂殊絕。中敞大小二亭，北置道院、佛殿、僧舍大備。東有別位，層樓巨堂，前後東西廊具焉，以待四方賓客棲息之所。」〔註29〕由此可見，張世卿的私家園林建于歸化州（今河北省張家口市宣化區）城外咫尺之地，規模宏大，設施齊全，尤以廣種四萬多棵花木爲顯著特點。除了自己享樂以及接待賓客外，他的園林還有一大用處，那就是每年四月二十九日天祚皇帝的生日也就是天興節期間，張世卿要在園內建道場一晝夜，邀請僧尼以及男女

〔註27〕（宋）洪皓：《松漠記聞》卷上，《遼海叢書》本，遼瀋書社，1985年，第204頁。

〔註28〕（金）王寂：《遼東行部志》，張博泉：《遼東行部志注釋》本，黑龍江人民出版社，1984年，第87頁。

〔註29〕《張世卿墓誌》，載向南編：《遼代石刻文編》，河北教育出版社，1995年，第655頁。

信眾爲皇帝祈福。由於園內花木眾多，張世卿還特製了 500 個琉璃瓶，從春天到秋天，每日採花裝於瓶內，貢獻於各寺的佛像前。張世卿的園林可謂遼代私家園林的典型代表。

四、寺院園林

遼代的寺院園林主要分佈在文化發達的南京道地區，很多兼具園林之特徵的寺院在千年之後仍興盛不衰，爲遊人所流連往返。

今北京西山的大覺寺始建於遼代，名曰清水院，是一處風景秀麗的寺院園林。「陽臺山者，薊壤之名峰；清水院者，幽都之勝概。跨燕然而獨穎，侔東林而秀出。那羅窟邃，韞性珠以無類；兜率泉清，濯惑塵而不染。山之名，傳諸前古；院之興，止於近代。」〔註 30〕清水院在金代爲章宗所喜愛，成爲以水景聞名的章宗西山八大水院之一。

在遼南京的近畿薊州（今天津薊縣），有很多寺院坐落在風光優美的山間，因而也就兼具寺院園林和山水園林的特色。雲泉寺位於神山（今天津薊縣翠屏山），以花木繁多而著稱。「漁陽郡南十里外，東神西赭，對峙二山。下富民居，中廠佛寺。前後花果，左右林皋。大小踰二百家，方圓約八九里。每春夏繁茂，如錦繡環繞。」〔註 31〕薊縣盤山是今日天津著名的風景名勝區，遼代的盤山已經名聞遐邇，時人用豐富的筆墨描繪了勝景：「嶺上時興於瑞霧，谷中虛老於喬松。奇樹珍禽，異花靈草。絕頂有龍池焉，向旱碎而能興雷雨；岩下有潮井焉，依旦暮而不虧盈縮。於名山之內，最處其佳。」〔註 32〕盤山上下分佈著眾多的寺院，其中的祐唐寺（今名千像寺）始建於唐開元年間，經過多年經營，成爲遊人如織之地。「向此藍垣之北，長松之下，有大石焉，重萬餘鈞，或遇敬信者，微觸而動。迄今遊閱之士，冠蓋相望，四序不絕於阡陌也。」〔註 33〕寺內的講堂建於遼代，「乃於僧室之陰，疊磷磷之石，瀹瑟瑟之泉，高廣數尋，駢羅萬樹，薙除沙礫，俯就基坰。」〔註 34〕可見，在興建講堂的同時，還疊造假山，引來山泉，廣植樹木，營造了一處典型的寺院園林。

〔註 30〕《陽臺山清水院藏經記》，《遼代石刻文編》，第 332 頁。
〔註 31〕《薊州神山雲泉寺記》，《遼代石刻文編》，第 358 頁。
〔註 32〕《祐唐寺創建講堂碑》，《遼代石刻文編》，第 89 頁。
〔註 33〕《祐唐寺創建講堂碑》，《遼代石刻文編》，第 90 頁。
〔註 34〕《祐唐寺創建講堂碑》，《遼代石刻文編》，第 90 頁。

　　易州（今河北省易縣）的太寧山在歷史上就被隱居、讀書者所青睞。嚴耕望先生的著名論文《唐人習業山林寺院之風尚》〔註35〕詳細論述了唐朝士人在山林寺院隱居讀書的社會風尚，共列舉了二百餘人的事例。他還對唐人隱居讀書的地點進行了具體論述，分爲十三處。實際上易州太寧山（又稱易州西山或大寧山）也是這樣一處所在。

　　最早見於歷史記載的，隱居於太寧山的是北魏的盧景裕。盧景裕是范陽涿（今河北省涿州市）人。「專經爲學，避地太寧山，不營世事。叔父同職居顯要，而景裕止於園舍，情均郊野，謙恭守道，正素自得，由是世號居士。」〔註36〕五代、遼初著名的輾轉於各個政權之間有長樂老之稱的馮道也曾在此隱居，並建有吟詩臺。其臺在淨覺寺附近，而淨覺寺是一座著名的寺院園林。「崇正殿爲瞻仰之所，營西堂作演導之場。敞其門闈，備遊禮也。高其亭宇，延賓侶也，次有重龕峻室，疎牖清軒，石竇雲庵，松扃蘚榻。雖寒暑昏曉，更變迭至。而禪頌安居，人無不適。又引北隅之溜泉，歷曲砌虛亭。滌垢揚清，響透林壑。寺之背，回嶠層巒，隱映殊狀，峭拔直起而高者，曰積翠屏。其下特構小殿，即馮道吟詩之故地。」〔註37〕由於歷史上馮道的名聲不好，因而後來遊覽太寧山的人往往賦詩予以嘲諷。金代的趙秉文《太寧吟詩臺·雨中》寫到：「易州山水甲天下，一日太寧如死灰。山意似羞人識面，雨昏丞相賦詩臺。」〔註38〕元代的劉因《馮瀛王吟詩臺》一詩更爲苛刻。「林壑少佳色，風雷有清秋。爲問北山靈，吟臺何久留。時危亦常事，人生足良謀。不有撥亂功，當乘浮海舟。飄飄扶搖子，脫屣雲臺遊。每聞一朝革，尚作數日愁。朝廷乃自樂，山林爲誰憂？視彼昂昂駒，奈此泛泛鷗。四維既不張，三綱遂橫流。坐令蚩蚩民，謂茲聖與儔。蚩蚩尚可恕，儒臣豈無尤。不有歐馬筆，孰能回萬牛。太行千里來，蕭灑橫中州。今朝此登臨，孤懷漲嚴幽。何當鏟疊嶂，一洗佗山羞。」〔註39〕太寧山優美的環境不但給遊人以享受，也給隱居者閉門讀書提供了良好的條件。遼代涿州人王鼎「幼好學，居太寧山

〔註35〕《唐史研究叢稿》，（香港）新亞研究所，1969 年。最新版本見《嚴耕望史學論文選集》，中華書局，2006 年。

〔註36〕（宋）馬永易：《實賓錄》卷一一，文淵閣四庫全書本。

〔註37〕《易州太寧山淨覺寺碑銘》，《遼代石刻文編》，第 403～404 頁。

〔註38〕薛瑞兆、郭明志編纂：《全金詩》卷七二，南開大學出版社，1995 年，第 2 冊，第 491 頁。

〔註39〕《靜修先生文集》卷六，四部叢刊本。

數年，博通經史。」〔註40〕遼末金初的易州人張通古也曾「隱居易州太寧山下。」〔註41〕

　　雖然未見有遼代人吟詠太寧山的詩歌，但是之後的金、元都有人留下詩篇。金代趙秉文有《與龐才卿雨中同遊太寧山》一詩：「群山西來高崔嵬，太寧萬疊屏風開。半天截斷參井分，夕陽不到吟詩臺（寺有吟詩臺，馮瀛王寓筆硯於此——原詩小注）。近都形勝甲天下，況此萬斛藏瓊瑰。青蛟百道走玉骨，下赴僧界如奔雷。泉聲夜作雨飛來，冷雲滴破煙嵐堆。拍梯可望不可到，石麟冷骨黏莓苔。塔上一鈴時獨語，慎勿促裝遽如許。徑須攜被上方眠，明日巔崖看懸乳。寺後一峰高更寒，歸來駐馬更重看。蕭蕭易水寒流廣，蒼茫不見雲中山。西風栗葉高陽道，淡淡長空沒孤鳥。荊卿廟前濕暮螢，昭王臺畔沾秋草。擬豁千秋萬古愁，更須一上郡城樓。西山應在闌干外，注目晴空浩蕩秋。」〔註42〕王璹有《遊太寧寺》一詩：「西山踏破萬層青，與客攜壺上太寧。泉石有情容避俗，軒裳無術可逃形。雲縈屋角僧禪靜，露下松梢鶴夢醒。明日卻尋塵靜去，曉猿啼月若為聽。」〔註43〕金元之際的丘處機有《登易州西山》一詩：「襃裳步不毛，絕頂望秋毫。深谷杳冥峻，亂山重疊高。森森骨髓戰，睆睆目睛勞。自笑無心客，何如掛壁猱。」〔註44〕

　　（原載《中國‧平泉首屆契丹文化研討會論文集》，吉林大學出版社，2010年）

〔註40〕《遼史》卷一〇四《王鼎傳》，第 1453 頁。
〔註41〕《金史》卷八三《張通古傳》，第 1859 頁。
〔註42〕薛瑞兆、郭明志編纂：《全金詩》，第 410 頁。
〔註43〕《中州集》卷八，中華書局，1959 年，第 400 頁。
〔註44〕薛瑞兆、郭明志編纂：《全金詩》，第 183 頁。

六、契丹遺民今何在

摘　要

　　契丹民族雖然消失在歷史的長河之中，但是其後裔仍有蹤可尋，達斡爾族被認爲是與契丹族關係最近的現代民族，雲南施甸縣等地也生活著契丹人的後裔。

關鍵詞：契丹、遺民、達斡爾族、施甸縣

　　在中國歷史上，有很多民族曾經叱吒風雲，對歷史的進程起了重要的作用，如匈奴、鮮卑、突厥等。但輝煌一過，它們就逐漸湮沒在歷史長河中，甚至蹤影皆無。契丹族就是這樣的一個民族，自契丹族領袖耶律阿保機於916年建立遼朝，200多年間，契丹的鐵騎縱橫於北半個中國，建立了一個與北宋相抗衡的龐大帝國。1125年遼朝被金朝滅亡後，其殘餘力量仍在耶律大石的統率下，遠征中亞，建立了史稱爲西遼（穆斯林和西方史書稱之爲「哈喇契丹」）的王朝，統治中亞地區達90餘年，直至1218年被蒙古所滅。西遷的契丹人只是很少一部，並在西遼滅亡之後逐漸融合於當地的民族。金朝統治下的契丹人中的一部份被迫南遷，後逐漸漢化，到元代成爲漢人的一員。大部份契丹人仍留居長城以北，這些契丹人後來大都與女眞、高麗、蒙古族融合，相當一部份人隨著蒙古大軍的四處征討而分散到全國各地。這樣，契丹作爲

一個民族，到元代中後期就已經不存在了。那麼，今天是否還存在著契丹族的後裔嗎？這個問題很早就引起了人們的關注。尤其是建國後隨著民族大調查的進行，這一問題首先以達斡爾族的族源問題出現在人們的面前，後來雲南契丹後裔的問題也引起廣泛的關注，到了20世紀90年代，由於運用了DNA檢測技術，最終使這一問題得以解決。

「達斡爾」是達斡爾族自稱，還曾譯為「達胡爾」、「達呼爾」、「打虎兒」、「達虎里」等。達斡爾族以從事農業為主，兼營畜牧、狩獵。現有人口12萬多，主要分佈在內蒙古莫力達瓦達斡爾族自治旗、鄂溫克族自治旗、黑龍江齊齊哈爾市和新疆塔城等地。「達斡爾」之名最早見於元末明初，清朝乾隆欽定的《八旗姓氏通譜》和《遼史語解》認為「達呼爾」是契丹古八部之一大賀氏的音譯，這是關於達斡爾族是契丹後裔的最早提法，由來又相繼有達斡爾族為蒙古分支以及自古就是獨立發展的民族等看法。在20世紀50年代對達斡爾族進行民族識別後，對其族源問題仍未達成統一認識，傅樂煥先生採取慎重態度，認為當時所得資料難以肯定達斡爾族究竟是契丹後裔還是蒙古族的分支。而陳述先生則力主達斡爾族為契丹後裔，並發表了系列文章闡述自己的看法。確實，達斡爾族的傳說、語言、習俗等，與契丹族有著很深的淵源關係。

達斡爾人傳說其祖先幾百年前在首領薩吉爾迪汗的率領下，從原來「散居西拉木倫，哈拉木倫地方」也就是今內蒙古巴林左旗一帶遷居到今內蒙古莫力達瓦達斡爾自治旗一帶修邊堡，從此便在此定居下來。這一傳說有著其歷史背景，金朝為了防備北方諸多蒙古部族的侵擾，曾大規模地修築界壕，界壕是包括城牆、壕溝以及邊堡在內的立體防禦體系，也就是金代的長城。由於界壕的修築需要大量勞動力，而薩吉爾迪汗率領的契丹人可能就是被金朝強迫徵發而來。另有文獻記載遼亡後，曾有一部份契丹遺民在庫烈兒的率領下向北遷徙，今黑龍江根河以北仍有庫烈兒山，直到明末清初，根河一帶的達斡爾族酋長根鐵木兒還被通古斯人稱為契丹酋長。而達斡爾族一直供奉的本族菩薩也名為庫烈佛。

劉鳳翥先生《從契丹小字解讀達斡爾為東胡之裔》〔註1〕一文認為達斡爾語中「長」（「首長」的「長」）一詞是因襲契丹語，「兔」、「烏鴉」與契丹語相同，「馬」、「山羊」、「蛇」、「狗」等詞源於契丹語，「仲」、「冬」、「族」等

―――――――――――――――――――――――――――

〔註1〕《黑龍江文物叢刊》1984年第1期。

詞的發音達斡爾語與契丹語相同或相近。他據此得出結論,「像『馬』、『山羊』、『狗』、『兔』等狩獵民族和游牧民族最常用的語詞,很難用借詞來解釋,它必然是自古流傳下來的。語言的因襲必包含著民族成分的繼承。由此,我們可以推測,達斡爾族是元滅金之後,由留居當地的契丹人逐步發展起來的」。

達斡爾族的狩獵、捕魚方式與契丹人大致相同,達斡爾族至今保持同姓不通婚的習俗與契丹族也相同,達斡爾族的祭天儀與契丹族的祭天有相通之處,達斡爾族與契丹族都信奉薩滿教,而最具達斡爾族特色的傳統體育項目曲棍球很可能源自遼代契丹族的馬毬。

儘管近年來雲南契丹後裔成為新聞熱點,但這並不是什麼新發現,早在20世紀50年代,就有人向雲南民委反映契丹後裔的情況,但未引起重視。而到20世紀90年代,內蒙古社科院的達斡爾族學者孟志東、雲南學者楊毓驤以及內蒙古大學的陳乃雄教授、黑龍江省文物考古工作者干志耿、葉啟曉等都先後對滇西保山地區的契丹後裔進行過調查、研究,他們都有文章與著作問世,尤其以孟志東的《雲南契丹後裔研究》〔註2〕一書為全面。

雲南的契丹後裔分佈在保山、臨滄兩市和德宏、大理、西雙版納等自治州,他們自稱為「本人」,共約15萬人,其中保山市的施甸縣是契丹後裔的集中居住地,以阿、莽、蔣三姓居多。據《元史》卷149《耶律禿花附忙古代傳》記載,耶律忙古代在元世祖時受命率軍征討雲南,後「遙授雲南諸路行中書省左丞,行大理金齒等處宣慰使都元帥,卒於軍」。耶律忙古代死在雲南,其親戚、部屬也大都留在雲南,一般認為雲南契丹後裔就是這支契丹軍隊定居雲南的結果。在施甸縣由旺鄉木瓜榔村建有一座蔣氏宗祠,祠堂的正門朝東,這與遼代建築都為東向相一致,保留著契丹族朝日的習俗。正門的兩邊有一副對聯:「耶律庭前千株樹,阿莽蔣氏一堂春。」說明阿、莽、蔣三姓都是耶律氏的後裔。

雲南契丹後裔保存著珍貴的家譜資料,這些資料都明確記載他們的祖先是契丹耶律氏。德宏傣族景頗族自治州蔣家雲所藏《猛板蔣氏家譜》記載:「蔣氏祖先姓耶律氏,名阿保機,創建遼朝,為金所滅。後裔以阿為姓,又改為莽。在元初,隨蒙古軍隊南征有功,授武略將軍之職。明朝洪武年間,因麓川平緬叛有功,分授長官司,並世襲土職。後又經歷數代,改為蔣姓。」保山市施甸縣由旺鄉木瓜榔村蔣文良藏有《施甸長官司族譜》,其開篇詩言:「遼

〔註2〕 中國社會科學出版社,1995年。

之先祖始炎帝，審吉契丹大遼皇；白馬土河乘男到，青牛潢河駕女來。一世先祖木葉山，八部後代徙潢河；南征欽授位金馬，北戰皇封云朝臣。姓奉堂前名作姓，耶律始祖阿保機；金齒宣撫撫政史，石甸世襲長官司。祖功宗德流芳遠，子孫後代世澤長；秋霜春露孝恩德，源遠流長報宗功。」這本族譜中還有一幅「青牛白馬圖」，描繪的是有關契丹族起源的古老傳說：遠古時有一個男子騎著白馬沿土河而下，又有一個女子坐著青牛駕的車沿潢河而下，相遇於兩河交匯的木葉山，在此結爲夫婦，這就是契丹族的始祖。他們生了八個兒子，繁衍成爲契丹八部落。但是，除了這些家譜資料，還沒有別的史料能證明雲南契丹後裔的始祖是耶律阿保機，這很可能是後人爲了光大門庭的附會之說。即使是耶律忙古帶也不能被證明是雲南契丹後裔的直系祖先。

現在可考的雲南契丹後裔始祖是阿蘇魯，據《大樓子蔣氏家譜》記載：「有始祖阿蘇魯，任元代萬戶。及至明代洪武十六年大軍克復，金齒各地歸附，至十八年二月內，始祖自備馬匹赴京進貢，蒙兵部官引奏，欽准始祖阿蘇魯除授施甸長官司正長官職事，領誥命一道，頒賜鈐印一顆，到任領事。」阿蘇魯死於明永樂二年（1404），其墓地在施甸縣甸陽鎮大竹棚村東山，立有「皇清待贈孝友和平一世祖諱阿蘇魯千秋之墓塋」碑一通，是清道光癸卯年（1843）十二月四日由蔣氏子孫重修。碑右起第一行最後有一個於義爲「長官」的契丹小字，就是這個所謂的契丹小字給關注雲南契丹後裔的熱潮又增添了不少熱度。不可想像，在距契丹文字失傳 600 餘年後的 1843 年，契丹小字居然又能神奇的出現在通篇漢字的碑文中。據有的學者現場考察，這個字的深淺程度與墓碑上的其它文字截然不同，顯然是後人所補刻，這爲雲南契丹後裔的研究又增添了一筆花絮。至於其它所謂雲南契丹後裔墓碑上的契丹文字更是屬於誤解。

儘管有很多證據說明達斡爾族是契丹族後裔以及雲南契丹後裔的可靠性，但是畢竟還沒有最直接的史料加以證明。在當今科學飛速發展的今天，新技術的出現爲解決這一問題提供了手段。1995 年，中國社會科學院的劉鳳翥、陳智超等以及中國醫學科學院的楊煥明、劉春芸、吳東穎等聯合提出了「契丹古屍分子考古學」的課題，並得到國家自然科學基金的資助，通過相關人群的 DNA 的比對研究契丹後裔的去向。他們從內蒙古出土的明確記載爲契丹人的古屍上提取了 6 例遺骸（牙齒、骨骼）標本，在雲南保山、施甸等地採集到「本人」的血樣；從內蒙古自治區莫力達瓦達斡爾自治旗提取了 56

例達斡爾人的血樣，另外還提取鄂溫克、蒙古族和漢族等人群的血樣，通過DNA 檢測後，得出了契丹族與達斡爾族有非常親近的遺傳關係，也就是說達斡爾族就是契丹族的後裔。而雲南「本人」與達斡爾族有相似的父系起源，很可能是蒙古軍隊中契丹官兵的後裔。

除了上述得到證實的兩個較大的契丹後裔群體外，在我國各地還分佈著一些未經證實的契丹後裔，陳述先生指出：「（天津）寶坻縣有『耶律各莊』，至今村人多劉姓。從遼朝以來，耶律譯劉。那麼耶律各莊劉姓舊戶的先世，很清楚地是契丹人。」〔註3〕另外據最近的新聞報導，在西安市長安區有一個耶柿村，400 多戶村民中有 270 戶、1000 餘人姓耶。據說，其「耶」姓來自「耶律」中的一個字，而該村村民所藏一塊民國 24 年的牌匾上村民的署名的姓氏也確實都是耶律。據其世代相傳，其祖先是遼代的一位耶律天慶王，而遼代也確實有天慶年號。至今這些人家仍保留著同姓不婚的習俗。

在河北省豐南市稻地鎮有一些肖姓人家，據其先輩傳說，該肖姓是蕭太后的後代，而稻地是蕭太后種稻米的地方。現在稻地鎮附近還有兩個村子分別叫做大長春與小長春，據《金史》卷 24《地理志上》，中都路灤州石城縣「有長春行宮。長春濼舊名大定濼，大定二十年更。」同書卷 11《章宗紀三》載，泰和元年（1201）正月庚午，「如長春宮春水」。可見，大、小長春兩村的得名確實來自金代此地的行宮長春宮或長春濼。長春濼在大定二十年之前名為大定濼，此名是否延續自遼代，至少目前還沒有確切史料可證。因為金代的很多行宮都延續自遼代，因此很可能遼代此地也是一處行宮所在，而為金代所沿用。稻地鎮的「肖」姓也很可能延續自遼代的「蕭」姓，當然現在還無家譜及其它史料（如碑刻和墓誌等）可考。

（原載《尋根》2006 年第 3 期）

〔註 3〕陳述：《大遼瓦解以後的契丹人》，載中央民族學院研究部編：《中國民族問題研究集刊》第 5 輯，1956 年。

七、身仕三朝郭藥師

摘　要

　　作爲渤海人的郭藥師在 12 世紀初葉遼、宋、金三個政權更替之際以一人之身而仕三朝，反覆無常，屢屢爲變，對三個朝代的興亡都產生了重要的影響，可謂時代的特殊產物。

關鍵詞：郭藥師、遼代、宋代、金代

　　12 世紀初葉的中國北方，正是遼、宋、金三個政權矛盾錯綜複雜、衝突逐鹿的時代。這樣的時代也就造就了具有鮮明時代色彩的人物，其中尤以郭藥師爲代表。「郭藥師者，遼之餘孽，宋之屬隸，金之功臣也。以一臣之身而爲三國之禍福，如是其不侔也」。〔註 1〕正如《金史》的這段論述，郭藥師以一人之身而仕三朝，反覆無常，屢屢爲變，對三個朝代的興亡都產生了重要的影響，可謂時代的特殊產物。

一、遼之餘孽

　　郭藥師，渤海鐵州人，其先世、生年都不詳。遼天祚帝天慶六年（1116），渤海人高永昌殺遼東京留守蕭保先，自稱大渤海國皇帝，改元應順，佔領了

〔註 1〕　《金史》卷八二《郭藥師傳》。

遼東 50 餘州。天祚帝派宰相張琳討伐，在沈州爲支持高永昌的女眞兵所敗。
於是天祚帝授燕王耶律淳爲都元帥，招募遼東饑民，取報怨於女眞之意，謂
之「怨軍」，分爲前宜營、後宜營、前錦營、後錦營、乾營、顯營、乾顯大營、
岩州營共八營 28000 人，郭藥師就是其中的一位首領。從此，郭藥師就登上
了歷史舞臺。

　　怨軍成立後，非但作戰不利，而且接連發生叛亂。保大元年（1121），東
南路怨軍將領董小醜因爲征討利州叛亂不利被處死，於是其手下羅青漢、董
仲孫等率怨軍作亂。遼都統耶律余覩、蕭幹率兵平叛。郭藥師等人殺了羅青
漢數人，接受招安。遼從中選出 2000 人編爲四營，任命郭藥師、張令徽、劉
舜仁、甄五臣各自統領。剩下 6000 人分送各路爲禁軍。爲了徹底解決怨軍的
問題，耶律余覩向蕭幹建議：「前年兩營叛，劫掠乾州，已從招安；今歲全軍
復叛，而攻錦州。苟我軍不來，城破，則數萬居民被害。所謂怨軍，未能報
怨於金人，而屢怨叛於我家。今若乘其解甲，遣兵掩殺淨盡，則永決後患。」
〔註2〕但蕭幹不同意，認爲「亦有忠義爲一時脅從者，豈可盡誅殺之？」〔註3〕
郭藥師等得以保全性命。於此，郭藥師性善多變，反覆無常的特點已初露端
倪。而怨軍也確如耶律余覩所說，成了遼的後患。

　　保大二年（1122）三月在金兵的進攻下，天祚帝逃奔夾山，耶律淳留守
南京，改元建福，史稱北遼。耶律淳改怨軍爲常勝軍。因「藥師年少壯，貌
頗偉岸，而沉毅果敢，以威武御眾，人多附之。初以武勇四軍薦授殿直，從
征女眞，積前後功」，〔註4〕故升郭藥師爲都管押常勝軍、涿州留守。四月，
宋以太師領樞密院事童貫爲陝西、河東、河北路宣撫使，率兵 10 萬進攻北遼
政權。由於徽宗的牽制及宋將的無能，宋楊可世部及辛興宗部先後爲北遼耶
律大石、蕭幹所敗，「自雄州之南，莫州之北，塘泊之間及雄州之西保州、眞
定一帶死屍相枕藉不可勝記」。〔註5〕六月，耶律淳病死，其妻蕭普賢爲皇太
后稱制，北樞密使蕭幹專政。七月，宋以劉延慶爲都統制，率軍 20 萬再次向
北遼用兵。這時，北遼政權已內外交困，此前太尉李處溫父子潛通童貫被處
死，而「當燕王僭號之初，漢軍多而番軍少，蕭幹建議籍東、西奚二千餘人

〔註2〕（宋）葉隆禮撰，賈敬顏、林榮貴點校：《契丹國志》卷一一，上海古籍出版
　　　　社，1985 年。
〔註3〕（宋）葉隆禮撰，賈敬顏、林榮貴點校：《契丹國志》卷一一。
〔註4〕（宋）徐夢莘：《三朝北盟會編》卷九，上海古籍出版社，1985 年。
〔註5〕（宋）徐夢莘：《三朝北盟會編》卷七。

及內外南北大王、乙室王、皮室猛撻剌司」。〔註6〕已對漢人不再信任。至此，蕭后和蕭幹等人惟恐漢人尤其是常勝軍爲變，「將謀之」。〔註7〕郭藥師急召所部，鼓動他們投宋。於是「萬口喧呼，無不響應，遂囚監軍蕭餘慶等，乃遣團練使趙鶴壽帥精兵八千，鐵騎五百，一州四縣奉使來降」。〔註8〕郭藥師的降宋，使北遼失去了一支重要武裝。經文武百官的商議，蕭后迫不得已向宋、金同時奉表稱臣，以維持苟延殘喘的局面。

二、宋之虜階

郭藥師降宋之時，上了一道極富感情的降表。他首先表達了自己對宋的強烈的民族認同感，同時說自己本來對遼忠心耿耿，但蕭后卻報之以怨，降宋實在迫不得已。由於郭藥師對遼情況的熟識及他擁有常勝軍這樣一支重要武裝，故宋任命他爲恩州觀察使並依舊知涿州諸軍事。同降的常勝軍首領張令徽、劉舜仁、甄五臣、趙鶴壽等也各升遷以撫之，隸屬於劉延慶部。

接到北遼的降表後，徽宗以爲收復燕京在即，迫不及待地改燕京名爲燕山府，並促令劉延慶從速進軍。劉延慶採納了郭藥師的意見：趁蕭幹的主力在前線，以輕騎突襲燕京，必能得到城內漢人的響應，燕京必取。於是命郭藥師率常勝軍千人爲先鋒，楊可世、高世宣等隨後。藥師部將甄五臣率瞭解燕京情況的常勝軍 50 人夾雜在入城的城郊居民中奪取迎春門，大軍繼入，燕京 7 個城門分別派將領 2 人率兵 200 守之。這時似乎燕京歸宋必矣。但在這關鍵時刻，宋將非但未安撫城中百姓，反而下達了一條錯誤命令：盡殺城中契丹、奚人。並且宋兵紀律紊亂，到處酗酒搶劫，引起了強烈反抗，而蕭后也命令蕭幹火速回援。這樣，宋軍苦戰三晝夜，外無援兵，僅郭藥師、楊可世及數百士兵僥倖得脫，高世宣等大部將士戰死城內。這次奇襲燕京，郭藥師的計謀不可謂不高，但是由於宋兵的紀律紊亂，錯誤的民族政策，將領之間重重矛盾及主將劉延慶的懦弱無能，致使功敗垂成，收復燕京成爲泡影。隨即劉延慶燒營自潰，遼軍進擊，宋兵大敗。至此，宋的兩次攻燕之役都告失敗。

儘管戰爭失敗，但徽宗仍對郭藥師恩寵有加，「進安遠軍承宣使，十二月，拜武泰軍節度使。（宣和）五年（1123）正月，加檢校少保，同知燕山府。」

〔註6〕　（宋）葉隆禮撰，賈敬顏、林榮貴點校：《契丹國志》卷一一。
〔註7〕　（宋）葉隆禮撰，賈敬顏、林榮貴點校：《契丹國志》卷一一。
〔註8〕　（宋）徐夢莘：《三朝北盟會編》卷九。

〔註9〕六月，召其入朝，賜給宅第姬妾，又在後苑延春殿親自召見，「藥師拜廷下，泣言：『臣在虜，聞趙皇如在天上，不謂今日得望龍顏。』帝深褒稱之，委以守燕，對曰：『願效死。』又令取天祚以絕燕人之望，變色而言曰：『天祚，臣故主也，國破出走，臣是以降。陛下使臣畢命他所，不敢辭，若使反故主，非所以事陛下，願以付他人。』因涕泣如雨。」〔註10〕郭藥師的這番表演，深得徽宗讚賞，賜給他兩個金盆及一件御珠袍，並官加檢校太傅。宣和五年（1123）三月，依照原宋金「海上之盟」的規定，金向宋交割燕京及附近六州，金依據原約「將松亭、榆關外民戶歸國數內，索取常勝軍帥郭藥師等八千餘戶，元係遼東人也」。〔註11〕而宋認為將燕人代替常勝軍歸金，則不但常勝軍可以保留，而且又得到了燕人的土地田產，用來供養常勝軍，不用國家再出錢糧，可謂一舉兩得。

郭藥師任職同知燕山府期間，自恃徽宗恩寵有加，為所欲為，飛揚跋扈。而知府王安中「不能制，第曲意奉之」。〔註12〕凡是郭藥師所要的兵械甲杖馬匹，朝廷都儘量供給。他派部下到宋境內的各州做生意，賺取錢財。又召集天祚帝的工匠製造各種珍奇之物結交權貴。這時常勝軍已有 5 萬之眾，而鄉兵號稱 30 萬。但郭藥師及其部下都不改「左衽」，即仍穿遼服，而不著宋裝。當時人將其與安祿山相比。

郭藥師雖然難以羈致，但也為宋立下了一些戰功。燕京被金兵攻破後，蕭幹自號大奚國神聖皇帝，改元天阜。宋宣和五年（1123）六月，蕭幹因缺糧率兵出盧龍嶺，攻破景州。又敗常勝軍張令徽、劉舜仁部於石門鎮，攻陷薊州。當時形勢十分危急，童貫從京師移文嚴屬斥責王安中和郭藥師。七月，郭藥師與蕭幹戰於腰鋪，大敗蕭幹，乘勝追擊過盧龍嶺，殺傷過半。蕭幹為其部下白得歌所殺，首級被獻於宋。八月，郭藥師又敗蕭幹部下夔離不於峰山，生擒阿魯太師，得遼太宗耶律德光的尊號寶檢及塗金印，解除了遼殘餘勢力對宋的威脅。

宋金的「海上之盟」只是基於夾攻遼的短暫同盟，一旦遼亡，宋金直接交界，戰爭也就不可避免。金天會三年（1125，宋宣和七年）十一月，金兵分

〔註 9〕《宋史》卷四七二《郭藥師傳》，中華書局，1977 年。
〔註10〕《宋史》卷四七二《郭藥師傳》。
〔註11〕（宋）徐夢莘：《三朝北盟會編》卷一六。
〔註12〕《宋史》卷三五二《王安中傳》。

東西兩路攻宋，東路軍以宗望（斡離不）為南京路都統，自南京入燕山，連陷檀、薊州。郭藥師率常勝軍在白河與金軍相遇。「藥師之兵戈甲鮮明，步伍整肅，金人初見亦懼。斡離不乃東向望日而拜，號令諸部而進。藥師鏖戰三十餘里，金人已北，張令徽等先自遁，金人力追之」。〔註13〕張令徽等的逃跑，導致常勝軍的全面潰敗，而燕京也就守不住了。郭藥師與宋知燕山府蔡靖商議投降，蔡靖不願，於是郭藥師扣押了蔡靖及轉運使呂頤浩等，向宗望投降。金兵入燕京。消息傳到宋廷之後，「帝猶密其事，議封為燕王割地與之，使世守，而已無及」。〔註14〕在當時紛亂的局勢中，郭藥師不顧宋對他的浩蕩之恩，而又一次選擇了變，由宋之「屬階」而成為金之「功臣」。

三、金之功臣

郭藥師降金後，「太宗以藥師為燕京留守，給以金牌，賜姓完顏氏。從宗望伐宋，凡宋事虛實，藥師盡知之」。〔註15〕由於郭藥師對宋情況的瞭解，因此宗望由燕京南下攻宋，令郭藥師率1000騎兵為先鋒。藥師辭以兵少，金人又給其1000騎兵，並且命令他所過州縣不得擅自誅殺。後徽宗禪位於欽宗的消息傳到了宗望營中，宗望惟恐宋朝有所準備而想退師。「郭藥師曰南朝未必有備，言汴京富庶及宮禁中事非燕山之比，令太子郎君兵行神速，可乘此破竹之勢，急趨大河，將士必破勝，可不戰而還。苟聞有備，耀兵河北，虎視南朝，以示國威，歸之未晚」。〔註16〕這樣，宗望聽從了他的建議，而長驅直下。金天會四年正月七日，宗望所部到達汴京，由郭藥師引導，駐於城西北的牟駝崗。此前，郭藥師曾在牟駝崗打過球，知道宋的天駟監在此有馬二萬匹，飼料山積，於是引導宗望盡取之。金兵攻汴京不能下，與宋議和，金「詰索宮省與邀取寶器服玩，皆藥師導之也」。〔註17〕這樣，郭藥師為金立下了汗馬功勞。但金退兵後，宗望卻找藉口奪取了郭藥師的常勝軍。

其後郭藥師的經歷，《宋史》、《金史》本傳都未記載，在《大金國志》、《建炎以來繫年要錄》等書中可找到蛛絲馬蹟。金天會十年（1132）秋，時為平州

〔註13〕（宋）宇文懋昭撰，崔文印校證：《大金國志校證》卷三，中華書局，1986年。
〔註14〕《宋史》卷四七二《郭藥師傳》。
〔註15〕《金史》卷八二《郭藥師傳》。
〔註16〕（宋）徐夢莘：《三朝北盟會編》卷二六。
〔註17〕《宋史》卷四七二《郭藥師傳》。

守的郭藥師不知因何原因下元帥府獄，不久獲釋，但其家產盡爲左副元帥完顏宗翰所得。對此，《大金國志》作者有一段評論十分恰當：「大金雖以權宜用之，其心豈不疑之哉？始奪其常勝軍並器甲鞍馬散之，繼奪其家財沒入之，藥師得不死幸矣。」〔註18〕從此，郭藥師就不見載於史籍了。

（原載《文史知識》1996 年第 2 期）

〔註18〕 （宋）宇文懋昭撰，崔文印校證：《大金國志校證》卷七。

八、遼金時期的古北口

摘　要

　　古北口，作爲長城上的一處重要關隘，歷來起著拱衛北京的重要作用。遼金時期圍繞爭奪古北口而發生的戰爭可分爲三個階段，即遼代初期；遼末，遼宋金三個政權爭奪燕京時期以及金代。

關鍵詞：遼金、長城、古北口、戰爭

　　古北口，作爲長城上的一處重要關隘，歷來起著拱衛北京的重要作用。遼金以前，這裡可以說是北方民族與中央政權的分水嶺。但是到了遼金時期，局勢爲之一變，遼、金入占北京，以正統王朝自居後，又都分別據守古北口而抵禦同是北方民族的女眞、蒙古。可見，此時古北口已不單是民族的分水嶺，更主要的則成爲保衛中原政權和正統觀念的「堡壘」。而據守古北口也成爲契丹、女眞等民族融入中華的一個象徵。

　　古北口之得名，最早在唐代，檀州密雲郡燕樂縣「東北百八十五里有東軍、北口二守捉，北口，長城口也。」〔註1〕到五代時已經有古北口之稱見於史籍。後梁乾化三年三月「乙丑，晉將劉光濬克古北口。」〔註2〕對此，胡三

〔註1〕《新唐書》卷三九《地理志三》。
〔註2〕《資治通鑒》卷二六八。

省注引《匈奴須知》「虎北口至燕京三百里」，可見，此時的古北口又稱虎北口。

古北口地勢十分險要，歷來是兵家必爭之地。「幽州之地，沃野千里，北限大山，重巒複障，中有五關，居庸可以行大車，通轉餉。松亭、金坡、古北口止通人馬，不可行車。外有十八小路，盡兔徑鳥道，止能通人，不可行馬。山之南，地則五穀、百果、良材、美木無所不有。出關來才數十里則山童水濁，皆瘠鹵，彌守黃茅、白草，莫知互極，豈天設此限華夷也。」〔註3〕正因為古北口的這種關鍵、險要位置，成為北方民族南下入侵中原的必經之路，因而也就必然要在古北口發生戰爭。遼金時期圍繞爭奪古北口而發生的戰爭可分為三個階段，即遼代初期；遼末，遼宋金三個政權爭奪燕京時期以及金代。下面分述之。

一、遼代初期發生在古北口的戰爭

遼初，未佔領燕雲十六州之前，入侵中原多經由古北口，見諸史書明確記載的有兩次。遼太祖神冊六年（921，後梁末帝龍德元年）「十一月癸卯，下古北口。丁未，分兵略檀、順、安遠、三河、良鄉、望都、潞、滿城、遂城等十餘城，俘其民徙內地。」〔註4〕可見古北口一失守，中原政權的門戶就頓開，契丹鐵騎就會蜂擁南下，縱橫馳衝，給中原政權造成極大的物力、人力損失。天贊二年（923，後梁末帝龍德三年）四月「癸丑，命堯骨攻幽州，迭剌部夷離堇覿烈徇山西地。庚申，堯骨軍幽州東，節度使符存審遣人出戰，敗之，擒其將裴信父子。」〔註5〕堯骨就是時為遼天下兵馬大元帥、太祖次子、後為遼太宗的耶律德光。對這次入侵，《耶律覿烈傳》載：「天贊初，析迭剌部為北、南院，置夷離堇。時大元帥率師由古北口略燕地，覿烈徇山西，所至城堡皆下，太祖嘉其功，錫賚甚厚。」〔註6〕可見，耶律德光的這次入侵，也經由古北口。其它入侵，雖未明確記載經過古北口，但是古北口作為南北重要的交通孔道之一，無疑契丹鐵騎會多次出入。即使遼太宗會同元年（938，後晉天福三年）十月，石敬瑭將燕雲十六州割讓給遼之後，古北口的重要交通孔道作用也未改變。「其南伐點兵，多在幽州北千里鴛鴦泊。及行，並取居

〔註3〕（宋）徐夢莘：《三朝北盟會編》卷二○引許亢宗：《宣和乙巳奉使行程錄》。
〔註4〕《遼史》卷二《太祖紀下》。
〔註5〕《遼史》卷二《太祖紀下》。
〔註6〕《遼史》卷七五《耶律覿烈傳》。

庸關、曹王峪、白馬口、古北口、安達馬口、松亭關、榆關等路。將至平州、幽州境。又遣使分道催發，不得久駐，恐踐禾稼。出兵不過九月，還師不過十二月。」〔註7〕又如太宗會同八年「十一月壬申，詔徵諸道兵，以閏月朔會溫榆河北。十二月癸卯，南伐。次古北口。閏月己巳朔，閱諸道兵於溫榆河。」〔註8〕

二、遼末，遼宋金三個政權爭奪燕京時期發生在古北口的戰爭

遼取得燕雲十六州之後，不僅獲得了這十六州的土地人民、財賦收入，更主要的是取得了對中原政權的戰略主導地位。燕山等山脈的崇山峻嶺不再成為契丹鐵騎南下的屏障，而是成為其穩固的後方。華北大平原的門戶頓開使中原政權幾乎無險可守。因此，奪回燕雲十六州就成為中原政權的宿願。後周世宗發動對遼的戰爭，結果盡取拒馬河以南之地。取後周而代的宋政權對燕雲十六州更是無時或忘，甚至想到奪取後如何防守。「宋太宗謂宰相曰：『幽州四面平川，無險固可恃，難於控扼。異時收復燕薊，當於古北口以東據其要害，不過三五處，屯兵設堡，自絕南牧矣。』宋琪對曰：『范陽是前代屯兵建節之地，古北口及松亭關、野狐門三路並立堡障，至今石壘基堞猶存。將來平定幽朔，止於數處置戍可也。』」〔註9〕由此可見古北口在宋計劃收復燕雲後防守態勢中的重要性。但是事不如人願，宋太宗於太平興國四年（979）發動的北伐於高粱河慘遭失敗。而雍熙三年（986）發動的三路北伐更是慘敗，並且損失了名將楊業，但是楊業也得到了遼人的崇敬，而在古北口為他立祠紀念。

遼末，東北的女真族不堪遼的壓迫、掠奪，在完顏阿骨打率領下奮起反抗，於1115年正式建國，國號大金。金政權的建立，對遼的統治產生了極大的威脅，而宋也從中看到了收復燕雲十六州的希望。宋徽宗於重和元年（1118）派馬政自登州渡海赴遼東與金談判合力攻遼事宜。宣和二年（1120），又派遣趙良嗣、馬擴使金，雙方簽定盟約，規定：金出兵攻取遼中京（今內蒙古寧城縣西大明城），宋出兵攻取燕京，彼此兵不得過關。滅遼後，宋得燕雲十六州之地，將原交納遼的歲幣轉給於金。史稱「海上之盟」。談判過程中，雙方

〔註7〕《遼史》卷三四《兵衛志上》。
〔註8〕《遼史》卷四《太宗紀下》。
〔註9〕《日下舊聞考》卷一五三《邊障》引《太平治蹟統類》。

就以何處為界，如何夾攻的問題屢經交涉，古北口在其中顯得猶為重要。如宣和二年二月金朝付給宋使趙良嗣的《事目》提到：「約：女真兵自平州松林趨古北口，南朝兵至雄州趨白溝，夾攻不可違約。」〔註10〕宋的答覆國書說：「請示舉軍的日，以憑進兵，夾攻所有五代以後所陷幽薊等州舊漢地及漢民，並居庸、古北、松亭、榆關已議收復。所有兵馬彼此不得侵越過關。外據諸邑，及貴朝舉兵之後，潰散到彼餘處人戶，不在收復之數。」〔註11〕宋朝對「燕雲十六州」及「舊漢地」的概念並不十分清楚，所謂「燕雲十六州」並不包括松亭、榆關。即使在居庸關、古北口內外，這裡早已就居住著很多契丹、奚族等部落，所謂的「舊漢地」，早已胡漢雜居共處了。對此，金朝十分明確，完顏兀室就說：「有居庸、金坡等關，貴朝佔據，古北、松亭關，本奚家族帳。」〔註12〕又說：「古北、居庸本是奚地，自合本朝佔據。今特將古北口與貴朝，其松亭關，本朝屯戍，更不可說。」〔註13〕明確道出，將古北口與宋，已經是對宋的格外優待了。金的這種咄咄逼人之勢，為日後金宋開戰埋下了伏筆。

遼在金的進攻下節節敗退，遼天祚帝於保大二年（1122）正月從燕京逃至鴛鴦濼（今河北張北縣西北），在金軍的進攻下，又逃至西京（今山西大同）。天祚帝的叔父耶律淳留守燕京，在李處溫、蕭幹等人的推戴及郭藥師所統率的怨軍的支持下，於三月自稱天錫皇帝，改元建福，史稱北遼。四月，宋派宦官童貫率兵十萬進攻燕京，為北遼耶律大石、蕭幹所敗。六月，耶律淳病死，其妻蕭德妃稱制。七月，宋派劉延慶統軍再次攻燕，遼常勝軍（即原來的怨軍）首領郭藥師降宋，並率輕騎突襲燕京失敗，接著全軍潰退，宋的兩次攻燕之役均告失敗。

與宋朝的無能相比，金軍的進攻卻卓有成效，金太祖天輔六年（1122）「十一月，詔諭燕京官民，王師所至，降者赦其罪，官皆仍舊。十二月，上伐燕京。」〔註14〕遼金在古北口展開了最後一場決戰。「天輔六年，宗翰在北安州，將會斜也於奚王嶺，遼兵奄至古北口，使婆盧火、渾黜各領兵二百，擊之。渾黜請濟師，宗翰欲自往，希尹、婁室日：『此易與耳。請以千人為公破之。』

〔註10〕　《三朝北盟會編》卷四引趙良嗣：《燕雲奉使錄》。
〔註11〕　《三朝北盟會編》卷四。
〔註12〕　《三朝北盟會編》卷一三引趙良嗣：《燕雲奉使錄》。
〔註13〕　《三朝北盟會編》卷一三引趙良嗣：《燕雲奉使錄》。
〔註14〕　《金史》卷二《太祖紀》。

渾黜以騎士三十人前行，至古北口，遇其遊兵逐入山谷，遼人以步騎萬餘迫戰，亡騎五人，渾黜退據關口。希尹、婁室至，拔離速、訛謀罕、胡實海推鋒奮擊，大破之，斬馘甚眾，盡獲甲冑輜重，希尹與撒里古獨、裴滿突撚敗其伏兵，殺千餘人，獲馬百餘匹。」〔註15〕對這場重要的戰役，《完顏希尹傳》也有記載。「宗翰將會都統杲於奚王嶺。遼兵屯古北口。使婆盧火將兵二百擊之，渾黜亦將二百人爲後援。渾黜聞遼兵眾，請益兵。宗翰欲親往，希尹、婁室曰：『此小寇，請以千兵爲公破之。』渾黜至古北口，遇遼遊兵，逐之入谷中。遼步騎萬餘迫戰，死者數人。渾黜據關口，希尹等至，大破遼兵，斬馘甚眾，盡獲甲冑輜重。復敗其伏兵，殺千餘人，獲馬百餘匹。遂與宗翰至奚王嶺，期會於羊城濼。」〔註16〕綜合這兩段記載，我們可以得知此次戰役的全過程。金副都統完顏宗翰在伐遼攻下北安州（今河北承德西南）後，將要和都統完顏杲在奚王嶺（今地不詳）會合。遼在古北口屯有重兵，宗翰先派部將完顏婆盧火和完顏渾黜各率兵二百先後出擊。渾黜惟恐遼兵眾多，難以取勝，請求增兵。作爲金軍副統帥的完顏宗翰要親自攻打古北口，完顏希尹和完顏婁室勸阻了他。兩人率千人，仍以渾黜爲先鋒向古北口進發。渾黜率三十騎兵到達古北口時，遇到了遼的遊兵，遼兵並不固守關口，而是退入關南的山谷。渾黜追擊，遼步騎兵萬餘人出擊，渾黜損失五人，退據關口。這時，完顏希尹、完顏婁室、完顏拔離速、完顏訛謀罕、完顏胡實海率兵趕到，奮力作戰，大敗遼兵，殺獲甚多。接著完顏希尹與撒里古獨、裴滿突撚擊敗遼的伏兵，殺千餘人，獲馬百餘匹。至此，遼金古北口之役以金大獲全勝告終。

金軍攻佔古北口後，趁勢前進，而此時的遼軍全無鬥志。接著完顏婆盧火「兵出居庸關，大敗遼兵，遂取居庸。蕭妃遁去，都監高六等來送款乞降。習古乃追蕭妃至古北口，蕭妃已過三日，不及而還。」〔註17〕對攻取居庸關，《遼史》有不同記載，蕭妃「以勁兵守居庸。及金兵臨關，崖石自崩，戍卒多壓死，不戰而潰。德妃出古北口，趨天德軍。」〔註18〕如按《遼史》所說，

〔註15〕《金史》卷七二《完顏拔離速傳》。

〔註16〕《金史》卷七三《完顏希尹傳》。

〔註17〕《金史》卷七一《完顏婆盧火傳》，對此事卷二《太祖紀》，卷七五《左企弓傳》，卷六七《奚王回離保傳》，卷七二《完顏習古乃傳》，卷七八《劉彥宗傳》都有記載。

〔註18〕《遼史》卷二九《天祚皇帝三》。

則金攻取居庸關幾乎未經戰鬥。不管怎樣，古北口的失守，注定了遼的覆亡已無可避免。

宋宣和五年（1123，遼保大三年，金天會元年）三月，依照「海上之盟」的規定，金將燕京及附近六州交給宋，但卻將人民、財產等席捲而去，宋只得到幾座空城，同時，古北口也為宋所有。宋派「常勝軍守松亭、古北、居庸關。」〔註19〕宋金的「海上之盟」只是基於夾攻遼的短暫同盟，一旦遼亡，宋金直接接界，戰爭也就不可避免。金天會三年（1125，宋宣和七年）十一月，金兵分東西兩路攻宋，十二月「甲辰，宗望諸軍及宋郭藥師、張企徽、劉舜仁戰於白河，大破之。蒲莧敗宋兵於古北口。丙午，郭藥師降。」〔註20〕這次戰役，古北口不是主戰場，白河才是主戰場，但宋兵仍在古北口屯有重兵。對此事，《完顏宗望傳》載「宗望至三河，破郭藥師兵四萬五千於白河，蒲莧敗宋兵三千於古北口，郭藥師降。」〔註21〕三千士兵布置於一個狹隘的關口不可謂不多，但是據宋人自己的記載，這些守軍居然未經過什麼戰鬥，就不戰而潰。「斡離不（即宗望）寇燕山之境，其松亭關、韓城鎮、符家口、石門鎮、野狐關、古北口把隘官軍望風而潰，檀、順、景、薊聞賊聲皆潰叛。藥師出常勝軍屯於燕山之東白河，以待賊，金人既至，戰不利，藥師以燕山降賊。」〔註22〕宋軍的失敗，一方面是因為金軍的強大、善戰，另一方面主要因為這些守軍本來是遼的常勝軍，遼亡，不得已才歸宋，對宋並沒有什麼歸屬感。他們的叛變，導致古北口乃至燕京徹底為金所有。古北口在金代也就成為金的腹地了。

三、金代發生在古北口的戰爭

金宣宗貞祐三年（1215）五月，中都陷落於蒙古。而此時蒙古軍隊的入侵，主要由居庸關一線，古北口並未成為主要戰場。因而金代發生在古北口的唯一的一次戰爭，就是世宗時與契丹移剌窩斡起義軍的戰爭。

移剌窩斡是金西北路契丹人，正隆五年（1160）隨同撒八帶領契丹人舉兵反抗海陵王的統治。世宗大定元年（1161）窩斡殺撒八，自稱都元帥。同年十二月稱帝，改元天正。雖然窩斡在嫋嶺西之陷泉（今內蒙古巴林左旗附近）

〔註19〕《三朝北盟會編》卷一六。
〔註20〕《金史》卷三《太宗紀》。
〔註21〕《金史》卷七四《完顏宗望傳》。
〔註22〕《三朝北盟會編》卷二四。

被金所敗，損失很大，但他仍率領起義軍轉戰各地，並逼近中都，給金世宗的統治造成了極大的威脅。因此，大定二年（1162）六月「詔居庸關、古北口譏察契丹奸細，捕獲者加官賞。萬戶溫迪罕阿魯帶以兵四千屯古北口，薊州、石門關等處各以五百人守之。」〔註23〕雖然金軍已經加強了古北口的守備，但是移剌窩斡仍然發動了進攻。「初，窩斡方熾，上使溫迪罕阿魯帶守古北口。及窩斡敗於陷泉，入於奚中，率諸奚攻古北口。阿魯帶因其妻生日，輒離軍六十里，賊眾聞之，來襲，殺傷士卒甚眾。阿魯帶坐除名。詔謀衍、蒲察烏里雅、蒲察通以兵三千，會舊屯兵，擊之。擒賊黨猛安合住。未幾，窩斡平，乃還。」〔註24〕可見，移剌窩斡進攻古北口的得手，主要因為金軍主將溫迪罕阿魯帶的輕敵、擅離職守。但是，此時金世宗的統治已經趨於穩固，因此移剌窩斡的這次小勝於大事無補，最終這場契丹人在金代的最大起義仍歸於失敗。

　　遼金時期的古北口，經歷了許多場戰爭，有契丹人與五代政權的，有契丹人與女真人的，有宋人與女真人的。這時的古北口，不再只是長城上中原政權抵禦北方民族的一道重要關口，而且又分別為進入中原、建立政權的少數民族所利用。它不但見證了民族之間的戰爭，而且更見證了各民族在戰爭之後的融合。北京也是在這個過程中逐漸成為了以後各個封建王朝的首都，不管它是少數民族建立的，還是漢族建立的。

（原載《遼寧教育學院學報》2000 年第 4 期）

〔註23〕《金史》卷一三三《移剌窩斡傳》，此事又見卷六《世宗紀上》。
〔註24〕《金史》卷七二《完顏謀衍傳》，此事又見卷六《世宗紀上》及卷一三三《移剌窩斡傳》。

九、遼金時期的神童

摘　要

　　遼代的神童有耶律八哥、耶律孟簡、楊佶、楊晳、張嗣甫、梁援、虞仲文等人。金代的神童有劉天驥、蔡珪、元好問、楊雲翼、馮璧、張公理、王庭筠、侯金鼎、麻九疇、常添壽、劉滋、劉微、張漢臣、孟攀鱗等人。金代還設有經童科對神童進行選拔、培養。

關鍵詞：遼代、金代、神童、經童科

　　中國古代的神童，主要有以下特點：一、認字早、多；二、能夠背誦大量經典；三、會作詩、文。遼金時期的神童也不外乎此。

一、遼代的神童

　　遼代的神童中，出身契丹族與漢族的都有，契丹族的神童有耶律八哥、耶律孟簡等。耶律八哥「幼聰慧，一覽輒成誦」〔註1〕。耶律八哥成人後，並不以文采見長，相反，卻一直出任武職，聖宗時，曾參與出征高麗。耶律孟

────────────

〔註1〕　《遼史》卷八〇《耶律八哥傳》，中華書局，1974年，第1281頁。

簡「性穎悟。六歲，父晨出獵，俾賦《曉天星月詩》，孟簡應聲而成，父大奇之。既長，善屬文。」〔註2〕耶律孟簡與耶律八哥不同，成人後，他始終以文人自居，並且有著正直文人的氣節，與道宗時期的姦佞耶律乙辛堅決鬥爭，不畏其強權。雖被流放，但怡然自得。在皇太子被乙辛所害後，他作《放懷詩》二十首緬懷之。詩雖今已無存，但是詩序保留了下來，充分闡述了其心志。序云：「禽獸有哀樂之聲，螻蟻有動靜之形。在物猶然，況於人乎？然賢達哀樂，不在窮通、禍福之間。《易》曰：『樂天知命，故不憂。』是以顏淵簞瓢自得，此知命而樂者也。予雖流放，以道自安，又何疑耶？」〔註3〕可見，幼年的聰慧與受到的良好教育，在耶律孟簡的成長過程中起著重要作用，並奠定了其一生事業的基礎。後來，耶律孟簡參與修國史、興學校，對遼代文教的進步做出了自己的貢獻。

遼代的漢族神童較契丹人多，至其成人後，也都能通過科舉順利走上仕途。楊佶「南京人。幼穎悟異常，讀書自能成句，識者奇之。弱冠，聲名籍甚。」〔註4〕聖宗統和二十四年（1006）進士及第，官至參知政事，著有《登瀛集》。在《遼史》中一人二傳的楊晳，「安次人。幼通五經大義。聖宗聞其穎悟，詔試詩，授秘書省校書郎。」〔註5〕聖宗太平十一年（1031），楊晳進士及第，官至樞密使。楊佶和楊晳都是南京道人，南京（今北京）地區是遼代統治區域內文化最發達的地域，這為神童的出現提供了豐厚的文化土壤。同樣出身南京，但卻早夭的神童張嗣甫「幼拜經書，早事筆硯。緣情麗句，掩謝客之池塘；體物妍詞，高揚雄之羽獵。年始六歲，聖宗皇帝見而奇之，曰：『此子未成麟角，已得鳳毛。宜升振鷺之班，別俟登龍之望。』」〔註6〕張嗣甫是遼代名相張儉的次子，正是由於優越的家庭環境，使張嗣甫很早就能得到良好的教育。但是不幸的是，太平九年（1029），年僅 14 歲的張嗣甫就過早病逝了，未能得以充分展露其才華。由上述三人的經歷可以看出，聖宗時代確實是遼代的鼎盛時期，其文化也達到了遼代的高峰，這與遼聖宗對包括神童在內的教育的重視也是緊密相關的。

〔註2〕《遼史》卷一○四《耶律孟簡傳》，第 1456 頁。
〔註3〕《遼史》卷一○四《耶律孟簡傳》，第 1456 頁。
〔註4〕《遼史》卷八九《楊佶傳》，第 1352 頁。
〔註5〕《遼史》卷八九《楊晳傳》，第 1351 頁。
〔註6〕《張嗣甫墓誌》，向南編：《遼代石刻文編》，河北教育出版社，1995 年，第 201 頁。

遼代後期的兩個名相梁援與虞仲文幼年也都可被稱爲神童。梁援「五歲誦《孝經》、《論語》、《爾雅》，十一通五經大義，十三作牽馬嶺碑文，人頗異之。」〔註7〕虞仲文「七歲能作詩，十歲能屬文，日記千言，刻苦學問。」〔註8〕在元好問筆下，虞仲文更是四歲就能作詩，「虞令公仲文質夫，四歲賦《雪花》詩云：『瓊英與玉蕊，片片落階墀。問著花來處，東君也不知。』」〔註9〕梁援與虞仲文也都是順利通過科舉考試走上仕途的。

二、金代的神童

今天保留下來的金代神童的史料，大多出自於元好問的筆端。元好問在幼年時被稱爲神童，「先生七歲能詩，太原王湯臣稱爲神童。」〔註10〕可能正是由於這個原因，他對神童也就非常關注，留下了很多關於神童的記載。

金代前期的神童，有劉天驥、蔡珪等人。天會八年（1130），「太宗以東平童子劉天驥，七歲能誦《詩》、《書》、《易》、《禮》、《春秋左氏傳》及《論語》、《孟子》，上命教養之。」〔註11〕蔡珪，「珪字正甫，大丞相松年之子。七歲賦菊詩，語意驚人，日授數千言。」〔註12〕蔡珪成人後，取得了較高的文學成就，元好問將其稱爲「國朝文派」的「正傳之宗」，也就是開創金朝文學史的第一人。

在元好問的碑銘文字中，對幼年聰明的主人公每以「穎悟」加之，其中不乏堪稱神童者。如楊雲翼，「公資穎悟，初學語，輒畫地作字，殆能記他生之習者。八歲知屬對，日誦數千言。」〔註13〕馮璧，「公幼穎悟不凡，始解語，中議君置之膝上，戲問未嘗見之物，而能以近似者名之。中議君喜曰：『吾孫文性，見至於此矣。』」〔註14〕張公理，「公幼穎悟，六歲知讀書，十二能背誦五經。」

〔註 7〕 《梁援墓誌》，向南編：《遼代石刻文編》，第 520 頁。

〔註 8〕 《金史》卷七五《虞仲文傳》，中華書局，1975 年，第 1724 頁。

〔註 9〕 （金）元好問：《續夷堅志》卷二《虞令公早慧》，《元好問全集》（增訂本）卷四九，山西人民出版社，2004 年，第 1155 頁。

〔註 10〕 （元）郝經：《大德碑本遺山先生墓銘》，《元好問全集》（增訂本）卷五三，第 1262 頁。

〔註 11〕 《金史》卷五一《選舉志二》，第 1149 頁。

〔註 12〕 （金）元好問編：《中州集》卷一，中華書局，1959 年，第 33 頁。

〔註 13〕 （金）元好問：《內相文獻楊公神道碑》，《元好問全集》（增訂本）卷一八，第 421 頁。

〔註 14〕 （金）元好問：《內翰馮公神道碑銘》，《元好問全集》（增訂本）卷一九，第 446 頁。

〔註15〕王庭筠，「生未期，視書，識十七字。六歲，聞父兄誦書，能通大義。七歲，學詩。十一歲，賦全題。讀書五行俱下，日記五千餘言。」〔註16〕楊雲翼、馮璧、王庭筠都是金代的一流文人，幼年的聰穎、好學爲他們的成長奠定了基礎。元好文的碑銘文字中，還記載了一位契丹族神童，他就是耶律楚材的父親耶律履。耶律履「五歲時，嘗夏夜露臥，見天際浮雲往來，忽謂乳母言：『此殆臥看青天行白雲者耶？』……自是日知問學，讀書一過目輒不忘。」〔註17〕

元好文不但在碑銘文字中對神童予以關注，而且還專門寫有一首名爲《贈利州侯神童》〔註18〕的詩，神童名爲侯金鼎，詩題小注說「生十四月識字，予見時生二十一月，識字無算」。詩云：

牙牙點妝杏蕾紅，阿兄抱之來學宮。

今春學語語未正，已能見書識名姓。

隨指隨讀無數重，多生想曾文字中。

極知之無不足訝，更恐洛誦難爲功。

土中松粒龍瓜脫，萬牛丘山起豪末。

君不見黃金寶鼎翡翠青，未要春官許衣鉢。

人間失卻麻神童，明星煌煌出蒼龍。

只知江陵圖籍盡一火，誰謂死草生華風？

遺山老子未老在，見汝吐焰如長虹。

侯金鼎只見載於元好問的詩中，他成人後可能已經與常人無異，因而也就難以載於史籍了。

金代最著名的神童要數麻九疇了，「麻九疇知幾，初名文純，易州人。幼穎悟，善草書，能詩，號神童。」〔註19〕元好問專門寫有一篇《麻神童》〔註20〕

〔註15〕（金）元好問：《資善大夫吏部尚書張公神道碑銘》，《元好問全集》（增訂本）卷二〇，第461頁。
〔註16〕（金）元好問：《王黃華墓碑》，《元好問全集》（增訂本）卷一六，第393頁。
〔註17〕（金）元好問：《尚書右丞耶律公神道碑》，《元好問全集》（增訂本）卷二七，第584頁。
〔註18〕《元好問全集》（增訂本）卷四，第85頁。
〔註19〕（金）劉祁：《歸潛志》卷二，中華書局，1983年，第14頁。
〔註20〕（金）元好問：《續夷堅志》卷二，《元好問全集》（增訂本）卷四九，第1154頁。

記載了麻九疇及同時幾個神童的事跡：

> 麻九疇字知幾，獻州人。三歲識字，七歲能草書，作大字有及
> 數尺者，所至有神童之目。章宗召見，問：「汝入宮中，亦懼怯否？」
> 對曰：「君臣猶父子也。子寧懼父耶？」上奇之。明昌以來，以神童
> 稱者五人：太原常添壽，四歲作詩云：「我有一卷經，不用筆寫成」；
> 合河劉文榮，六歲作詩云：「鶯花新物態，日月老天公」；劉微七歲，
> 被旨賦《鳳皇來儀》；新恩張世傑，五、六歲，亦召入，賦《元妃素
> 羅扇畫梅》云：「前村消不得，移向月中栽」，其後常隱居不出。餘
> 三人皆無可稱道，獨知幾能自樹立。一旦名重天下，耆舊如閒閒公，
> 且以「微君」目之而不名云。

另外，在元好問所編《中州集》卷 6 中有一篇麻九疇的小傳，對其幼年聰穎
的描述同上引文基本相同。《金史》卷 126《麻九疇傳》主要史源就是元好文
的兩篇文章，其內容也就大同小異了。

　　金章宗對神童格外感興趣，因此，也就出現明昌五神童之說。「明昌以來，
稱神童者五人，太原常添壽四歲能作詩，劉滋、劉微、張漢臣後皆無稱，獨
知幾能自樹立，耆舊如趙秉文，以微君目之而不名。」〔註21〕除了麻九疇最
為知名外，其它四人也多少見諸於史籍。「太原常添壽，四歲作詩云：『我有
一卷經，不用筆寫成。展開無一字，晝夜放光明。』合河劉滋文榮，六歲有
詩云：『鶯花新物態，日月老天公。劉微伯祥七歲被旨賦《鳳皇來儀》。新恩
張漢臣世傑，五、六歲，亦召入，賦《元妃素羅扇畫梅》云：『前村消不得，
移向月中栽。』其後常隱居不出。」〔註22〕《金史》卷95《程輝傳》記載：「輝
性倜儻敢言，喜雜學，尤好論醫，從河間劉守眞說，率用涼藥。神童嘗添壽
者方數歲，輝召之，因書『醫非細事』四字，添壽塗『細』字，改書作『相』，
輝頗慚，人亦以此為中其病云。」這個神童嘗添壽應該就是常添壽，可見常
添壽不僅能作詩，而且用詞犀利，見識遠遠超出同齡者。元好問所編《中州
集》卷 8 中收錄了劉微的一首詩《春柳應制得城字》：「翠細圓勻綠線輕，著
行排立弄新晴。更看三月春風裏，散作飛花滿鳳城。」這首詩也應該是應金
章宗的要求所作。詩前小傳記載了劉微的大致生平。「微字伯祥，益都人，七
歲能文。道陵召入宮，賦鳳凰來儀二首，稱旨，賜經童出身，繫籍太學。後

〔註21〕　《金史》卷一二六《麻九疇傳》，第 2740 頁。
〔註22〕　（金）元好問編：《中州集》卷六，第 292 頁。

登貞祐二年第。」〔註23〕在《金史》中，也有關於劉微的記載。「明昌元年，益都府申，『童子劉住兒年十一歲，能詩賦，誦大小六經，所書行草頗有法，孝行夙成，乞依宋童子李淑賜出身，且加以恩詔。』上召至內殿，試《鳳凰來儀賦》、《魚在藻》詩，又令賦《旱》詩，上嘉之，賜本科出身，給錢粟官舍，令肄業太學。」〔註24〕可見，劉微字伯祥，小名住兒，但其入宮是在 7 歲還是 11 歲，難以確知。常添壽、劉滋、劉微、張漢臣四人成人後都沒有什麼顯著的成就，其後的經歷也就不爲人知了。金末還有一個神童成年後不是那麼碌碌無爲，不僅在金朝出任官職，而且在元朝仍受到重用，他就是孟攀鱗。「攀鱗幼日誦萬言，能綴文，時號奇童。金正大七年，擢進士第，仕至朝散大夫、招討使。歲壬辰，汴京下，北歸居平陽。丙午，爲陝西帥府詳議官，遂家長安。世祖中統三年，授翰林待制、同修國史。」〔註25〕孟攀鱗的祖父孟鶴、父親孟澤民都是金朝的進士，因此，優良的家庭教育是其成才的關鍵。

金代對於神童，還有一套選拔機制，將其納入到科舉考試中，稱爲經童科，又稱神童科。「經童之制，凡士庶子年十三以下，能誦二大經、三小經，又誦《論語》諸子及五千字以上，府試十五題通十三以上，會試每場十五題，三場共通四十一以上，爲中選。所貴在幼而誦多者，若年同，則以誦大經多者爲最。」〔註26〕二大經是《詩》和《書》，三小經是《易》、《禮》和《春秋左氏傳》。經童科主要考試的是兒童的背誦、記憶能力。

經童科這一科目始於金熙宗時，但海陵王廢除之。由於金章宗對神童格外感興趣，因而得以復設。「章宗大定二十九年，上謂宰臣曰：『經童豈遂無人，其議復置。』」〔註27〕明昌三年（1192），平章政事完顏守貞認爲經童一科錄取人數過多，建議減少。章宗徵求參知政事胥持國的意見，胥持國本來就與完顏守貞政見不同，雙方互有黨羽，形成激烈的黨爭，再加之胥持國本人就是經童出身，他自然對完顏守貞加以反駁：「是科蓋資教之術耳。夫幼習其文，長玩其義，使之蒞政，人材出焉。如中選者，加之修習進士舉業，則所記皆得爲用。臣謂可勿令遽登仕途，必習舉業，而後官使之可也。若能擢進士第，自同進士任用。如中府薦或會試，視其次數，優其等級。幾舉不得

〔註23〕 （金）元好問編：《中州集》卷八，第 435 頁。
〔註24〕 《金史》卷五一《選舉志二》，第 1149 頁。
〔註25〕 《元史》卷一六四《孟攀鱗傳》，中華書局，1976 年，第 3860 頁。
〔註26〕 《金史》卷五一《選舉志二》，第 1149 頁。
〔註27〕 《金史》卷五一《選舉志二》，第 1149 頁。

薦者，從本出身，又可以激勸而後得人矣。」〔註 28〕章宗採納了他的意見。
但是經童科在時人心目中始終地位很低，胥持國本人就被蔑稱為「經童作相」
〔註 29〕。

原載《遼金歷史與考古》（第二輯），遼寧教育出版社，2010 年

〔註28〕《金史》卷五一《選舉志二》，第 1149 頁。
〔註29〕《金史》卷一二九《胥持國傳》，第 2794 頁。

十、遼金藏書家考

摘　要

　　以往對遼金藏書家的研究，還有遺漏。遼金時期的藏書家，以耶律倍和元好問、劉祁、完顏璹等人最爲著名。另外還有秦晉國妃蕭氏、王澤、王繼恩、宇文虛中、高士談、耶律氏、許國、劉祖謙、商衡等人，大量藏書家的出現，說明遼金時代儒家文化的傳承並未受到少數民族統治的影響，而是一脈相傳，源源不絕，遼金時代的藏書文化也是中華藏書文化的重要組成部份。

關鍵詞：遼金、藏書家、耶律倍、元好問、劉祁

　　對於遼金藏書家的研究，以《中國藏書通史》〔註1〕最爲詳盡，有《遼代的私家藏書》和《金代私家藏書》二節進行了詳盡的研究，舉出有史料記載的遼代藏書家耶律倍、秦晉國妃蕭氏及金代藏書家完顏宗雄、完顏璹、宇文虛中、高士談、劉祖謙、元好問等人。由於史料的匱乏，作者還從相關史料推論出一些藏書家，但是沒有確切的史料予以佐證，如遼代部份，認爲「遼五京應該有不少藏書家，其中東京（今遼陽）、南京（今北京）更是藏書文化傳播的中心。見於史籍者有耶律倍、蕭氏、耶律隆先（倍之子）、耶律琮、耶律資忠、耶律庶成、耶律良、蕭孝穆等。」〔註2〕其實，除了前兩人外，餘者

〔註 1〕傅璇琮、謝灼華主編：《中國藏書通史》，寧波出版社，2001 年。
〔註 2〕傅璇琮、謝灼華主編：《中國藏書通史》，第 423 頁。

並無具體史料證明他們擁有藏書。金代部份也有同樣問題，儘管耶律履、耶律楚材父子是金元時期著名的文人，但也沒有直接史料說明他們的藏書情況。另外，有些文章涉及到遼金藏書家，如葉雪多的《遼金元時代私家藏書概略》〔註3〕一文僅舉出遼金時代的藏書家耶律倍、元好問二人而已。其實通過深入發掘史料，我們還可以找到更多的遼金時代的藏書家，儘管有些史料僅僅寥寥數語涉及他們的藏書情況，但仍不失為研究遼金藏書史乃至中國藏書史的珍貴資料。本文就此對遼金時代的藏書家作一略考，不當之處，敬請方家教正。

一、遼代的藏書家

遼代的藏書家以耶律倍最為著名，藏書也最為豐富。耶律倍是遼太祖耶律阿保機的長子，神冊元年（916）被封為皇太子，他具有較高的儒家文化修養。在遼太祖剛稱帝時，與群臣商議祭祀問題，群臣都回答應該首先崇佛。但是，「太祖曰：『佛非中國教。』倍曰：『孔子大聖，萬世所尊，宜先。』太祖大悅，即建孔子廟，詔皇太子春秋釋奠。」〔註4〕正是因為有著這種思想基礎，耶律倍對典籍文獻的搜求也就非常經心。「倍初市書至萬卷，藏於醫巫閭絕頂之望海堂。」〔註5〕由於有這麼多藏書的薰陶，耶律倍的文化素養很高，「通陰陽，知音律，精醫藥、砭焫之術。工遼、漢文章，嘗譯《陰符經》。善畫本國人物，如《射騎》、《獵雪騎》、《千鹿圖》，皆入宋秘府。」〔註6〕後來耶律倍由於與其弟耶律德光爭奪帝位失敗，被遷徙到東平，改名南京（今遼寧遼陽），幽禁居住。耶律倍又在南京的西宮建起了一座藏書樓，藏書的來源可能大部份是移自望海堂，另一部份為新購置的。後耶律倍逃亡後唐，他的這些藏書都應該散佚了，但是耶律倍在遼代藏書史上的地位無疑是首屈一指的。

由於皇室貴族有著豐厚的財力，因此遼代的藏書大家也多有此背景。這其中突出的是一位女性，即秦晉國妃蕭氏。蕭氏的父親是樞密使、北宰相、駙馬都尉蕭曷寧，母親是魏國公主長壽奴（遼景宗之女，聖宗之妹），可謂身世顯赫。蕭氏先後嫁給了其舅秦晉國王耶律隆慶、隆慶長子魏王耶律宗政及

〔註3〕載《煙臺師範學院學報》（哲學社會科學版）2002年第1期。
〔註4〕《遼史》卷七二《義宗倍傳》。
〔註5〕《遼史》卷七二《義宗倍傳》。
〔註6〕《遼史》卷七二《義宗倍傳》。

魯國公劉二玄，咸雍五年（1069）卒，享年 69 歲。蕭氏是契丹族貴族女性中
罕有的具有較高文化素養的突出人物，據其墓誌記載：「妃幼而聰警，明晤若
神。博覽經史，聚書數千卷。能於文詞，其歌詩賦詠，落筆則傳誦朝野，膾
炙人口。性不好音律，不脩容飾，頗習騎射。嘗在獵圍，料其能中則發，發
即應弦而倒。雅善飛白，尤工丹青。所居屏扇，多其筆也。輕財重義，延納
群彥。士之寒素者賑給之，士之才俊者升薦之。故內外顯僚，多出其門。座
客常滿，日無虛席。每商榷古今，談論興亡，坐者聳聽。又好品藻人物，月
旦雌黃，鑒別臧否，言亦屢中。治家嚴肅，僮僕側目。僻嗜書傳，晚節尤甚。
歷觀載籍，雖古之名妃賢御，校其梗概，則未有學識該恰，襟量宏廓如斯之
比也。然無子嗣續。惜哉！撰《見志集》若干卷，行於代。妃□讀書至蕭曹
房杜傳，則慨然興歎。自爲有匡國致君之術，恨非其人也。」〔註7〕可見，蕭
氏不但擁有數千卷的豐富藏書，而且其文化素養極高，詩詞歌賦、書法繪畫
都較爲精通，並有著作《見志集》若干卷。而且蕭氏對於貧寒、有才幹的士
子也是積極提攜，爲遼代的文化建設也做出了一定的貢獻。

遼代的漢族官員中也應該有很多人擁有豐富的藏書，但是由於遼代史料
的匱乏，能夠確切舉出的只有幾位。曾任奉陵軍節度使的王澤篤信佛教，因
而其藏書也以佛經爲多，「間年看《法華經》千三百餘部，每日持陀羅尼數十
本。全藏教部，讀覽未竟。」〔註8〕曾任左諫議大夫的史洵直則涉獵博雜，「內
典醫方，音律星緯、書數射御，無不精妙。……退食之餘，安坐靜室，則唯
群籍擁榻而已。」〔註9〕官至諸行宮都部署的王師儒因藏書豐富、知識面廣而
奉命接待宋使，「初公接伴宋使錢勰者，南國之聞人也。在驛途，相與論六經
子史及天文□□山海異物醫卜之書，公無不知者。聞其講貫，一皆輸伏。到
闕，館宴次，故相國竇公景庸，時任樞密直學士，方在館□。聞錢勰大許公
以博恰，且言於本朝兩制間求之，亦不可得。時屬上微行，親耳之。自是恩
禮眷待，絕異等倫。」〔註10〕由於王師儒使博學的宋使錢勰爲之折服，他也
因此被樞密直學士竇景庸推薦，而爲遼道宗所賞識，以後官運亨通。

遼代還有一位特殊的藏書家，他就是宦官王繼恩。王繼恩本是宋朝棣州

〔註 7〕《秦晉國妃墓誌》，向南編：《遼代石刻文編》，河北教育出版社，1995 年，第
　　　　341～342 頁。
〔註 8〕《王澤墓誌》，向南編：《遼代石刻文編》，第 261 頁。
〔註 9〕《史洵直墓誌》，向南編：《遼代石刻文編》，第 651～652 頁。
〔註 10〕《王師儒墓誌》，向南編：《遼代石刻文編》，第 646 頁。

（今山東惠民縣）人，在遼景宗睿智皇后蕭綽南征北宋的戰爭中（之後達成
了著名的澶淵之盟）被俘，時年不到十歲，隨後被閹爲宦官。王繼恩「聰慧，
通書及遼語」〔註11〕。因此得到聖宗的信任，官至內庫都提點。「繼恩好清談，
不喜權利，每得賜賚，市書至萬卷，載以自隨，誦讀不倦。」〔註12〕作爲一
個宦官，不但沒有什麼劣跡，而且藏書至萬卷，在中國歷代還是較爲少見的。

二、金代的藏書家

　　元好問在金代文化史上貢獻堪稱首位，在此就不再贅述。在藏書上，元
好問也堪稱金代的藏書大家。元好問的藏書，是其家世代積纍，其父元德明
「自幼嗜讀書」〔註13〕。元家不但有豐富的藏書，還有歷代書法、繪畫等珍
品。元好問曾飽含深情地記述了自家的藏書情況。「予家所藏書，宋元祐以前
物也。法書則唐人筆跡及五代寫本爲多。畫有李范許郭諸人高品，就中薛稷
六鶴，最爲超絕。……貞祐丙子之兵，藏書壁間得存。兵退，予將奉先大人
渡河，舉而付之太原親舊家。自餘雜書及先人手寫《春秋》、《三史》、《莊子》、
《文選》之等尙千餘冊，並畫百軸，載二鹿車自隨。……是歲寓居三鄉，其
十月，北兵破潼關，避於女幾之三潭。比下山，則焚蕩之餘，蓋無幾矣。今
此數物，多予南州所得，或向時之遺也。往在鄉里，常侍諸父及兩兄燕談，
每及家所有書，則必枚舉而問之。如曰某書買於某處所，傳之何人，藏之者
幾何年，則欣然誌之。今雖散亡，其綴輯裝裱，籤題印識，猶夢寐見之。」〔註
14〕可惜的是，元家這些珍貴的藏書，大多毀於金末與蒙古的戰爭之中。元好
問還記載了他的一些具體藏書，如《笠澤叢書》，「予家舊有二本，一本是唐
人竹紙番複寫。元光間應辭科時，買於相國寺販肆中，宋人曾校定。塗抹稠
疊，殆不可讀。此本得於閣內翰子秀家，比唐本有春寒賦、拾遺詩、天隨子
傳，而無顏蕘後引，其間脫遺有至數十字者。二本相訂正，乃爲完書。」〔註
15〕從中可見，開封相國寺在金代延續了北宋書肆眾多的繁盛景況，仍是士子、
讀書人購書的佳處。

　　金初的藏書家，以入金宋臣爲主，這其中以宇文虛中和高士談爲代表。

〔註11〕《遼史》卷一〇九《宦官·王繼恩傳》。
〔註12〕《遼史》卷一〇九《宦官·王繼恩傳》。
〔註13〕《金史》卷一二六《文藝傳下·元德明》。
〔註14〕元好問：《故物譜》，《金文最》卷一一八。
〔註15〕元好問：《校〈笠澤叢書〉後記》，《金文最》卷三二。

宇文虛中，因出使金被扣，後在金朝官至禮部尚書。熙宗皇統六年（1146），
虛中被誣陷殺害，而其莫須有的罪名卻是其以圖書爲反具。其事情的經過是：
「虛中恃才輕肆，好譏訕，凡見女直人輒以礦鹵目之，貴人達官往往積不能
平。虛中嘗撰宮殿牓署，本皆嘉美之名，惡虛中者讁其字以爲謗訕朝廷，由
是媒蘗以成其罪矣。六年二月，唐括酬斡家奴杜天佛留告虛中謀反，詔有司
鞫治無狀，乃羅織虛中家圖書爲反具，虛中曰：『死自吾分。至於圖籍，南來
士大夫家家有之，高士談圖書尤多於我家，豈亦反耶。』有司承順風旨並殺
士談，至今冤之。」〔註 16〕高士談也是這場冤案的受害者，他也是入金的宋
臣，最後官至翰林直學士，他同宇文虛中同樣都是金朝前期重要的文人，其
藏書又較宇文虛中豐富。可見，這時的入金宋臣普遍具有較高的文化素養，
擁有一定數量的藏書，這無疑爲金代的藏書文化注入了最初的活力。

金初的藏書文化除了源自宋朝的一支外，遼代的藏書文化也深有影響，
有些貴族世家的藏書也得以延續。如任金朝同知西京留守的蕭公建是奚人，
他的妻子耶律氏是契丹化了的漢人。〔註 17〕「夫人少好學問，□□典教，藏
書萬卷，部居分別，各有倫次。每早起□□□誦佛經，日旰方食。已而，雜
閱諸書，涉獵傳記。或時評議古今得失，切當事理，聞者歎息，玩□□□，
得所趣入。」〔註 18〕耶律氏卒於天眷二年（1139），享年 65 歲，可見其藏書
大多是自遼代就開始搜集。耶律氏的藏書不但多達萬卷，而且還「部居分別，
各有倫次」。進行了整理分類。

金初，女眞統治者就十分注重對圖書典籍的搜求。天輔五年（1121 年），
在滅遼的進程中，太祖就下詔：「若克中京，所得禮樂儀仗圖書文籍，並先次
津發赴闕。」〔註 19〕受此影響，一些具有文化修養的女眞貴族將領在戰爭中
也重視對圖書的掠奪。如金初重臣完顏宗翰之弟完顏宗憲通習契丹字、漢字。
「未冠，從宗翰伐宋，汴京破，眾人爭趨府庫取財物，宗憲獨載圖書以歸。」
〔註 20〕正因爲完顏宗憲有較高的文化素養，在制定金朝的禮樂制度等方面也
發揮了重要作用。「朝廷議制度禮樂，往往因仍遼舊，宗憲曰：『方今奄有遼、

〔註 16〕 《金史》卷七九《宇文虛中傳》。
〔註 17〕 參見周峰：《金代蕭公建家族兩方墓誌銘考釋》，《北京遼金文物研究》，北京
　　　　　燕山出版社，2005 年。
〔註 18〕 周峰：《金代蕭公建家族兩方墓誌銘考釋》，《北京遼金文物研究》，第 237 頁。
〔註 19〕 《金史》卷二《太宗紀》。
〔註 20〕 《金史》卷七〇《撒改傳附子宗憲傳》。

宋，當遠引前古，因時制宜，成一代之法，何乃近取遼人制度哉。』希尹曰：『而意甚與我合。』由是器重之。」〔註21〕

　　在古代社會，士子苦讀，往往為乏書所困。因而貧寒士子的藏書往往來自勤奮抄寫與節衣縮食以購求。王琢，平陽府（今山西臨汾市）人。「天性孝友，為鄉里所稱。酷嗜讀書，往往手自抄寫。家素貧乏，而能以剛介自持，未嘗有所丐貸。」〔註22〕路仲顯，字伯達，家世寒微，但其母親不肯放鬆對他的教育，親自教伯達讀書。「國初賦學家有類書名《節事》者，新出，價數十金，大家兒有得之者，輒私藏之。母為伯達買此書，撙衣節食，累年而後致，戒伯達曰：『此書當置學舍中，必使同業者皆得觀。少有靳固，吾即焚之矣。』」〔註23〕孟駕之的母親同樣有路母之風，為其子讀書，也不惜金錢購書。「（駕之）年逾三十，不就資蔭。折節讀書，母罄囊金，聚經史以成其志。工屬文，頗為進取計，有聲於場屋，學者從之如林。崇慶元年秋，魁大同府選，辛巳登進士第。」〔註24〕還有的讀書人即使登第作官，也不改書生本色，儘管家境不是太好，也傾力藏書。如許國，「少擢第，有能名。性閒澹，不銳仕進。居盧氏西山下，不赴調。數年後，召為南京豐衍庫使。傾家資市書，後告歸。趙閒閒諸公多重之。余嘗至其家，敝衣糲食，環堵蕭然，蓋清苦之士也。」〔註25〕應奉翰林文字張邦直「俄丁母艱，出館，居南京，從學者甚重。束脩惟以市書，惡衣糲食，雖士宦如貧士也。」〔註26〕

　　隨著金世宗、章宗時期大定、明昌盛世的到來，金代的藏書家也大量湧現。如劉祖謙字光甫，承安五年（1200）進士，後任翰林修撰。「家多藏書，金石遺文略備。父東軒，工畫山水，故光甫以鑒裁自名。至於信筆作簡牘，尤有可觀。」〔註27〕劉光甫很重視文化教育，在泰和三年（1203）任萬全縣令時，捐出俸祿，主持興修廟學。他認為：「學校者，化民之本，仁義道德之所興修也，禮樂教化之所宣佈也，人材之所作成也，風俗之所以變易也。廣而言之，則致君澤民之道皆出其中。其為功也，不止肆業之人擢巍科取青紫而已。」〔註28〕商衡也是

〔註21〕　《金史》卷七〇《撒改傳附子宗憲傳》。
〔註22〕　《中州集》卷七。
〔註23〕　《中州集》卷八。
〔註24〕　李俊民：《孟氏家傳》，《金文最》卷一一四。
〔註25〕　（金）劉祁：《歸潛志》卷五，中華書局，1983年。
〔註26〕　（金）劉祁：《歸潛志》卷五。
〔註27〕　《中州集》卷五。
〔註28〕　張邦彥：《萬全縣重修宣聖廟碑》，《金文最》卷六六。

進士，「性嗜學，藏書數千卷，古今金石遺文人所不能致者，往往有之。」〔註
29〕轉運使張轂「家多法書名畫，古物秘玩，周秦以來鏡至百餘枚，他物稱是。」
〔註30〕有些富豪兼文士也大量藏書，如趙雄飛任順安縣（舊址在今遼寧阜新縣
塔營子鄉）令時，「躬教諸子學，不聽外出。每患經史不備，妨於指授。或言文
士李夏卿家文籍甚富，假借用之，宜無不從。公曰：『夏卿藏書，我寧不知。然
渠家闔縣首戶，予雖曾同場屋，今部民矣。與之交通可乎？』」〔註31〕除了漢族
士大夫擁有豐富的藏書外，一些女真貴族也以藏書及文采著稱，這其中又以完
顏璹爲代表。完顏璹爲金世宗之孫，由於身爲宗室，受到惟恐宗室篡權的章宗
的猜忌，而始終郁郁不得志。「璹奉朝請四十年，日以講誦吟詠爲事，時時潛與
士大夫唱酬，然不敢明白往來。永功薨後，稍得出遊，與文士趙秉文、楊雲翼、
雷淵、元好問、李汾、王飛伯輩交善。初，宣宗南遷，諸王宗室顛沛奔走，璹
乃盡載其家法書名畫，一帙不遺。居汴中，家人口多，俸入少，客至，貧不能
具酒肴，蔬飯共食，焚香煮茗，盡出藏書，談大定、明昌以來故事，終日不聽
客去，樂而不厭也。」〔註32〕劉祁曾造訪其第，「一室蕭然，琴書滿案，諸子環
侍無俗談。」〔註33〕完顏璹是金代中後期女真貴族漢化的一個典範，其儒雅的
品質已絲毫不亞於一個漢族士大夫。

　　在金代文化繁盛的平陽府地區，不但有眾多的私家藏書樓，還出現了爲
士子服務的公共藏書樓，這堪稱一大創舉，開創了後代公共圖書館的先河。
孔天監所撰《藏書記》一文記載了此事，姑轉引如下：

　　　　河東之列郡十二，而平陽爲之帥。平陽之司縣十一，而洪洞爲
　　之劇。按春秋時所謂揚侯國者，漢爲揚縣，隋義寧元年改曰洪洞，
　　取縣北鎮名也，唐宋因之。東接景霍，西臨長汾，南瞰大澗。邑居
　　之繁庶，士野之沃衍，雄冠他邑。其俗好學尚義，勇於爲善。每三
　　歲大比，秀造輩出，取數居多。故程能西府，則老鄭爲之魁；較藝
　　上都，則二郭取其乙。祖慶以妙齡馳譽，居善以老成擢試。濟濟藹
　　藹，前後相望。吾見其進，未見其止也。雖家置書樓，人畜文庫，
　　尚慮夫草萊貧之之士，有志而無書。或未免借觀手錄之勤，不足於

〔註29〕 元好問：《商平叔墓銘》，《金文最》卷九七。
〔註30〕 《中州集》卷八。
〔註31〕 元好問：《順安縣令趙公墓碑》，《金文最》卷九六。
〔註32〕 《金史》卷八五《世宗諸子傳·永功傳附子璹》
〔註33〕 （金）劉祁：《歸潛志》卷一，中華書局，1983年。

採覽，無以盡發後生之才分。吾友承慶先輩，奮爲倡首，以購書自任。邑中之豪，從而知之，歡喜施捨，各出金錢。於是得爲經之書有若干、史之書有若干、諸子之書有若干，以至類書字學，凡繫於文運者，粲然畢備。噫！是舉也，不但便於己，蓋以便於眾。不特用於今，亦將傳於後也，顧不偉哉！將見濡沫涸轍者，游泳於西江之水；糊口四方者，厭飫乎太倉之粟。書林學海，覽華食而探源流，給其無窮之取，而能讀其所未見之書，各足其才分之所達當得，莫不推本於此。則房山之藏，不得專美於李氏。閱市之區區，無勞於漢人也。以是義風，率先他邑。使視而傲之，慕而傲之，一變而至於齊魯，蔚然禮義之鄉，其爲善利，豈易量哉！承慶同舍友也，累書索僕爲記，僕寓官鄉里，認人事衰衰，不惟不敏，蓋亦不暇。然勉強爲之者，茲不朽之善事，亦冀得一託名於是其上也。〔註34〕

劉祁是金朝由盛轉衰時期的著名文人，其家藏書也頗豐。從高祖劉撝到其父劉從益，世代書香門第。劉祁曾談到，「予平生有二樂，曰良友，曰異書，每遇之則欣然忘寢食。蓋良友則從吾講學，見吾過失，且笑談遊宴以忘憂。異書則資吾見聞，助吾辭藻，屬文著論以有益。彼酒色膏粱如一時浮雲，過目竟何必所得哉。」〔註35〕可見，劉家當藏有不少異書。另外，劉祁對借書、還書也有一套自己的看法。「昔人云：『借書一癡，還書亦一癡。』故世之士大夫有奇書多秘之，亦有假而不歸者，必援此。予嘗鄙之，以爲君子惟欲淑諸人，有奇書當與朋友共之，何至靳藏，獨廣己之聞見？果如是，量亦狹矣。如蔡伯喈之秘《論衡》，亦通人之一蔽，非君子之所尚，不可法也。其假而不歸者尤可笑，君子不奪人之所好，『己所不欲勿施於人』，豈有假人物而不歸之者耶？因改曰：『書不借爲一癡，借書不還亦一癡也。』」可見，劉祁提倡的是圖書應該好借好還，以使其得以充分利用，這也爲金代的藏書文化留下了濃墨重彩的一筆。

由於民間藏書的豐富，金朝政府也曾屢次從民間購買書籍。章宗明昌五年（1194）二月，「詔購求《崇文總目》內所闕書籍。」〔註36〕《崇文總目》是宋代第一部有解題的官修藏書目，於宋仁宗慶曆元年（1041）成書。可見，

〔註34〕《金文最》卷二八。
〔註35〕（金）劉祁：《歸潛志》卷一三。
〔註36〕《金史》卷一〇《章宗紀二》。

這時的金朝的皇室藏書較宋代還有不少遺缺，因而不得不從民間搜購。泰和元年（1201）十月，章宗再次「敕有司，購遺書宜尚其價，以廣搜訪。藏書之家有珍惜不願送官者，官爲謄寫。畢復還之，仍量給其直之半。」〔註37〕這次，政府爲了搜訪圖書，更是給藏書之家以優厚的待遇，不但在抄錄之後奉還原書，還給藏書者以書價值的一半以爲報酬。

除了圖書外，對於金石碑刻文獻的搜求也大有人在，金代著名文人趙秉文曾撰《寶墨堂記》，記載了寶墨堂主人對於金石碑帖的收藏。「夫公平生無所嗜好，獨於法書名刻，寶之不啻珠玉。千金購求，必得而後已。自公壯時，馳驛往來於燕秦齊晉之間。聞有石刻，雖深山曠澤，必命齎藤楮，作墨本以歸。以是衮金石遺文僅千餘卷，兵火散亡，幾三之二，猶掊拾而不已也。暇日築堂於私第，榜著曰寶墨。」〔註38〕

金朝末年，隨著蒙古入侵，戰爭頻仍，私家藏書也大多毀於戰火。雁門李鍾秀談到自家的藏書時說：「喪亂以來，家所藏書焚蕩都盡。」〔註39〕史公奕「亦遭益都之喪亂，孑然渡河，生平所藏書，掃地無餘。」〔註40〕但在這種紛亂的局勢中，仍然有人不忘藏書，以爲教育後代之需。如信亨祚，字光祖，是土豪出身之將領。「河南破，家所購法書名畫，無慮數十百種。客至時出展完，欣然忘倦，如畜未名之寶。聞人談閒閒趙公書法，愛而學之，落筆即有可觀。兒子入小學，迤漸買書，經史完備。雖儒素家，少有及者。」〔註41〕

（原載《北方文物》2007 年第 2 期）

〔註37〕《金史》卷一一《章宗紀三》。
〔註38〕《金文最》卷一二六。
〔註39〕《中州集》卷一〇。
〔註40〕趙秉文：《贈少中大夫開國伯史公神道碑》，《金文最》卷八八。
〔註41〕元好問：《五翼都總領豪士信公墓碑並引》，《金文最》卷一〇六。

十一、《貞觀政要》在遼、西夏、金、元四朝

摘　要

《貞觀政要》在遼、西夏、金、元四朝分別被翻譯成契丹文、西夏文、女眞文和八思巴蒙古文，並得到了統治者的重視。遼朝、金朝、元朝的皇帝無不將其視爲統治的龜鑒，積極學習與借鑒。

關鍵詞：《貞觀政要》、遼朝、西夏、金朝、元朝

《貞觀政要》爲唐朝吳兢所編，10卷40篇，輯錄了唐太宗一朝君臣對爲政之道的言論，涉及封建統治秩序與倫理方方面面的內容。因而在其問世後，受到了各個朝代君臣的重視與借鑒，無不將其視爲進行統治的龜鑒。作爲近代的唐朝的統治經驗，由少數民族建立的遼、西夏、金、元四個王朝更是如饑似渴地對其吸收、借鑒。爲此，還將該書翻譯成爲契丹文、西夏文、女眞文和八思巴蒙古文，以便更好地利用。在古代，一部漢族經典被翻譯成四種少數民族文字，實屬罕見和耐人尋味。本文僅就遼、西夏、金、元四朝對《貞觀政要》一書的翻譯與借鑒進行概要闡述，不當之處，敬請方家指正。

一、《貞觀政要》在遼朝、西夏

　　遼朝最繁盛時期的聖宗（983～1031 在位）耶律隆緒對於唐朝的統治經驗十分重視，他曾翻閱唐高祖、太宗及玄宗的本紀，時為翰林學士丞旨兼侍讀學士的馬得臣「乃錄其行事可法者進之」。〔註1〕編纂該書時，馬得臣必然參考了《貞觀政要》。其後，聖宗有一段時間沉迷於擊鞠（打馬球），馬得臣為此又上書進諫：

> 臣竊觀房玄齡、杜如晦，隋季書生，向不遇太宗，安能為一代名相？臣雖不才，陛下在東宮，幸列侍從，今又得侍聖讀，未有裨補聖明。陛下嘗問臣以貞觀、開元之事，臣請略陳之。
>
> 臣聞唐太宗侍太上皇宴罷，則挽輦至內殿。玄宗與兄弟歡飲，盡家人禮。陛下嗣祖考之祚，躬侍太后，可謂至孝。臣更望定省之餘，睦六親，加愛敬，則陛下親親之道，比隆二帝矣。
>
> 臣又聞二帝耽玩經史，數引公卿講學，至於日昃。故當時天下翕然向風，以隆文治。今陛下游心典籍，分解章句，臣願研究經理，深造而篤行之，二帝之治不難致矣。
>
> 臣又聞太宗射豕，唐儉諫之。玄宗臂鷹，韓休言之。二帝莫不樂從。今陛下以球馬為樂，愚臣思之，有不宜者三，故不避斧鉞言之。竊以君臣同戲，不免分爭，君得臣愧，彼負此喜，一不宜。躍馬揮杖，縱橫馳騖，不顧上下之分，爭先取勝，失人臣禮，二不宜。輕萬乘之尊，圖一時之樂，萬一有銜勒之失，其如社稷、太后何？三不宜。倘陛下不以臣言為迂，少賜省覽，天下之福，群臣之願也。

　　〔註2〕
馬得臣是南京（今北京）人，「好學博古，善屬文，尤長於詩」。〔註3〕作為遼南京韓、劉、馬、趙四大漢族世家之一馬氏家族的成員，馬得臣有著較高的文化素養。由上引文可知，馬得臣對於唐朝的歷史非常熟識，對於當時的人來說，唐史知識的來源，後晉成書的《舊唐書》是其主要來源，但《貞觀政要》一書對時人的影響也不可忽視。史載，遼聖宗就對《貞觀政要》情有獨鍾，經常翻閱，並因而對唐太宗有很高的評價。「(聖宗) 好讀唐《貞觀事要》，

〔註1〕 《遼史》卷八〇《馬得臣傳》，中華書局，1974 年，第 1279 頁。

〔註2〕 《遼史》卷八〇《馬得臣傳》，第 1279～1280 頁。

〔註3〕 《遼史》卷八〇《馬得臣傳》，第 1279 頁。

至太宗、明皇實錄則欽伏，故御名連明皇諱上一字；又親以契丹字譯白居易諷諫集，召番臣等讀之。嘗云：『五百年來中國之英主，遠則唐太宗，次則後唐明宗，近則今宋太祖、太宗也。』」〔註4〕此處的《貞觀事要》是《貞觀政要》的異寫，此時，聖宗所閱的《貞觀政要》仍爲漢字本。

遼興宗耶律宗眞也非常重視歷史的借鑒作用，命令遼代的著名契丹文人蕭韓家奴與耶律庶成編纂了自遙輦可汗至本朝的史實，成書20卷。重熙十五年（1046）「復詔曰：『古之治天下者，明禮義，正法度。我朝之興，世有明德，雖中外向化，然禮書未作，無以示後世。卿可與庶成酌古準今，制爲禮典。事或有疑，與北、南院同議。』韓家奴既被詔，博考經籍，自天子達於庶人，情文制度可行於世，不繆於古者，撰成三卷，進之。又詔譯諸書，韓家奴欲帝知古今成敗，譯《通曆》、《貞觀政要》、《五代史》。」〔註5〕可見，《貞觀政要》被譯爲契丹文在重熙十五年（1046）之後，其譯者是蕭韓家奴，其目的也正是《貞觀政要》一書編纂的主旨。

遼代的末代皇帝天祚帝耶律延禧儘管荒淫無道，但其第二子耶律雅里卻寬宏大量，「每取唐《貞觀政要》及林牙資忠所作《治國詩》，令侍從讀之。」〔註6〕耶律雅里此時所用的《貞觀政要》很可能是契丹文本，這也是《貞觀政要》最後爲遼代統治者所借鑒。

儘管沒有史料說明西夏的皇帝曾直接瀏覽《貞觀政要》，但《貞觀政要》卻被譯爲西夏文，並至今有刊本傳世。西夏文譯本《貞觀政要》於1909年在內蒙古額濟納旗的黑水城遺址出土，珍藏於俄國科學院東方學研究所聖彼得堡分所。西夏譯《貞觀政要》爲蝴蝶裝刻本，葉面14.5×22.5釐米，版框14×17.5釐米，每半葉8行，行15字。版口題西夏文「貞觀」二字及卷次、頁碼。今存12個整葉和6個半葉，3500餘字，相當於原卷四和卷五的一部份，僅得不完整的4篇。西夏翻譯的《貞觀政要》是個節本。從現存的部份來看，它略去了漢文原本的三大段，即《規諫太子第十二》貞觀五年李百藥作「贊道賦」以諷太子事、同章貞觀十四十五年于志寧上書諫太子事，以及《誠信第十七》太宗謂長孫無忌等任用得人事。除去整段的刪略外，一句乃至數句的刪略也多有所見。據學者研究，此本不是西夏的

〔註4〕（宋）葉隆禮：《契丹國志》卷七，上海古籍出版社，1985年，第71頁。

〔註5〕《遼史》卷一〇三《蕭韓家奴傳》第450頁。

〔註6〕《遼史》卷三〇《天祚帝紀四》，第354頁。

官刻本。〔註7〕

二、《貞觀政要》在金朝

《貞觀政要》為金朝皇帝所借鑒，始見於第三個皇帝金熙宗完顏亶，他經常翻閱《貞觀政要》，並曾就其內容與大臣進行探討。天眷二年（1139）六月，「上從容謂侍臣曰：『朕每閱《貞觀政要》，見其君臣議論，大可規法。』翰林學士韓昉對曰：『皆由太宗溫顏訪問，房、杜輩竭忠盡誠。其書雖簡，足以為法。』上曰：『太宗固一代賢君，明皇何如？』昉曰：『唐自太宗以來，惟明皇、憲宗可數。明皇所謂有始而無終者。初以艱危得位，用姚崇、宋璟，惟正是行，故能成開元之治。末年怠於萬機，委政李林甫，奸諛是用，以致天寶之亂。苟能慎終如始，則貞觀之風不難追矣。』上稱善。」〔註8〕可見，熙宗與韓昉君臣都認為《貞觀政要》是一部足資借鑒的好書，並對唐朝的成敗有著自己深刻的認識。

金世宗時期是金朝的鼎盛時期，雖然金世宗力圖保存女真族的傳統，但是他對漢族的優秀典籍也是積極汲取。大定四年（1164），「詔以女直字譯書籍。五年，翰林侍講學士徒單子溫進所譯《貞觀政要》、《白氏策林》等書。六年，復進《史記》、《西漢書》，詔頒行之。」〔註9〕可見女真文《貞觀政要》成書於大定五年（1165），其譯者為徒單子溫。金世宗也曾因讀《貞觀政要》有所感而與時為國史院編修官兼筆硯直長的移剌履有過一番探討，而移剌履也能勇於發表自己的意見。「一日，世宗召問曰：『朕比讀《貞觀政要》，見魏徵嘉謀忠節，良可稱歎。近世何故無如徵者？』履曰：『忠嘉之士，何代無之，第但上之人用與不用耳。』世宗曰：『卿不見劉仲誨、張汝霖耶，朕超用二人者，以嘗居諫職，屢有忠言故也。安得謂之不用，第人材難得耳。』履曰：『臣未聞其諫也。且海陵杜塞言路，天下緘口，習以成風。願陛下懲艾前事，開諫諍之門，天下幸甚。』」〔註10〕實際上，移剌履也正是吸取了魏徵的精神，才敢於向金世宗直言。大定十八年（1178）修起居注移剌傑上書，認為當時朝廷奏事都進行屏蔽，致使史官不得記錄。金世宗為此咨詢宰相，「（石）琚與右

〔註7〕 此段全據聶鴻音：《〈貞觀政要〉的西夏文譯本》，《固原師專學報》（社會科學版）1997 年第 1 期。

〔註8〕 《金史》卷四《熙宗紀》，中華書局，1975 年，第 74 頁。

〔註9〕 《金史》卷九九《徒單鎰傳》，第 2185 頁。

〔註10〕 《金史》卷九五《移剌履傳》，第 2099～2010 頁。

丞唐括安禮對曰：『古者史官，天子言動必書，以徼戒人君，庶幾有畏也。周成王翦桐葉爲圭，戲封叔虞，史佚曰，天子不可戲言，言則史書之。以此知人君言動，史官皆得記錄，不可避也。』上曰：『朕觀《貞觀政要》，唐太宗與臣下議論，始議如何，後竟如何，此政史臣在側記而書之耳。若恐漏泄幾事，則擇愼密者任之。』朝奏屛人議事，記注官不避自此始。」〔註11〕可見，金世宗深知《貞觀政要》之所以成書，正是由於史臣對於皇帝的一言一行都加以記錄的緣故。因此，此後金朝史臣才得以對時事加以全面記錄，爲後人留下了金朝歷史的眞實記錄。

金朝末代皇帝哀宗爲了振興頹敗的政局，特地設置了益政院，「正大三年（1226）置於內庭，以學問該博、議論宏遠者數人兼之。日以二人上直，備顧問，講《尙書》、《通鑒》、《貞觀政要》。名則經筵，實內相也。末帝出，遂罷。」〔註12〕其人選都是當時的有名文人，「院居宮中，選一時宿望有學者，如楊學士雲翼、史修撰公彠、呂待製造數人兼之，輪値。每日朝罷，侍上講《尙書》、《貞觀政要》數篇，間亦及民間事，頗有補益。楊公又與趙學士秉文集自古治術，分門類，號《君臣政要》，爲一編進之。此亦開講學之漸也，然歲餘亦罷。」〔註13〕可見，益政院的主要職能是爲皇帝講解《貞觀政要》、《資治通鑒》、《尙書》等，以便皇帝汲取從政經驗。另外，楊雲翼和趙秉文還仿照《貞觀政要》編纂了《君臣政要》也就是《貞觀政要申鑒》一書，以供皇帝採覽。「以上嗣德在初，當日親經史以自裨益，進《無逸直解》、《貞觀政要申鑒》各一通。」〔註14〕《貞觀政要申鑒》一書今天已無存，但趙秉文爲此書撰寫的引言仍保存在其文集之中，轉引如下：

《書》云：與治同道，罔不興。《孫卿子》曰：欲知上世，審周道，法後王是也。近世帝王之明者，莫如唐文皇，天縱聖德，文謨武略，高出近古。而又得房玄齡、杜如晦、魏徵、王珪、馬周、虞世南、諸遂良、劉洎爲之輔佐，朝夕論思，日月獻納，無非以畏天愛民、求賢納諫、安不忘危爲戒，故能功業若此巍巍也。其後明皇銳於治，用姚元崇、宋廣平、韓休之徒，致開元三十年之太平。末

〔註11〕 《金史》卷八八《石琚傳》，第1962頁。
〔註12〕 《金史》卷五六《百官志二》，第1280頁。
〔註13〕 （金）劉祁：《歸潛志》卷七，中華書局，1983年，第73頁。
〔註14〕 《金史》卷一一〇《趙秉文傳》，第2428頁，但該版本錯將「《貞觀政要申鑒》」標點爲「《貞觀政要》、《申鑒》」。

年，罷張九齡，用牛仙客、李林甫、楊國忠，旋致天寶之亂。憲皇剛斷，初用杜黃裳、韋貫之、裴度削平僭亂。末年，用皇甫鎛而不克其終。治亂之效，於斯可見。史臣吳兢纂集《貞觀政要》十卷，凡四十篇，爲之鑒戒。起自君道，訖於慎終，豈無他意哉！欽惟聖上聰明仁孝，超皇軼帝而猶孜孜治道，俯稽前訓。然一日萬幾，豈能遍覽，謹撮其樞要，附以愚見，目之曰《貞觀政要申鑒》。文理鄙拙，無所發明，特於鑒戒申重而已。昔張九齡因明皇千秋節進《金鏡錄》以伸諷諭，臣竊慕之。謹以聖壽萬年節，繕寫獻上。雖爝火之末，不足裨日月之光，區區之誠，獻芹而已。伏望略紆聖覽，不勝幸甚，謹言。〔註15〕

可見，《貞觀政要申鑒》一書實爲《貞觀政要》的精編本，並附有編者的政論，其目的是減輕皇帝閱讀原著的困難，《貞觀政要申鑒》一書應爲漢文本。

三、《貞觀政要》在元朝

相比遼、西夏、金三朝，元朝的皇帝對《貞觀政要》有更廣泛的認知度。元朝皇帝中最早接觸《貞觀政要》的是元世祖忽必烈。「世祖嘗欲觀國子所書字，不忽木年十六，獨書《貞觀政要》數十事以進，帝知其寓規諫意，嘉歎久之。」〔註16〕不忽木是康里部人，其父自幼被世祖撫養，不忽木也因而陪侍太子眞金於東宮。不忽木先以太子贊善王恂爲師，後王恂從軍北征，不忽木又受學於國子祭酒許衡。因此，不忽木是從許衡所學的《貞觀政要》，其目的也是對皇帝能產生影響。此時的《貞觀政要》仍爲漢文本。受王恂、許衡等身邊著名漢族文人的影響，太子眞金對《資治通鑒》、《貞觀政要》等漢族傳統的參政必讀之書也是汲汲吸取。「每與諸王近臣習射之暇，輒講論經典，若《資治通鑒》、《貞觀政要》，王恂、許衡所述遼、金帝王行事要略，下至《武經》等書，從容片言之間，苟有允愜，未嘗不爲之灑然改容。」〔註17〕

元仁宗愛育黎拔力八達是元朝受《貞觀政要》影響最深的一位皇帝，他經常翻閱《貞觀政要》，前至大四年（1311）六月，此時仁宗即位不久，「帝覽《貞觀政要》，諭翰林侍講阿林鐵木兒曰：『此書有益於國家，其譯以國語刊

〔註15〕 （金）趙秉文：《閑閑老人滏水文集》卷一五，叢書集成初編本，商務印書館，1936 年，第 209 頁。

〔註16〕 《元史》卷一三〇《不忽木傳》，中華書局，1976 年，第 3164 頁。

〔註17〕 《元史》卷一一五《裕宗傳》，第 2889 頁。

行，俾蒙古、色目人誦習之。』」〔註18〕此後，翻譯工作由中書參知政事察罕完成。察罕籍貫爲西域板勒紇城，其父親伯德那隨著蒙古征服西域而內遷，其本人出生於河中府（今山西省永濟市）。察罕博覽強記，通識多種語言文字。「嘗譯《貞觀政要》以獻。帝大悅，詔繕寫遍賜左右。且詔譯《帝範》。又命譯《脫必赤顏》名曰《聖武開天紀》，及《紀年纂要》、《太宗平金始末》等書，俱付史館。」〔註19〕察罕應是將《貞觀政要》譯爲八思巴蒙古文，但此時尚未刻板印刷，而只是抄寫傳播。元仁宗不但經常閱覽《貞觀政要》，而且也能夠向唐太宗學習，採納大臣的諫言。御史納璘因言事惹怒了仁宗，御史中丞楊朵兒只努力營救，乃至一天之內八九次上奏。「帝曰：『爲卿，宥之，可左遷爲昌平令。』昌平，畿內劇縣，欲以是困納璘。朵兒只又言曰：『以御史宰京邑，無不可者。但以言事而得左遷，恐後之來者，用是爲戒，不肯復言矣。』帝不允。後數日，帝讀《貞觀政要》，朵兒只侍側，帝顧謂曰：『魏徵古之遺直也，朕安得用之？』對曰：『直由太宗，太宗不聽，徵雖直，將焉用之！』帝笑曰：『卿意在納璘耶？當赦之，以成爾直名也。』」〔註20〕正是由於仁宗和楊朵兒只都熟讀《貞觀政要》，對唐太宗時期的政治生態及唐太宗與魏徵的君臣關係都心嚮往之，此事才得以圓滿解決。楊朵兒只是河西寧夏人，爲党項族。由楊朵兒只及不忽木、察罕等人的民族成分，也可看出當時《貞觀政要》的流佈之廣，對當時政治影響之深，以及少數民族積極汲取漢族傳統文化的態度。

《貞觀政要》被譯爲八思巴蒙古文，不只是察罕一人之功，而是多人參與，並且是一個漸進完善的過程。泰定三年（1326），翰林侍講學士曹元用奉泰定帝也孫鐵木兒之命，「纂集甲令爲《通制》，譯唐《貞觀政要》爲國語。書成，皆行於時。」〔註21〕曹元用很可能是在察罕的譯文基礎上加以整理、潤色，成爲新版的八思巴蒙古文《貞觀政要》。但此時是否刻板印刷，尚無史料證明。八思巴蒙古文《貞觀政要》的眞正完善與印行，是在元文宗圖帖睦爾時，天曆三年（1330）四月「戊午，命奎章閣學士院以國字譯《貞觀政要》，鋟板模印，以賜百官。」〔註22〕奎章閣學士院建於天曆二年（1329）二月，

〔註18〕 《元史》卷二四《仁宗紀一》，第544頁。
〔註19〕 《元史》卷一三七《察罕傳》，第3311頁。
〔註20〕 《元史》卷一七九《楊朵兒只傳》，第4153頁。
〔註21〕 《元史》卷一七二《曹元用傳》，第4028頁。
〔註22〕 《元史》卷三六《文宗紀五》，第803頁。

秩正三品，專掌進講經史之書，考察歷代帝王之治。設有奎章閣大學士，大學士之下設有侍書學士、承制學士、供奉學士、博士等官，大多由學問素養高深的朝官兼任。八月，在奎章閣學士院之下設藝文監，秩從三品，專門負責校勘儒家典籍以及將其譯成八思巴蒙古文。《貞觀政要》的翻譯就是其中一項工作，而更加重要的就是次年完成的《經世大典》，是記錄元代典章制度的巨著。《貞觀政要》的翻譯、印行是元文宗以文治國的一個重要體現。

元朝皇帝不但本身重視對《貞觀政要》的借鑒，而且重視以此來教育太子等子孫後代。前文已述及元世祖太子眞金就曾從王恂、許衡學習《貞觀政要》等書。泰定帝泰定元年（1324）二月「甲戌，江浙行省左丞趙簡，請開經筵及擇師傅，令太子及諸王大臣子孫受學，遂命平章政事張珪、翰林學士承旨忽都魯都兒迷失、學士吳澄、集賢直學士鄧文原，以《帝範》、《資治通鑒》、《大學衍義》、《貞觀政要》等書進講，復敕右丞相也先鐵木兒領之。」〔註23〕元順帝至正十六年（1356），翰林學士承旨李好文上書皇太子，「其言曰：『臣之所言，即前日所進經典之大意也，殿下宜以所進諸書，參以《貞觀政要》、《大學衍義》等篇，果能一一推而行之，則萬幾之政、太平之治，不難致矣。』皇太子深敬禮而嘉納之。」〔註24〕

（原載《北方文物》2009 年第 1 期）

〔註23〕《元史》卷二九《泰定帝紀一》，第 644 頁。
〔註24〕《元史》卷一八三《李好文傳》，第 4218 頁。

十二、金朝賜姓考述

摘　要

　　金朝對女眞族之外的其它民族之人，如漢、契丹、渤海、蕃族等賜予女
眞姓氏，以示寵渥，來換取他們爲本朝盡忠效力。初期，賜姓並無制度可言，
只是一時的權宜之計，而到宣宗時，已定下詳細制度並廣泛賜姓。但這時的
大金王朝早已日薄西山，賜姓也未能挽救金朝滅亡的厄運。

關鍵詞：金朝、賜姓、白號之姓、黑號之姓

　　有金一代，統治者每在用人之際，或在建國初期正處於上升之勢，或在
國家危亡之時，多對女眞族之外的其它民族之人，如漢、契丹、渤海、蕃族
等賜予女眞姓氏，以示寵渥，來換取他們爲本朝盡忠效力。初期，賜姓並無
制度可言，只是一時的權宜之計，而到宣宗時，已定下詳細制度並廣泛賜姓。
但這時的大金王朝早已日薄西山，賜姓也未能挽救金朝滅亡的厄運。對金朝
賜姓制度的研究，以陳述先生卓有成效。他輯有《金賜姓表》二卷，[註1]並
在表的序言中進行了初步研究。本文就是在此基礎上，對金朝的賜姓作一粗
略的考述，不當之處，敬請方家指正。

〔註 1〕陳述：《金史拾補五種》，科學出版社，1960 年。

一、金朝初期賜姓情況

公元 1115 年，完顏阿骨打正式建立了女眞族的政權，國號大金，建元收國。隨後十幾年間，大金鐵騎踏遍半個中國，先後滅掉了遼、北宋兩個強大的政權，統一了中國北方。在對大金政權的建立和鞏固中立下了汗馬功勞的將領中，不僅有女眞人，而且有渤海人、契丹人、漢人。對於這些人，金政權不僅給以高官厚祿，並對某些人還予以賜姓之寵。有史可考，金朝最初賜姓是在太祖天輔年間。「完顏元宜，本姓阿列，一名移特輦，本姓耶律氏。父愼思，天輔七年，宗望追遼主至天德，愼思來降，且言夏人以兵迎遼主，將渡河去。宗望移書夏人諭以禍福，夏人乃止。賜愼思姓完顏氏，官至開府儀同三司。」〔註2〕可知，耶律愼思是契丹人，在遼天祚帝逃亡，躲避金兵的追捕過程中，愼思降金並報告了天祚帝的行蹤，致使天祚帝很快被金俘虜，遼亡。愼思爲金朝立下了大功，因此成爲金朝賜姓第一人，而且被授以高官。據《金史·百官志》，儀同三司爲從一品中階，可見金朝對其寵遇之隆。另外，金初被賜姓的人還有郭藥師、董才等人。「（天會）四年春正月丁卯朔，……降臣郭藥師、董才皆賜姓完顏氏。」〔註3〕「自郭藥師降，益知宋之虛實。宗望請以爲燕京留守。及董才降，益知宋之地理。宗望請任以軍事。太宗俱賜姓完顏氏，皆給以金牌。」〔註4〕郭藥師和董才在金滅北宋的戰爭中起了重要作用，而郭藥師更以一人之向背而關係遼、宋、金三朝之興亡。〔註5〕故此二人被賜予國姓堪稱當之無愧。另外還有元人王道的遠祖王某金初也因軍功被賜予國姓。「公諱道，字之問，姓王氏，遠祖金初以武功賜完顏氏，世襲千戶，官至金吾衛上將軍。」〔註6〕

總之，金初賜姓可能尙無制度可言，而是由皇帝決定對立下戰功的異族人賜以國姓「完顏」。被賜姓的有契丹人耶律愼思、渤海人郭藥師、漢人董才、王某等，尙未見賜予其它女眞姓氏的記載。

二、金朝中期賜姓情況

史書未有關於熙宗時賜姓的記載。海陵王天德三年「十一月癸亥，詔罷

〔註2〕 《金史》卷一三二《完顏元宜傳》。
〔註3〕 《金史》卷三《太宗紀》。
〔註4〕 《金史》卷七四《完顏宗望傳》。
〔註5〕 詳見拙文：《身仕三朝郭藥師》，《文史知識》1996年第2期。
〔註6〕 （元）王惲：《秋澗集》卷五五《王公神道碑》。

世襲萬戶官，前後賜姓人各復本姓」〔註7〕而《金史·兵志》對此事這樣記載，「國初時賜以國姓，若爲子孫者皆令復舊。」可見，海陵王時，取消了賜姓之制，被賜姓者或其子孫還復原姓。這可以耶律元宜爲證，元宜爲愼思之子，因愼思被賜姓完顏也因而從姓之。「天德三年，詔凡賜姓者皆復本姓，元宜復姓耶律氏。」〔註8〕而郭藥師之子郭安國也是如此，「海陵即位，詔賜諸姓者皆復本姓，故藥師子安國仍姓郭氏。」〔註9〕

世宗時賜姓僅見一例，仍爲耶律元宜，「大定二年，……拜平章政事，封冀國公，賜玉帶、甲第一區，復賜姓完顏氏。」〔註10〕耶律元宜因謀弒海陵王而列入《金史·逆臣傳》。但終世宗一朝，他卻官至平章政事，又得賜姓之寵，而且安享天年，並未得到任何懲處。世宗如此做，實則是爲了證明自己入承大統是合乎天理人心的，因之耶律元宜謀弒也就無罪可言，反而有功了。但到了世宗統治穩固之後，元宜後代就再無利用價值了。因此，「元宜子習涅阿補，大定二十五年爲符寶祗侯，乞依女眞人例遷官，上曰：『賜姓一時之權宜。』令習涅阿補還本姓。」〔註11〕此後，從世宗經章宗至衛紹王，就再無任何賜姓的記載了。

三、金朝後期賜姓情況

金朝後期，國勢衰微，內憂外患加劇。內有權臣不斷亂政，天災頻仍，紅襖軍等農民起義風起雲湧。外有蒙古入侵，直至攻破中都，金朝不得已遷都汴京。正是在這種形勢下，金宣宗又重新採用了賜姓這一廉價手段來籠絡人心。金朝後期賜姓的對象，大致有四種情況：立有戰功者；邊疆少數民族豪強大族；后族；歸順的叛臣巨盜。下分述之。

（一）對立有戰功者，貞祐三年九月明確規定了賞格，「諸色人以功賜國姓者，能以千人敗敵三千人，賜及緦麻以上親，二千人以上，賜及大功以上親，千人以上，賜止其家。」〔註12〕要理解上述這段話，首先要明確緦麻、大功的含義。所謂緦麻、大功，都是五種喪服之一。五服爲斬衰、齊衰、大

〔註7〕 《金史》卷五《海陵王紀》。
〔註8〕 《金史》卷一三二《完顏元宜傳》。
〔註9〕 《金史》卷八二《郭藥師傳》。
〔註10〕 《金史》卷一三二《完顏元宜傳》。
〔註11〕 《金史》卷一三二《完顏元宜傳》。
〔註12〕 《金史》卷一四《宣宗紀上》，同書卷一〇三《完顏阿憐傳》所載相同。

功、小功、緦麻。其中緦麻最輕，服喪三月，爲高祖父母、曾伯叔祖父母、族伯叔父母、外祖父母、中表兄弟、婿、外孫等所服。可見「能以千人敗敵三千人，賜及緦麻以上親」，就是賜及上述親戚、親屬並包括關係更近的親屬。大功爲堂兄弟、未婚的堂姊妹、已婚的姑、姊妹侄女等所服，可見「（以千人敗敵）二千人以上，賜以大功以上親」，就是賜及上述親戚、親屬並包括關係更近的親屬。但是實際上並不一定嚴格執行，而是有所變通。如郭阿憐與郭仲元同時應募爲兵，貞祐三年，都官至節度使並賜姓完顏，「阿憐既賜姓，以兄守楫及從父兄弟爲請。宰臣奏阿憐功止賜一家，宣宗特詔許之。至是仲元上奏曰：『臣頃在軍旅，才立微功，遽蒙天恩，賜之國姓，非臣殺身所能仰報。族兄徐州譏察副使僧喜、前汾州酒同監三喜、前解州鹽管勾添章、守興平縣監酒添福猶姓郭氏。念臣與僧喜等昔同爲一家，今爲兩族，完顏阿憐與臣同功，皇恩所加並及本族，僧喜等四人乞依此例。』不許。」〔註13〕可見，郭阿憐、郭仲元雖然同立下「止賜一家」的戰功，但阿憐所請在先，兄及族兄也得以賜姓，仲元想引以爲例，卻未成功，這可能是因爲僧喜等四人的官職過於低微了吧。

另外，也有破格賜姓事例，如王狗兒。「自兵興以來，亟用官爵爲賞，程陳僧敗官軍於黿谷，遣偽統制官董九招西關堡都統王狗兒，狗兒立殺之。詔除通遠軍節度使，加榮祿大夫，賜姓完顏氏。英言：『名器不可以假人，上恩以難得爲貴。比來於用賞，實駭聞聽。帑藏不足，惟恃爵命，今又輕之，何以使人？伏見蘭州西關堡守將王狗兒向以微勞，既蒙甄錄，頃者堅守關城，誘殺賊使，論其忠節，誠有可嘉。若官之五品，命以一州，亦無負矣。急於獎勸，遂擢節鉞，加階二品，賜以國姓，若取蘭州，又將何以待之？陝西名將項背相望，曹記僧、包長壽、東永昌、徒單醜兒、郭祿大皆其著者。狗兒藐然賤卒，一朝處眾人之右，爲統領之官，恐眾望不厭，難得其死力。』宣宗以英奏示宰臣。宰臣奏：『狗兒奮發如此，賞以異恩，殆不爲過。』上然其言。」〔註14〕王狗兒雖然只立下了殺招降使者的微功，並且有人對濫予賜姓頗有微言，但宣宗在徵求了宰臣的意見之後，仍予賜姓。與王狗兒情況近似的還有梁佐及李咬住，「完顏佐本姓梁氏，初爲武清縣巡檢。完顏咬住本姓李氏，爲柳口鎮巡檢。久之，以佐爲都統，咬住副之，戍直沽寨。貞祐二年，

〔註13〕《金史》卷一〇三《完顏阿憐傳》。
〔註14〕《金史》卷一〇一《劉英傳》。

糺軍遣張暉等三人來招佐，佐執之，麾眾執永昌，及暉等並斬之。宣宗嘉其功，遷佐奉國上將軍，遙授德州防禦使，咬住鎮國上將軍，遙授同知河間府事，皆賜姓完顏氏。詔曰：『自今有忠義如是者，並一體遷授。』」〔註15〕《金史》的撰著者對濫予賜姓有一番議論：「古者天子胙土命氏，漢以來乃有賜姓。宣宗假以賞一時之功，……貞祐以後，賜姓有格。夫以名使人，用之貴則貴，用之賤則賤，使人計功而得國姓，則以其貴者反賤矣。」〔註16〕

（二）金朝後期第二種賜姓對象為邊疆少數民族大族豪強。如貞祐三年九月癸酉，「賜東永昌姓為溫敦氏，包世顯、包疙瘩為烏古論氏，覩令孤為和速嘉氏，何定為必蘭氏，馬福德、馬柏壽為夾谷氏，各遷一官。」〔註17〕這其中確切可考的東永昌、包世顯即為蕃族。「通遠軍節度使烏古論長壽及通遠軍節度副使溫敦永昌，皆本蕃屬，且久鎮邊鄙，深得人心。」〔註18〕同樣，烏古論長壽也為賜姓，「烏古論長壽，臨洮府第五將突門族人也。本姓包氏，襲父永本族都管。……（貞祐）三年，賜今姓。」〔註19〕包世顯為長壽之弟，「夏人攻定西，是時，弟世顯已降夏人。」〔註20〕又如，「楊沃衍一名斡烈，賜姓兀林答，朔州靜邊官莊人，本屬唐括迪剌部族。……興定元年春，上以沃衍累有戰功，賜今姓。」〔註21〕當時對歸降的西夏蕃族將領也多予以賜姓，如「（貞祐四年四月）己亥，夏人葩俄族都管汪三郎率其蕃戶來歸，以千羊進，詔納之，優給其值。」〔註22〕「遣納蘭伴僧招諭臨洮菰黎五族都管青覺兒、積石州章羅謁蘭多及鐸精族都管阿令結、蘭州葩俄族都管汪三郎等，皆相繼內附。汪三郎賜姓完顏，後為西方名將。」〔註23〕

（三）金朝後期賜姓的第三種情況是后族。哀宗之母、宣宗明惠皇后一族都被賜姓，「母曰明惠皇后王氏，賜姓溫敦氏。」〔註24〕明惠皇后之妹也同樣被賜姓，「後王氏，中都人，明惠皇后妹也。貞祐二年七月賜姓溫敦氏。」

〔註15〕《金史》卷一〇三《完顏佐傳》。

〔註16〕《金史》卷一〇三《傳贊》。

〔註17〕《金史》卷一四《宣宗紀上》。

〔註18〕《金史》卷一〇三《完顏白撒傳》。

〔註19〕《金史》卷一〇三《烏古論長壽傳》。

〔註20〕《金史》卷一〇三《烏古論長壽傳》。

〔註21〕《金史》卷一二三《楊沃衍傳》。

〔註22〕《金史》卷一四《宣宗紀上》。

〔註23〕《金史》卷一〇一《僕散端傳》。

〔註24〕《金史》卷一七《哀宗紀》。

〔註25〕她們的父親王彥昌在興定三年三月也被追賜姓爲溫敦。〔註26〕兄弟王七十五、七十五之子昌孫也被賜姓爲溫敦。〔註27〕

（四）金朝後期賜姓的第四種對象是歸順的叛臣巨盜。國用安是紅襖軍的餘部，曾投降蒙古，後來佔據了徐、宿、邳三州，又歸降金朝。「未幾，朝廷遣近侍局直長因世英、都事高天祐持手詔至邳，以安用爲開府儀同三司、平章政事兼都元帥、京東山東等路行尚書省事，特封袞王，賜號『英烈戡難保節功臣』。賜姓完顏，附屬籍，改名用安。」〔註28〕又如「張甫，賜姓完顏氏，初歸順大元。涿州刺史李癭驢招之，興定元年正月，甫與張進俱來降。……元光元年，……以功進金紫光祿大夫，始賜姓完顏。二年二月，張進亦遷元帥左監軍，賜姓完顏。」〔註29〕金朝賜予這些人以國姓，並未得到好的效果，國用安後來又依違於南宋與蒙古之間，屢降屢叛，最後爲蒙古所殺。正如《金史》所論，「又甚而叛臣劇盜之效順，無金帛以備賞激，動以王爵固結其心，重爵不，則以國姓賜之。名實混淆，倫法壞，皆不暇顧，國欲不亂，其可得乎。」〔註30〕

四、對金朝所賜姓氏的簡單分析

根據陳述先生的《金賜姓表》分析，金朝所賜姓氏共 11 種，即完顏、夾谷、溫敦、和速嘉、兀林答、溫撒、必蘭、顏盞、女奚烈、烏古論、蒲察。其中前 10 種全爲白號之姓，只有蒲察爲黑號之姓，且只有一人，即蒲察官奴。陳述先生認爲《汝南遺事》卷一所載的本姓移剌的蒲察官奴與《金史》卷116有傳的蒲察官奴當爲一人。但《蒲察官奴傳》載官奴少爲蒙古所擄，後「自拔歸，朝廷以其種人，特恩收充忠孝軍萬戶。」可見，蒲察官奴本來就是女眞人，當無賜姓之理。而《汝南遺事》所載之蒲察官奴原姓移剌，應爲契丹人，蒲察可能是他所冒稱之姓，並無賜姓的確切記載。因此蒲察一姓可從賜姓中排除。

金朝賜姓全爲白號之姓，在白號83姓中占10姓，而黑號10姓無一賜姓。

〔註25〕《金史》卷六四《王皇后傳》。
〔註26〕《金史》卷一五《宣宗紀中》。
〔註27〕《金史》卷一二四《溫敦昌孫傳》及（元）王鄂：《汝南遺事》卷一。
〔註28〕《金史》卷一一七《國用安傳》。
〔註29〕《金史》卷一一八《張甫傳》。
〔註30〕《金史》卷一六《食貨志一》。

而且白號之姓所封的三個郡望都有分佈，如完顏、夾谷封金源郡，溫敦、和速嘉、兀林答封廣平郡，溫撒、必蘭、顏盞、女奚烈、烏古論封隴西郡。那麼金朝賜姓爲何只有白號之姓，而無黑號之姓呢？以筆者粗淺學識認爲，很可能所賜姓氏應爲較尊貴之姓，而太祖登基時曾說：「遼以賓鐵爲號，取其堅也。賓鐵雖堅，終亦變化，惟金不變不壞。金之色白，完顏部色尚白。」〔註31〕可見，金以白爲貴，因而賜姓也就都爲白號之姓了。

（原載《金史研究論叢》，哈爾濱出版社，2000 年）

〔註31〕《金史》卷二《太祖紀》。

十三、占卜與金代政治

摘　要

　　金代皇帝經常用占卜來預測吉凶，金代由於占卜而引發的宮廷政治鬥爭一直持續不斷，其原因一方面是皇室想發動政變，另外一方面是皇帝想藉此清除政敵。

關鍵詞：金代、占卜、政治

　　對於金代占卜的研究，目前尚未見到專文，但是一些著作中有相關的章節涉及。朱瑞熙等著《宋遼西夏金社會生活史》〔註1〕中有一節《金朝的巫卜》〔註2〕對金代的占卜進行了簡單介紹。漆俠主編《遼宋西夏金代通史》〔註3〕第伍冊《宗教風俗卷》也設有《金朝的巫卜》〔註4〕專節對金代占卜的方方面面進行了概述，其內容較前者詳實。本文不擬對金代占卜進行全面的研究，僅就占卜對金代政治的影響進行闡述。

〔註1〕　中國社會科學出版社，2005 年。
〔註2〕　該書第 254～255 頁，執筆者為王曾瑜先生。
〔註3〕　人民出版社，2010 年。
〔註4〕　該書第 254～255 頁，執筆者為韓世明先生。

一、金代皇帝與占卜

女眞完顏部在統一諸部及起兵反遼的過程中，由於與遼朝的軍事實力存在著較大的差距，他們充分利用了占卜的結果來鼓舞士氣，振奮軍心。由於文化較爲落後，女眞族信奉原始的薩滿教，因而他們常用的占卜方式是比較原始和簡單的占夢，即以夢來預測吉凶，而其吉凶多與戰爭的勝負相關。

金世祖完顏劾里缽在金朝建國前平定諸部的戰爭中，多次以夢來預測戰鬥的勝負。「初，金之興，平定諸部，屢有禎異，故世祖每與敵戰，嘗以夢寐卜其勝負。烏春兵至蘇束海甸，世祖曰：『予夙昔有異夢，不可親戰，若左軍有力戰者當克。』既而與肅宗等擊之，敵大敗。」〔註5〕在這一點上，太祖完顏阿骨打與其父世祖並無二樣，也曾以夢占卜戰爭勝負。「斡塞伐高麗，太祖臥而得夢，及起曰：『今日捷音必至。』乃爲具於球場以待。有二麞渡水而至，獲之，太祖曰：『此休徵也。』言未既，捷書至，眾大異之。」〔註6〕可見，在這件事上，太祖還以獲麞爲吉兆。除了預測戰爭的勝負外，占夢還被太祖用來預測重大的政治事件。「歲癸巳十月，康宗夢逐狼，屢發不能中，太祖前射中之。旦日，以所夢問僚佐，眾曰：『吉。兄不能得而弟得之之兆也。』是月，康宗即世，太祖襲位爲都勃極烈。」〔註7〕癸巳年爲1113年，也就是金太祖建國之前的兩年。可見，金太祖此夢也是爲了建國製造輿論。對於身邊親近的人，太祖也常以夢來預測其吉凶，如其弟斡帶。「太祖嘗往寧江，夢斡帶之禾場焚，頃刻而盡。覺而大戚，即馳還，斡帶已寢疾，翌日不起。」〔註8〕

在金代的皇帝中，完顏亮是其中最具鮮明個性、特立獨行的一個人。這也充分反映在他對占卜的認識上，那就是讓占卜爲其所用，而不是爲占卜結果所左右，這從他登基前後兩次對占卜的態度中可以得以充分證明。在當皇帝之前，有一次他經過良鄉（今北京市房山區良鄉鎮）的料石岡神祠，「持杯珓禱曰：『使吾有天命，當得吉卜。』投之，吉。又禱曰：『果如所卜，他日當有報，否則毀爾祠宇。』投之，又吉。」〔註9〕後來，在貞元元年（1153）十月，完顏亮封料石岡神爲靈應王。杯珓是一種占卜用具，用兩個蚌殼（或用竹、木做成蚌殼形狀）擲在地上，看其俯仰以占卜吉凶，一般是一仰一合

〔註5〕 《金史》卷二三《五行志》，中華書局，1975年，第534頁。
〔註6〕 《金史》卷二三《五行志》，第534頁。
〔註7〕 《金史》卷二《太祖紀》，第22頁。
〔註8〕 《金史》卷二三《五行志》，第534頁。
〔註9〕 《金史》卷五《海陵紀》，第101頁。

爲吉。這裡，神的權威根本不被完顏亮放在眼中，神也要照顧他的利益，否則，他連神的居所也會毀棄。由此一方面可見完顏亮桀驁不訓的性格，一方面也反映了完顏亮不迷信的可貴品質。天德三年（1151）四月，完顏亮下詔遷都燕京。「辛酉，有司圖上燕城宮室制度，營建陰陽五姓所宜。海陵曰：『國家吉凶，在德不在地。使桀、紂居之，雖卜善地何益。使堯、舜居之，何用卜爲。』」〔註10〕這次，完顏亮對占卜的態度更反映出其上述第二個特點。完顏亮還曾利用占夢爲伐宋做輿論準備。正隆二年（1157）二月，完顏亮將吏部尚書李通、刑部尚書胡勵、翰林直學士蕭廉召到武德殿，對他們說：「朕昨夕夜幾三鼓，夢二青衣持牒，稱上帝宣朕。遂策小將軍（乃亮小烏雛馬也——原注），腰弓矢隨彼而前。既行之次，但如踏空。轉時到一門，青衣指之曰：『天門。』朕隨入焉。行一里之地，宮極嚴麗。朕欲策馬而入，前有二金甲謂之曰：『此非人間，可下馬步趨。』及殿垂簾，如有待。一朱衣曰：『下拜而就跪。』朕皆隨之。但聞殿上語如嬰兒，令青衣持宣授朕曰：『天策上將，令征某國。』朕謝而出，復上馬，見兵如鬼者，左右前後杳無邊際。發一矢射之，兵眾以喏而應之。朕以喏之故，驚愕而覺。然而大喏之聲猶在於耳。朕立遣人於馬廐視所策小將軍，但身汗如水。取箭袋而數之，亦失其一。朕大異之。豈非天假手於我，令取江南也？然而君臣父子之語，毋泄於外。」〔註11〕完顏亮占夢的目的無非是爲伐宋找一個最神聖的藉口，那就是此乃上天的旨意，凡人不可違。

〔註10〕《金史》卷五《海陵紀》，第97頁。

〔註11〕《三朝北盟會編》卷二四二引張棣《正隆事跡》。岳珂《桯史》卷八《正隆南寇》條對此事也有記載，但稍有差異。「朕自即位，視閱章奏，治宮中事，常至丙夜，始御內寢。疇昔之夜，方就榻，恍惚如親睹有二青衣，持憧節自天降，授朕以幅紙若牒，謂上帝有宣命。朕再拜受，遂佩弓矢，具鍪鎧，將從之前。而朕常所御小雛號小將軍者，倐已空勒待墀下，青衣揖就騎。既行，但覺雲霧勃鬱，起馬蹄間，下如海濤洶湧。方覺心悸，望一門正開，金碧焜耀。青衣指之曰：『天門也。』朕隨入焉。又里許，至鈞天之宮，嚴邃宏麗，光明奪目。朕意欲馳，二金甲人謂朕曰：『此非人間，可下馬步入。』及殿下，垂簾若有待。須臾，有朱衣出，贊拜，彷彿聞上語，如嬰兒。使青衣傳宣呼朕曰：『天策上將，令征某國。』朕伏而謝。出復就馬，見兵如鬼者，左右前後，杳無邊際。發一矢射之，萬鬼齊喏，聲如震雷，驚而寤，喏猶不絕於耳。朕立遣內侍至廐，視小將軍，喘汗雨決，取箭籠數之，亦亡其一矢。昭應如此，豈天假手於我，令混江南之車書乎？方與卿等圖之，謹無瀉。」《建炎以來繫年要錄》卷一七六「紹興二十七年二月」條記載此事是綜合《正隆事跡》及《金亮本末》而成。

　　金代設有司天台，其長官為提點和司天監。司天台的職責是觀測天文、制定曆法，也根據天文現象來占卜吉凶。完顏亮曾多次就天象吉凶來徵求司天提點馬貴中的意見。正隆五年正月（1160），「海陵問司天提點馬貴中曰：『朕欲自交伐宋，天道如何？』貴中對曰：『去年十月甲戌，熒惑順入太微，至屏星，留退西出。《占書》熒惑常以十月入太微庭，受制出伺無道之國。又去年十二月，太白晝見經天，占為兵喪，為不臣，為更主，又主有兵兵罷，無兵兵起。』」〔註12〕正隆六年（1161），「二月甲辰朔，日有暈珥戴背，海陵問：『近日天道何如？』貴中對曰：『前年八月二十九日，太白入太微右掖門，九月二日，至端門，九日，至左掖門出，並歷左右執法。太微為天子南宮，太白兵將之象，其占，兵入天子之廷。』海陵曰：『今將征伐而兵將出入太微，正其事也。』貴中又曰：『當端門而出，其占為受制，歷左右執法為受事，此當有出使者，或為兵，或為賊。』海陵曰：『兵興之際，小盜固不能無也。』及被害於揚州，貴中之言皆驗。」〔註13〕完顏亮對於馬貴中占卜結果的不利方面仍然採取不以為然的態度。

　　世宗時，馬貴中仍任司天台提點。1173 年（金大定十三年，高麗明宗王晧三年）十月，在政變中登基的高麗明宗王晧派人於雞林坤元寺北淵邊殺害了被囚禁的其兄高麗毅宗王晛。而據說此前出使高麗的金使已經占卜了王晛的死亡。「初前王宴金使，使見左承宣金敦中，問於執禮曰：『彼哲而長者，貴而甚文，其名為誰？』答曰：『名敦中，相國金富軾之子，中魁第者也。』金使曰：『果信矣。』王聞之，使請曰：『寡人壽幾何？』金使曰：『國王之壽久不可數，今滿庭老少之臣盡逝，然後王有臨川之患矣。』及庚癸之亂，老少文臣皆被害，而王亦遇淵上之變。其言果驗。」〔註14〕據《金史·交聘表》，大定九年（1169）「九月丙辰，以提點司天台馬貴中為高麗生日使」。預測王晛之死的金使應該是馬貴中。

　　金宣宗曾十分信任術士李棟，「草澤李棟在衛紹王時嘗事司天監李天惠，依附天文，假託占卜，趨走貴臣，俱為司天官。棟嘗密奏白氣貫紫微，主京師兵亂，幸不貫徹，得不成禍。既而高琪殺胡沙虎，宣宗愈益信之。」〔註15〕左諫議大夫張行信為此勸諫說：「狂子庸流，猥蒙拔擢，參預機務，甚無謂也。

<hr>

〔註12〕《金史》卷二〇《天文志》，第 426 頁。
〔註13〕《金史》卷一三一《馬貴中傳》，第 2813 頁。
〔註14〕《高麗史》卷一九《明宗一》，奎章閣本，第 22 頁。
〔註15〕《金史》卷一〇四《完顏寓傳》，第 2301～2302 頁。

司天之官，占見天象，據經陳奏，使人主飭已修政，轉禍爲福。如有天象，乞令諸監官公同陳奏，所見或異，則各以狀聞，不宜偏聽也。」〔註16〕金宣宗徵求了權臣朮虎高琪的意見，才採納了張行信的建議。

金代的末代皇帝哀宗由於國勢衰微，朝不保夕，對於利用占卜來預測形勢十分熱衷。平民李懋擅長占卜，被陝西行省完顏合達推薦給哀宗。哀宗「遣近侍密問國運否泰，言無忌避。居之繁臺寺，朝士日走問之，或能道隱事及吉凶之變，人以爲神。帝惡其言太泄，遣使者殺之。使者乃持酒肴入寺，懋出迎，笑曰：『是矣。』使者曰：『何謂也？』懋曰：『我數當盡今日，尚復何言。』遂索酒，痛飲就死。」〔註17〕曾任司天台管勾的武禎擅長占卜，其子武亢也精通此術。在金朝覆亡前夕，哀宗被蒙古大軍所逼，遷至蔡州（今河南省汝南縣）時，武亢受到右丞完顏仲德的推薦，也來到蔡州，並爲哀宗所欣賞，被任命爲沒有品級的司天長行。他「上書曰：比者有星變於周、楚之分，彗星起於大角西，掃軫之左軸，蓋除舊布新之象。』又言：『鄭、楚、周三分野當赤地千里，兵凶大起，王者不可居也。』又曰：『蔡城有兵喪之兆，楚有亡國之征，三軍苦戰於西垣前後有日矣。城壁傾頹，內無見糧，外無應兵，君臣數盡之年也。』聞者悚然奪氣，哀宗惟嗟歎良久，不以此罪。性頗倨傲，朝士以此非之。」〔註18〕天興二年（1233）九月，蔡州被蒙古軍圍困，「亢奏曰：『十二月三日必攻城。』及期果然。末帝問曰：『解圍當在何日？』對曰：『明年正月十三日，城下無一人一騎矣。』帝不知其由，乃喜圍解有期，日但密計糧草，使可給至其日不闕者。明年甲午正月十日，蔡州破，十三日，大元兵退。是日，亢赴水死云。」〔註19〕

二、占卜與宮廷政治鬥爭

從海陵王完顏亮一朝開始，由於占卜而引發的宮廷政治鬥爭就一直持續不斷。一方面是因爲事主由於占卜得到好的結果而產生了覬覦之心，另一方面也有皇帝以此爲理由來清除政敵的原因。

海陵王貞元元年（1153）「五月辛卯，殺弟西京留守蒲家。西京兵馬完顏謨盧瓦、編修官圓福奴、通進字迭坐與蒲家善，並殺之。」〔註20〕完顏衮本

〔註16〕《金史》卷一○四《完顏寓傳》，第 2302 頁。
〔註17〕《金史》卷一三一《李懋傳》，第 2815 頁。
〔註18〕《金史》卷一三一《武禎傳》，第 2814 頁。
〔註19〕《金史》卷一三一《武禎傳》，第 2814 頁。
〔註20〕《金史》卷五《海陵紀》，第 100 頁。

名蒲甲，也寫作蒲家。因爲他「桀驁強悍」，〔註21〕爲完顏亮所厭惡。但是仍任命他爲判大宗正事，封王。完顏袞爲人不拘小節，一次竟然和大臣們議論起完顏亮的私生活。完顏亮非常生氣，親自審問。兵部侍郎蕭恭因爲首先提起此事，被奪官解職。護衛張九因爲詳細向人敘說完顏亮私生活的隱私，又不肯承認，被處死。完顏袞與翰林學士承旨宗秀、護衛麻吉、近侍王之章都被杖責，從此完顏亮對完顏袞更加疑忌。在遷都中都的途中，完顏袞被任命爲西京留守。西京兵馬完顏謨盧瓦原來就與完顏袞相識，同在西京，兩人交往更加密切。完顏袞曾送給謨盧瓦一條玉帶，並稱讚他驍勇不下於唐朝的尉遲敬德。編修官圓福奴之妻與完顏袞有姻親關係，圓福奴曾經告戒袞應該謙虛謹慎。「蒲家心知海陵忌之，嘗召日者問休咎。家奴喝里知海陵疑蒲家，乃上變告之，言與謨盧瓦等謀反，嘗召日者問天命」。〔註22〕於是完顏亮派御史大夫高楨、刑部侍郎耶律愼須呂到西京審問，沒有結果。這使完顏亮極爲震怒，派使者將完顏袞等戴枷押送至中都，不經過審問，就直接將完顏袞與完顏謨盧瓦、圓福奴、孛迭及算命先生一併殺之。完顏袞的被殺，雖然是由占卜事件引起，但主要原因還是出於完顏亮對完顏袞的猜忌。

徒單阿里出虎是參與完顏亮謀殺熙宗集團的成員，後任太原尹，他自認爲有擁戴完顏亮之功，又被完顏亮賞賜了鐵券，因而飛揚跋扈，奴視僚屬。「嘗問休咎於卜者高鼎，遂以鼎所佔問張王乞。王乞以謂當有天命，阿里出虎喜，以王乞語告鼎。鼎上變，阿里出虎伏誅，並殺其妻及王乞。」〔註23〕

世宗一朝因占卜而引起的宮廷政治鬥爭也屢見不鮮。完顏京是完顏宗望之子，世宗繼位後，他任西京留守。「京到西京，京妻嘗召日者孫邦榮推京祿命。邦榮言留守官至太師，爵封王。京問：『此上更無否？』邦榮曰：『止於此。』京曰：『若止於此，所官何爲。』邦榮察其意，乃詐爲圖讖，作詩，中有『鶻魯爲』之語，以獻於京。京曰：『後誠如此乎。』遂受其詩，再使卜之。邦榮稱所得卦有獨權之兆。京復使邦榮推世宗當生年月。家人孫小哥妄作謠言誑惑京，如邦榮指，京信之。京妻公壽具知其事。」〔註24〕大定五年（1165）三月，孫邦榮告發了完顏京，完顏京認罪。世宗免除了完顏京夫婦的死罪，杖一百，除名，把他們安置在嵐州樓煩縣，還允許攜帶奴婢百口。並且特意

〔註21〕《金史》卷七六《完顏袞傳》，第 1747 頁。
〔註22〕《金史》卷七六《完顏袞傳》，第 1747～1748 頁。
〔註23〕《金史》卷一三二《徒單阿里出虎傳》，第 2824 頁。
〔註24〕《金史》卷七四《完顏京傳》，第 1708～1709 頁。

告誡完顏京：「朕與汝皆太祖之孫。海陵失道，翦滅宗支，朕念兄弟無幾，於汝尤爲親愛，汝亦自知之，何爲而懷此心。朕念骨肉，不忍盡法。汝若尚不思過，朕雖不加誅，天地豈能容汝也。」〔註25〕

但是時隔不久，又於大定十二年（1172）發生了完顏京之兄完顏文也因占卜企圖謀反的事件。完顏文爲人貪婪不法，世宗曾對他說：「朕無兄弟，見卿往外郡，惻然傷懷。卿頗自放，宜加檢束。」〔註26〕但是完顏文在任大名府尹期間卻仍舊劣跡斑斑，因此被降職。完顏文爲此心懷不滿，經常向家奴石抹合住、忽里者口出怨言。合住揣摩他的心思，說南京路猛安阿古合住、謀克頗里及銀朮可等人與大王您關係非常好，如果您要舉大事，他們一定會響應。完顏文聽了很高興，「乃召日者康洪占休咎，密以謀告洪。洪言來歲甚吉。」〔註27〕於是完顏文厚賞了康洪，派家奴剛哥攜帶禮物去南京聯絡阿古合住等人。剛哥臨行前問石抹合住怎麼知道阿古等一定會響應完顏文，石抹合住說既然阿古與大王關係那麼好，我想他們一定會響應的。剛哥看到情況如此，知道事情難成。到了南京之後，並未向阿古說明來意，回去之後卻欺騙完顏文說阿古一定會響應大王。於是完顏文開始製造兵器，讓家奴幹敵畫陣圖。家奴重喜告發了完顏文，文得訊後逃亡。此前，完顏文的弟弟完顏京也曾因占卜吉凶獲罪，被世宗從輕發落。至此，「上聞文亡命，謂宰臣曰：『海陵翦滅宗室殆盡，朕念太祖孫存者無幾人，曲爲寬假，而文曾不知幸，尚懷異圖，何狂悖如此。』」〔註28〕完顏文大定十二年（1172）9月逃亡，12月被捕獲，隨即被殺。

鑒於完顏京、完顏文兩案都是由於占卜引起，金世宗特意下詔嚴禁皇室、高官推算命運。詔曰：「德州防禦使文、北京曹貴、鄜州李方皆因術士妄談祿命，陷於大戮。凡術士多務苟得，肆爲異說。自今宗室、宗女有屬籍者及官職三品者，除占問嫁娶、修造、葬事，不得推算相命，違者徒二年，重者從重。」〔註29〕

世宗時，還發生過完顏亮的親屬因占卜而引發的案件，其當事人就不如完顏京那樣幸運了。完顏亮之弟完顏襄的兒子和尚與其母親僧酷一向驕橫跋

〔註25〕《金史》卷七四《完顏京傳》，第1709頁。
〔註26〕《金史》卷七四《完顏文傳》，第1710頁。
〔註27〕《金史》卷七四《完顏文傳》，第1711頁。
〔註28〕《金史》卷七四《完顏文傳》，第1711頁。
〔註29〕《金史》卷七四《完顏文傳》，第1712頁。

扈，世宗曾懲處過他們，但是他們並不吸取教訓。「大定間，家奴小僧、月一妄言和尚熟寢之次有異徵，襄妃僧酷以爲信然，召日者李端卜之。端云當爲天子，司天張友直亦云當大貴。」〔註30〕家奴李添壽告發了此事，僧酷與和尚都被誅殺。世宗爲此表白說：「朕嘗痛海陵翦滅宗族。今和尚所爲如此，欲貸其罪，則妖妄誤惑愚民者，便以爲眞，不可不滅。朕於此子，蓋不得已也。」〔註31〕實際上這是殘酷的宮廷政治鬥爭不可避免的結果。

金章宗明昌四年（1193）十二月，發生了鄭王永蹈因占卜而謀反的案件，事情的起因一方面和章宗打壓諸王有關，另一方面也和永蹈有一定的野心有關。世宗十子中，章宗親祖母所生的兒子包括章宗的父親在內，在章宗即位時都已經去世。永蹈的母親元妃李氏生有永蹈及永濟、永德三人，而「豫王允成母昭儀梁氏早卒，上命允成爲妃養子」。〔註32〕這樣，永蹈實際上共兄弟四人，在世宗後代中，擁有很大的勢力，永蹈也就難免對章宗的寶座有所覬覦。術士崔溫、郭諫、馬太初和永蹈的家奴畢慶壽關係很好，幾個人時常在一起說一些讖緯災祥之事。「畢慶壽以告永蹈：『郭諫頗能相人。』永蹈乃召郭諫相已及妻子。諫說永蹈曰：『大王相貌非常，王妃及二子皆大貴。』又曰：『大王，元妃長子，不與諸王比也。』永蹈召崔溫、馬太初論讖記天象。崔溫曰：『丑年有兵災，屬兔命者來年春當收兵得位。』郭諫曰：『昨見赤氣犯紫微，白虹貫月，皆注丑後寅前兵戈僭亂事。』」〔註33〕明昌四年（1193）恰巧是癸丑年，五年（1194）是甲寅年。郭諫等人實際上鼓動永蹈在明昌四年、五年之間發動政變。永蹈對郭諫等人的說法深信不疑，於是勾結宮廷內侍鄭雨兒刺探章宗的舉動，並以崔溫爲謀主，郭諫、馬太初往來遊說。永蹈時爲定武軍節度使，定武軍爲定州（今河北省定州市）的軍號。永蹈想要發動政變，手中必須要有軍隊。而永蹈的妹妹韓國公主的丈夫僕散揆這時任河南統軍使，於是永蹈想要拉攏僕散揆以取得河南軍。永蹈又與另一個妹妹長樂公主商議，派長樂的駙馬蒲剌睹寫信給僕散揆，表示想與僕散揆結爲兒女親家。但是僕散揆拒絕了，使者也就不敢再說政變之事。永蹈的家奴董壽曾經勸告他不要妄圖篡位，永蹈不聽。董壽將此事告訴了另一個家奴千家奴，與他一起告發了永蹈。這時，永蹈恰好在中都，於是章宗逮捕了他，命令平章政事

〔註30〕《金史》卷七六《完顏襄傳》，第1747頁。
〔註31〕《金史》卷七六《完顏襄傳》，第1747頁。
〔註32〕《金史》卷六四《后妃傳下》，第1523頁。
〔註33〕《金史》卷八五《世宗諸子‧永蹈傳》，第1901頁。

完顏守貞、參知政事胥持國、戶部尚書楊伯通、知大興府事尼龐古鑒審問，株連的人很多，但是卻遲遲不能定案。章宗非常生氣，責問完顏守貞等人。右丞相夾谷清臣奏報說：「事貴速絕，以安人心。」〔註34〕於是章宗賜永蹈及妃子卞玉，二子按春、阿辛，公主長樂等人自盡。殺蒲剌覩、崔溫、郭諫、馬太初等人。僕散揆雖並未參與其事，但是他曾「私品藻諸王，獨稱永蹈性善，靜不好事」，〔註35〕於是也予以除名。董壽免死，並且任職宮籍監都管勾。千家奴則賞錢二千貫，並賞賜官職。「自是諸王制限防禁密矣」。〔註36〕

原載《遼金歷史與考古國際學術研討會論文集》（下），遼寧教育出版社，2012年

〔註34〕《金史》卷八五《世宗諸子‧永蹈傳》，第 1901 頁。
〔註35〕《金史》卷九三《僕散揆傳》，第 2067 頁。
〔註36〕《金史》卷八五《世宗諸子‧永蹈傳》，第 1902 頁。

十四、金代金銀牌考述

摘　要

　　金代的牌制較以前各代更爲發達、完備。金建國之前的信牌，主要用於驛遞。建國後，對各級將領頒發金銀牌，經歷了一個從寬到濫的過程。金銀牌除供將領佩帶之外，尚有其它很多用途，如傳達詔命、出使、驛遞、作爲實物賞賜等等。

關鍵詞：金代、金銀牌、信牌

　　金代如同唐、遼、宋各代一樣，也有符牌制度，其中的牌制較以前各代更爲發達、完備。本文在主要利用文獻資料及少量實物資料的基礎上，對金代牌制主要是金銀牌的起源、發展及應用作一考述。不當之處敬請方家指正。〔註1〕

〔註1〕關於金代金銀牌的論文，大多爲對出土文物的考證、論述。其中劉寧先生的《對金代幾面牌子的認識》（載《遼海文物學刊》1995年第1期）一文，主要利用考古資料並結合文獻對出土的金代牌子作了一番綜合研究，堪稱一篇力作。拙文從該文中得到不少啓發。另外，王曾瑜先生所著《金朝軍制》（河北大學出版社1996年版）中的「牌符」一節也利用文獻資料對金代牌制作了研究，拙文也從中獲益匪淺。

一、金代金銀牌的起源和發展

在金建國之前，女眞族就存在著牌子，「初，穆宗之前，諸部長各刻信牌，交互馳驛，訊事擾人。太祖獻議，自非穆宗之命，擅製牌號者，置重法。自是，號令始一。」〔註2〕《金史・太祖紀》同樣記載，「初，諸部各有信牌，穆宗用太祖議，擅製牌號者置於法，自是號令乃一，民聽不疑矣。」可見，金建國之前的信牌，主要用於驛遞，而且各部首領都有權頒發，以致紛擾混亂。完顏阿骨打建議穆宗完顏盈哥取消各部頒發信牌的權力，而由穆宗頒發，違者重法懲處。信牌雖小，但此事反映了完顏家族在女眞諸部中的權力得到了加強，諸部的權力在削弱，爲奴隸主貴族集權國家的建立打下了基礎。

金建國後，「收國二年九月，始製金牌，後又有銀牌、木牌之製，蓋金牌以授萬戶，銀牌以授猛安，木牌則謀克、蒲輦所佩者也。故國初與空名宣頭付軍帥，以爲功賞。」〔註3〕但是，實際情況不一定如此，有很多以猛安授金牌之例，如熙宗之父完顏宗峻「天輔五年，忽魯勃極烈杲都統諸軍取中京，帝（宗峻）別領合札猛安，受金牌，既克中京，與杲俱襲遼主於鴛鴦濼。」〔註4〕又如完顏餘里也「後從宗望伐宋，以功遷眞定府路安撫使兼曹州防禦使，佩金牌。授芯里海水猛安。」〔註5〕不但猛安授予金牌，而且對某些降將也賜予金牌，「自郭藥師降，益知宋之虛實。宗望請以爲燕京留守。及董才降，益知宋之地理。宗望請任以軍事。太宗俱賜姓完顏氏，皆給以金牌。」〔註6〕完顏昂「幼時侍太祖。太祖令數人兩兩角力。時昂年十五，太祖顧曰：『汝能此乎？』對曰：『有命，敢不勉。』遂連僕六人。太祖喜曰：『汝，吾宗弟也，自今勿遠左右。』居數日，賜金牌，令佩以侍。年十七，太祖伐遼，謂之曰：『汝可擐甲從軍矣。』昂遂佩所賜金牌從軍……宗望伐宋，承制以爲河南諸路兵馬都統，稱『金牌郎君』。」〔註7〕完顏昂作爲太祖的宗弟，年僅十五歲就因爲摔跤獲勝而被賜予金牌，後來且以「金牌郎君」的綽號活躍於戰場。可見，金牌的賜予完全出於皇帝的意旨，並未嚴格執行規定。金牌如此，銀牌雖有按制度頒發的，但更多也是從優頒發。前者如「天輔四年，遣謀克辛

〔註2〕　《金史》卷五八《百官志四・符》。
〔註3〕　《金史》卷五八《百官志四・符》。
〔註4〕　《金史》卷一九《世紀補》。
〔註5〕　《金史》卷六六《完顏合住傳附》。
〔註6〕　《金史》卷七四《宗望傳》。
〔註7〕　《金史》卷八四《完顏昂傳》。

斡特剌、移剌窟斜招諭臨潢，子廉率戶二千六百來歸。令就領其眾，佩銀牌，招未降軍民。」〔註8〕毛子廉率二千六百戶來歸，已接近一猛安（三千戶）之數，故賜予銀牌。後者茲舉數例，「（天會二年春正月）甲寅，以空名宣頭五十、銀牌十給宗望。」〔註9〕又如「（天會二年八月）六部都統撻懶……又破降駱駝山、金源、興中諸軍，詔增給銀牌十。」〔註10〕「初，張覺奔宋，入於燕京，宗望責宋人納叛人，且徵軍糧。久不聞問，宗望欲移書督之，請空名宣頭千道，增信牌，安撫新降之民。詔以『新附長吏職員仍舊，已命諸路轉輸軍糧，勿督於宋。給銀牌十，空名宣頭五十道』……」〔註11〕實際上，銀牌的發放權力已下降到軍帥手中，銀牌與空名宣頭（空白任命書）已成為獎勵軍功的獎品。

也許由於木牌頒發的對象級別較低，故記載較金銀牌少，茲舉二例，「初，女眞之叛也，率皆騎兵旗幟之外，各有字號小木牌，繫人馬上為號，五十人為一對。」〔註12〕「後攻保州，遼將以舟師遁，胡十門邀擊敗之，降其士卒。賞賜甚厚，以為曷蘇館七部勃堇，給銀牌一、木牌三。」〔註13〕

上述太祖時創制的金、銀、木牌，由於木牌不易保存，尚未發現外，金銀牌則都有發現，現存金銀牌各二面。〔註14〕其中一面金牌殘缺。四面金銀牌形狀與文字大致相同，都為長方形，長都在21釐米左右，寬為6釐米多，四角為圓弧角。上半部有一圓形穿孔，都有雙鈎陰刻花紋及兩個契丹小字，因為此時金朝尚未創制女眞文字，故仍沿用契丹字。

金代金銀牌的第二個發展階段始於熙宗，「遞牌，國初之信牌也。至皇統五年三月，復更造金銀牌，其制皆不傳。」〔註15〕雖然史料不詳，但這一階段的金牌卻有一件實物發現，〔註16〕這面金牌形狀、大小、花押與上述金銀

〔註8〕 《金史》卷七五《毛子廉傳》。
〔註9〕 《金史》卷三《太宗紀》。
〔註10〕 《金史》卷三《太宗紀》。
〔註11〕 《金史》卷七四《宗望傳》。
〔註12〕 《契丹國志》卷一〇《天祚皇帝上》。
〔註13〕 《金史》卷六六《胡十門傳》。
〔註14〕 王則：《吉林省發現的契丹文銀質符牌》，《博物館研究》1985年第2期；譚英傑：《伊春大豐地區發現的契丹文金質符牌》，《黑龍江古代文物》，黑龍江人民出版社，1979年；鄭紹宗：《承德發現的契丹符牌》，《文物》1979年第10期。
〔註15〕 《金史》卷五八《百官志四‧符》。
〔註16〕 顏華：《女眞文國信牌的發現》，《社會科學戰線》1979年第2期。

牌大致相似，只是因為這時已創制了女真文字，劉鳳翥先生將其譯為「國之誠」，即「國家的信用」之意，也就是信牌。〔註 17〕

到章宗時，專門製作了供驛遞用的木牌，分別為綠漆紅字及朱漆金字，供尚書省及皇帝下達文書之用。金代後期，金牌又有素金牌、虎頭金牌及大金牌之分，下文將詳考之。

金為管理金銀牌，設有符寶局，有「符寶郎四員，掌御寶及金銀牌。（舊名牌印祗候，大定二年改為符寶祗候，改牌印令史為符寶典書，四人。）」〔註 18〕金代對偷盜、偽造金銀牌一般處以重刑，章宗時，「符寶典書北京奴盜符寶局金牌，伏誅，仍除屬籍。按虎、阿虎帶失覺察，各杖七十。」〔註 19〕宣宗時，「（蒲察）移剌都與上京行省蒲察五斤爭權，及賣隆安戰馬，擅造銀牌，睚皆殺人，已而矯稱宣詔，棄隆安赴南京，宣宗皆不問。」〔註 20〕但是後來，移剌都還是因上述及其它罪行而被誅殺。

二、將領所佩之金銀牌

金代各級將領普遍佩帶金銀牌，這在宋人筆下也有記載，「政和以後，道家者流始盛，羽士因援江南故事，林靈素等多賜號『金門羽客』，道士居士者，必賜以塗金銀牌，上有大篆，咸使佩之，以為外飾；或被異寵，又得金牌焉。及後金人之變，群酋長皆佩金銀牌為兵號，始悟前兆何不詳也。」〔註 21〕由此可見，當時佩帶金銀牌大舉南下的女真將領給宋人留下了深刻的印象，甚而將此前宋朝皇帝所寵幸的道士所佩帶的道教金銀牌符當成不祥之先兆。

金代對各級將領頒發金銀牌，經歷了一個從寬到濫的過程。初期發放雖也多為皇帝的意旨，並未嚴格執行制度，但所佩帶者多為重要將領，這也是一個不爭的事實。如「天輔五年，（完顏杲）為忽魯勃極烈，都統內外諸軍，取中京實北京也，蒲家奴、宗翰、宗幹、宗磐副之，宗峻領合札猛安，皆受金牌，耶律余覩為嚮導。」〔註 22〕上述佩帶金牌的六人中，杲為太祖同母弟，蒲家奴為太祖叔父之子，宗幹為太祖庶長子，宗磐為太宗長子，宗翰國相撒改之子，太祖之從侄。由此可見，此六人佩帶金牌，可謂當之無愧。

〔註 17〕劉鳳翥：《女真字「國誠」信牌考釋》，《文物》1980 年第 1 期。
〔註 18〕《金史》卷五六《百官志二》，括號內原文為小字。
〔註 19〕《金史》卷四五《刑志》。
〔註 20〕《金史》卷一〇四《蒲察移剌都傳》。
〔註 21〕（宋）蔡絛：《鐵圍山叢談》卷三。
〔註 22〕《金史》卷七六《完顏杲傳》。

　　金代的金銀牌不但由皇帝頒給將領，而且重要將領經授權也可頒發金銀牌，如完顏習古乃「後為臨潢軍帥，討平迭剌，其群官率眾降者，請使就領諸部。太宗賜以空名宣頭及銀牌，使以便宜授之。」〔註23〕完顏習古乃在討伐契丹的過程中太宗給了他頒發空名宣頭與銀牌的權力。

　　金宣宗貞祐年間，河北宣撫副使完顏仲元的部將完顏霆「遙授通州刺史、河北東路行軍提控，佩金牌。舊制，宣撫副使乃佩金牌，仲元奏：『臣軍三萬，管軍官三人，皆至五品，乞各賜金牌。』廷議霆輩忠勇絕人，遂與之。」〔註24〕完顏仲元按舊制剛符合佩帶金牌的條件，而此時卻能為部下申請獲此權力，可見此時金銀牌之賜已漸趨泛濫。興定年間仝周曾「上章言：『惟名與器不可假人，自古帝王靡不為重，今之金銀牌，即古符節也，其上有太祖御畫，往年得佩者甚難，兵興以來授予頗濫，市井道路黃白相望，恐非所以示信於下也。乞寶惜之，有所甄別。』上以語宰臣，而丞相高琪等奏：『時方多難，急於用人，駕馭之方，此其一也。如故為便。』」〔註25〕可見，此時金統治者已將金銀牌作為廉價的籠絡人心的手段，因而也就不為人重視了。

　　由於金朝後期金銀牌的賞賜過濫，於是金牌中又出現了素金牌、虎頭金牌、大信牌之分，以頒發給不同級別的將領。金亡國時，宋軍獲「臣下虎頭金牌三，銀牌八十四。」〔註26〕彭義斌在與金軍作戰中，繳獲「偽金、銀牌一十三面，內虎頭金牌一面，素金牌一面，銀牌十一面。」〔註27〕大信牌也就是大金牌，可能是金牌的最高級別，如哀宗天興元年「閏月戊戌朔，遣使以鐵券一、虎符六、大信牌十、織金龍文御衣一、越王御魚帶一、弓矢二，賜兗王（國）用安。」〔註28〕又如天興二年「九月戊申，魯山元帥元志率兵入援，賜大信牌，升為總帥。」〔註29〕

三、金銀牌的其它用途

　　金代金銀牌除供將領佩帶之外，尚有其它很多用途，如傳達詔命、出使、

〔註23〕《金史》卷七二《完顏習古乃傳》，此事卷三《太宗紀》及卷七一《完顏婆盧火傳》也有記載。
〔註24〕《金史》卷一〇三《完顏霆傳》，參見同卷《完顏仲元傳》。
〔註25〕《金史》卷一一一《古里甲石倫附仝周傳》。
〔註26〕《宋史》卷一五四《輿服志六》。
〔註27〕《宋會要輯稿》職官六二之一八。
〔註28〕《金史》卷一八《哀宗紀下》。
〔註29〕《金史》卷一八《哀宗紀下》。

驛遞、作爲實物賞賜等等，下分述之。

大定時，「詔近侍局使裴滿子寧佩金牌，護衛醜底、符寶祗候駝滿回海佩銀牌，諭諸路將帥。」〔註30〕金銀牌在此有證明傳達詔命使者身份之用。

金代官員在出使時，也多佩帶金銀牌。蕭恭在出使返回途中，因爲丟失金牌而憂慮成疾，雖然海陵王又頒給他一面，但終因此而病死，可見金牌對出使者的重要性。大定時，西夏權臣任得敬得病，請求金遣良醫治病。爲此，金「詔保全郎王師道，佩銀牌往焉。」〔註31〕宋人對金朝出使者佩帶金銀牌也有記載，「金國每遣使出外，貴者佩金牌，次佩銀牌，俗呼爲金牌、銀牌郎君。」〔註32〕

金銀牌還用於驛遞，「正隆三年，詔左丞相張浩、參知政事敬嗣暉營建南京宮室。明年，德基與御史中丞李籌、刑部侍郎蕭中一俱爲營造提點。海陵使中使謂德基等曰：『汝等欲乘傳往邪？欲乘己馬往邪？銀牌可於南京尚書省取之。』籌乞先降銀牌，復遣中使謂籌曰：『牌自與否，當出朕意，爾敢輒言，豈以三人中，官獨高邪。』遂杖之三十，遣乘己馬往，德基、中一乘傳往。」〔註33〕從這段記載可看出，當時因公務外出可利用驛遞之馬作爲交通工具，即乘傳。而李籌因乞先賜銀牌乘傳往而不乘己馬，因而引起海陵王的不滿，而被杖責。由此可見乘傳須有金銀牌爲憑證。

金銀牌有時還以貴金屬的屬性充當賞賜品，章宗明昌三年三月，「戊戌，以北邊糧運，括群牧所、三招討司猛安謀克、隨乣及迭剌、唐古部諸抹、西京、太原官民駝五千充之，惟民以駝載爲業者勿括。以銀五十萬兩、錢二十三萬六千九百貫以備支給，銀五萬兩、金盂二千八百兩、金牌百兩、銀盂八千兩、絹五萬匹、雜綵千端、衣四百四十六襲以備賞勞。」〔註34〕這裡金牌同金盂同稱兩，可見是作爲等重的黃金來充賞賜的。

金代對管理鹽務、鑄錢、屯田等事務的機構、官員也賜以金銀牌。大定「三年十一月，詔以銀牌給益都、濱、滄鹽使司。」〔註35〕大定二十八年，設置了專門稽查私鹽的巡捕使，「山東、滄、寶坻各二員，解、西京各一員……

〔註30〕《金史》卷八七《僕散忠義傳》。

〔註31〕《金史》卷一三四《西夏傳》。

〔註32〕（宋）洪邁：《容齋隨筆》卷四《銀牌使者》。

〔註33〕《金史》卷九〇《高德基傳》。

〔註34〕《金史》卷一〇《章宗紀二》。

〔註35〕《金史》卷四九《食貨志四》。

秩從六品，直隸省部，各給銀牌……」〔註36〕金代對兼職管理錢監的官員也
賜金銀牌，「（大定）二十年十一月，名代州監曰阜通，設監一員，正五品，
以州節度使兼領。副監一員，正六品，以州同知兼領。丞一員，正七品，以
觀察判官兼領。設勾當官二員，從八品。給銀牌，命副監及丞更馳驛經理。」
〔註37〕

　　金對歸順的少數民族大族首領有時也破例賜予金銀牌以示優待。明昌
時，吐蕃大族首領青宜可背宋歸附金朝。爲此，章宗「詔青宜可曰：『卿統有
部人，世爲雄長，響風慕義，背僞歸朝。願效純誠，恒輸忠力，緬懷嘉勳，
式厚褒旟。覽卿進上所受僞牌，朝廷之馭諸蕃固無此例，欲使卿有以鎮撫部
族、增重觀望，是以特加改命，賜金牌一、銀牌二，到可祗承，服我新恩，
永爲蕃衛。』」〔註38〕可見，宋朝也曾授予青宜可牌子，而金此前並無賜牌給
「諸蕃」之先例，因爲青宜可的向背舉足輕重，關係到金西部邊界的安危。
爲了表示對青宜可的寵信、重視，金朝打破舊制，賜予他金銀牌。

　　受金朝影響，金所卵翼下的僞政權及境內的起義軍也多有金銀牌，如劉
豫僞齊政權「有長葛令侯湜者，人告其入贓已近萬緡。湜計窮，遂飾侄女進
豫，冀其幸免。勘官馬楫觀望，從輕擬斷，合除名勒停。豫曰：『使功不如使
過』。即命湜爲帶金牌天使，陝西五路傳宣撫問。」〔註39〕大定時，紇石烈志
寧討伐契丹族移剌窩斡起義軍，「……盡收僞金銀牌印……仍獲僞都元帥醜哥
及金牌一、銀牌五。」〔註40〕貞祐「四年五月，（僕散）安貞遣兵討郝定，連
戰皆克，殺九萬人，降者三萬餘，郝定僅以身免。獲僞金銀牌、器械甚重。」
〔註41〕

　　　　　　　　　　　　（原載《黑龍江社會科學》2000年第2期）

〔註36〕《金史》卷四九《食貨志四》。
〔註37〕《金史》卷四八《食貨志三》。
〔註38〕《金史》卷九八《完顏綱傳》。
〔註39〕《三朝北盟會編》卷一八一。
〔註40〕《金史》卷一三三《移剌窩斡傳》，又載卷七〇《完顏思敬傳》。
〔註41〕《金史》卷一〇二《僕散安貞傳》。

十五、金代的聖節

摘　要

　　本文概述了金代八個皇帝的聖節以及聖節的慶祝儀式、活動等方方面面的內容，首次勾勒出金代聖節的大致輪廓。

關鍵詞：金代、皇帝、生日、聖節

　　所謂聖節，就是以皇帝的生日作為節日。女眞族在 12 世紀初崛起於白山黑水之間，金太祖完顏阿骨打於公元 1115 年建立大金王朝，諸事草創，未暇將自己的生日定爲聖節。到金太宗完顏吳乞買時，仿宋之制，將自己的生日定爲天清節，之後的七位皇帝也都將自己的生日定爲聖節。本文僅對金代各帝聖節情況以及聖節的活動等作一簡要概述，敬請批評指正。

一

　　太宗天清節：太宗完顏吳乞買生於十月十五日，故以此日爲天清節。如天會十二年（1134）「十月庚寅，天清節，齊、高麗、夏遣使來朝。」〔註1〕

　　熙宗萬壽節：熙宗完顏亶本來生於七月七日，應以此日爲聖節。但是由於他的父親完顏宗峻（追尊爲景宣皇帝）死於此日，並且因爲七月正值雨季，

〔註1〕《金史》卷三《太宗紀》。

道路泥濘，來祝賀的外國使節艱於路途。於是「天會十三年六月二十一日詔以每歲正月十七日爲萬壽節受諸國朝賀。」〔註2〕但是宮廷內的祝壽宴會卻定於七月八日。因此各地官府不明白慶祝萬壽節究竟是應在熙宗生日還是在正月十七日，爲此，熙宗又於天會十四年（1136）十二月頒發了一道聖旨加以明確。「七月七日是生辰，止緣係是景宣皇帝忌辰，以此改正月十七日爲萬壽節，宜於其日資集。」〔註3〕

海陵王龍興節：海陵王完顏亮生日爲正月十六日，但由於他死後被世宗廢爲庶人，因而將其聖節一併廢除。其聖節之名也不見載於《金史》，而只是稱爲生日。但是《高麗史》一書中卻留下了海陵王聖節龍興節的記載。正隆二年（1157）十一月，高麗「遣工部侍郎李光縉如金謝賀生辰，刑部員外郎朴育和謝橫賜，刑部員外郎金敦中賀正，禮賓少卿崔令儀進方物，工部員外郎金嘉會賀龍興節。」〔註4〕《金史·外國傳》中有一段記載高麗赴金使節的類別與此一樣，可作一對比。「頃之，王皓定趙位寵之亂，遣使奏謝。自位寵之亂，皓所遣生日回謝、橫賜回謝、賀正旦、進奉、萬春節等使，皆阻不通，至是，皓並奏之。詔答其意，其合遣人使令節次入朝。」〔註5〕萬春節是世宗的聖節，因此可見海陵王的生日爲龍興節無疑。完顏亮將自己的生日命名爲龍興節，這反映了他特立獨行、與眾不同的性格。而這在他登基之前所作的詩中也有反映，如《書壁抒懷》一詩寫道：「蛟龍潛匿隱滄波，且與蝦蟆作混合。等待一朝頭角就，撼搖霹靂震山河。」他在當皇帝之前就將自己喻爲暫不得志的蛟龍，而一旦登上帝位，命名自己的生日爲龍興節也就不足爲奇了。

世宗萬春節：世宗完顏雍生於三月一日，於大定元年（1161）十二月二十六日將自己的生日定爲萬春節。〔註6〕但萬春節也有臨時更改的情況，大定十五年（1165）「三月丙午朔，日有食之。是日，萬春節，改用明日。」〔註7〕

章宗天壽節：天壽節的情況較複雜，章宗完顏璟生於大定八年（1168）七月丙戌日，〔註8〕即二十七日。〔註9〕大定二十九年（1189）三月「己酉，

〔註2〕 《大金集禮》卷二三《聖節》。
〔註3〕 《大金集禮》卷二三《聖節》。
〔註4〕 《高麗史》卷一八《毅宗世家二》。
〔註5〕 《金史》卷一三五《外國傳下》。
〔註6〕 《大金集禮》卷二三《聖節》。
〔註7〕 《金史》卷七《世宗紀中》。
〔註8〕 《金史》卷九《章宗紀一》。
〔註9〕 查陳垣《二十史朔閏表》，大定八年七月庚申朔，因此丙戌日爲二十七日。

詔以生辰爲天壽節。」〔註 10〕即以七月二十七日爲天壽節。但是同年六月乙卯「敕有司移報宋、高麗、夏，天壽節九月一日來賀。」〔註 11〕將天壽節移至九月一日的原因如同熙宗將萬壽節由七月七日移到正月十七日的部份原因一樣，也是由於雨季不便於外國使節進賀。爲此，朝臣們還發生過一場爭論。「先是，右丞相襄言：『熙宗聖節蓋七月七日，爲係景宣忌辰，更用正月受外國賀。今天壽節在七月，雨水淫暴，外方人使赴闕，有礙行李，乞移他月爲便。』汝霖言：『帝王之道當示信於天下。若宋主構生日，亦係五月。是時，都在會寧。上國遣使賜禮，不聞有霖潦礙阻之說。今與宋構好日久，遽以暑雨爲辭，示以不實。萬一雨水逾長，愆期到闕，猶愈更用別日。』參知政事劉瑋、御史大夫唐括貢、中丞李晏、刑部尙書兼右諫議大夫完顏守貞、修起居注完顏烏者、同知登聞檢院事孫鐸亦皆言其不可。帝初從之，既而竟用襄議。」〔註 12〕可見章宗即位之初，右丞相完顏襄因怕外國使節祝賀聖節誤期及禮物有損，建議將聖節由七月改在他月，但是平章政事張汝霖等眾多大臣認爲國家應講求信譽，即使使節誤期，也勝過更改聖節，否則有損國家聲譽。此事《金史・路伯達傳》也有記載：「先是，右丞相襄奏移天壽節於九月一日，伯達論列以其非時，平章政事張汝霖、右丞劉瑋及臺諫皆言其不可，下尙書省議，伯達曰：『上始即政，當行正信之道，今易生辰非正，以詒四方非信，且賀非其時，是輕禮重物也。』」〔註 13〕路伯達更直接道出了更改聖節是「輕禮重物」，即輕視自己的信譽而重視他國的禮物。但是章宗最後還是未聽取大多數大臣的意見，仍將天壽節移到九月一日。但是實際上天壽節仍內外有別，金朝內部仍以七月二十七日爲天壽節，而對外則爲九月一日。如明昌五年（1194）七月「丙戌，以天壽節，宴樞光殿，凡從官及承應人遇覃恩遷秩者，並受宣敕於殿前。」〔註 14〕而同年「九月戊午朔，天壽節，宋、高麗、夏遣使來賀。」〔註 15〕章宗在位的最後一年——泰和八年（1208），不知因何故，又於五月「癸亥，詔移天壽節於十月十五日。」〔註 16〕故而同年十月「辛巳，

〔註 10〕　《金史》卷九《章宗紀一》。
〔註 11〕　《金史》卷九《章宗紀一》。
〔註 12〕　《金史》卷八三《張汝霖傳》。
〔註 13〕　《金史》卷九六《路伯達傳》。
〔註 14〕　《金史》卷一〇《章宗紀二》。
〔註 15〕　《金史》卷一〇《章宗紀二》。
〔註 16〕　《金史》卷一一二《章宗紀四》。

宋、高麗、夏遣使來賀」。〔註17〕

衛紹王萬秋節：由於衛紹王完顏永濟在位時內亂外患頻仍，自己最終也被臣下所殺，因而「身弑國蹙，記注亡失，南遷後不復記載。」〔註18〕《金史·衛紹王紀》只是「存其梗概」。因此他的生日只知在八月，爲萬秋節，但不知確切日期。如大安元年（1209）「八月，萬秋節，宋遣使來賀。」〔註19〕

宣宗長春節：宣宗完顏珣生於三月十三日，爲長春節。如貞祐三年（1215）三月「壬申，長春節，宋遣使來賀。」〔註20〕

哀宗萬年節：哀宗完顏守緒生於八月二十三日，爲萬年節。如天興二年（1233）八月「乙未，萬年節，州郡以表來賀二十餘所。」〔註21〕

二

由於聖節是一國之君的節日，因而要舉行一系列的慶祝活動。聖節當日要舉行盛大的祝壽儀式及宴會。以世宗萬春節爲例：

> 皇帝升御座，鳴鞭、報時畢，殿前班小起居，各復侍立位。舍人引皇太子並臣僚使客合班入，至丹墀，舞蹈五拜，平立。閤使奏諸道表目，皇太子以下皆再拜。引皇太子升殿褥位，縉笏，捧盤盞，進酒，皇帝受置於案。皇太子退復褥位，轉盤與執事者，出笏，二閤使齊揖入欄子內，拜跪致詞云：……「萬春令節，謹上壽卮，伏願皇帝陛下萬歲萬歲萬萬歲。」祝畢，拜，興，復褥位，同殿下臣僚皆再拜。宣徽使稱「有制」，在位皆再拜，宣答曰：……「得卿壽酒，與卿等內外同慶。」詞畢，舞蹈五拜，齊立。皇太子縉笏，執盤，臣僚分班，教坊奏樂。皇帝舉酒，殿上下侍立臣僚皆再拜。皇太子受虛盞，退立褥位，轉盤盞與執事者，出笏，左下殿，樂止，合班，在位臣僚皆再拜。

> 分引與宴官上殿。次引宋國人從至丹墀，再拜，不出班奏「聖躬萬福」，再拜，喝「有賜酒食」，又再拜，各祗候，平立，引左廊立。次引高麗、夏人從，如上儀畢，分引左右廊立。御果床入，進

〔註17〕《金史》卷一二《章宗紀四》。
〔註18〕《金史》卷一三《衛紹王紀》。
〔註19〕《金史》卷一三《衛紹王紀》。
〔註20〕《金史》卷一四《宣宗紀上》。
〔註21〕《金史》卷一八《哀宗紀下》。

酒。皇帝飲，則坐宴侍立臣皆再拜。進酒官接盞還位，坐宴官再拜，
復坐。行酒，傳宣，立飲，訖，再拜，坐。次從人再拜，坐。三盞，
致語，揖臣使並從人立。誦口號畢，坐宴侍立官皆再拜，坐，次從
人再拜。食入。七盞，曲將終，揖從人立，再拜畢，引出。聞曲時，
揖臣使起，再拜，下殿。果床出。至丹墀，合班謝宴，舞蹈五拜，
各祇候，分引出。〔註22〕

可見，萬春節祝壽儀式相當繁瑣，大致是先宣讀各地的賀表，皇太子率群臣
進酒祝壽，皇帝致答詞。然後各國使節祝壽，依次上酒食，宴會。金人王寂
有兩首描寫萬春節的詩，其中《萬春節口號》寫道：「翠輿黃傘望天顏，警蹕
西清綴兩班。瑞日瞳瞳明彩杖，香雲靄靄擁蓬山。已聞賀使朝金闕，佇見降
王款玉關。君壽國安從此始，老人星現丙丁間。」〔註23〕另一首《萬春節宴
罷述懷》寫道：「去歲宮花插滿頭，玉階端笏覲珠旒。如今淪落江淮上，始覺
衰殘兩鬢秋。」〔註24〕

　　聖節宴會是一項重要的政治活動，能夠參加，代表著一定的政治榮譽。
如章宗承安四年（1199）七月「辛亥，敕宣徽院官，天壽節凡致仕宰執悉召與
宴。」〔註25〕即許可已經退休的宰相、執政官參加聖節宴會。又如「泰和初，
詔（盧）璣天壽節預宴。……後預天壽節，上命璣與大臣握槊戲，璣獲勝焉。」
〔註26〕大定「十五年，上幸安州春水，召興祥赴萬春節。」〔註27〕大定二十
三年（1183）的萬春節宴會上，皇太子（後尊為顯宗）完顏允恭還操縱其子
——後來的章宗進行了一番憶苦思甜的表演，深得世宗的歡心。「顯宗命匡作
《睿宗功德歌》，教章宗歌之，其詞曰：『我祖睿宗，厚有陰德。國祚有傳，
儲嗣當立。滿朝疑懼，獨先啓策。徂征三秦，震驚來附。富平百萬，望風奔
僕。靈恩光被，時雨春暘。神化周浹，春生多藏。』蓋取宗翰與睿宗定策立
熙宗，及平陝西大破張浚於富平也。二十三年三月萬春節，顯宗命章宗歌此
詞侑觴，世宗愕然曰：『汝輩何因知此？』顯宗奏曰：『臣伏讀《睿宗皇帝實
錄》，欲使兒子知創業之艱難，命侍讀撒速作歌教之。』世宗大喜，顧謂諸王

〔註22〕《金史》卷三六《禮志九‧元旦、聖節上壽儀》。
〔註23〕閻鳳梧、康金聲主編：《全遼金詩》，山西古籍出版社，1999年，第581頁。
〔註24〕閻鳳梧、康金聲主編：《全遼金詩》，山西古籍出版社，1999年，第590頁。
〔註25〕《金史》卷一一《章宗紀三》。
〔註26〕《金史》卷七五《盧璣傳》。
〔註27〕《金史》卷九一《趙興祥傳》。

侍臣曰：『朕念睿宗皇帝功德，恐子孫無由知，皇太子能追念作歌以教其子，善哉盛事，朕之樂豈有量哉。卿等亦當誦習，以不忘祖宗之功。』命章宗歌數四，酒行極歡，乙夜乃罷。」〔註28〕

聖節慶祝活動同時也是重要的外交活動。有金一代，從太宗天會二年（1124）宋、西夏派出使節祝賀天清節〔註29〕到哀宗時宋、西夏遣使祝賀萬年節〔註30〕的百餘年間，南宋、西夏、高麗、偽齊都曾向金派出為數眾多的使節祝賀聖節，金也同樣向各國派出生辰使。這不僅是雙方的政治、文化交流，同樣也是經濟交流。如南宋紹興十二年（1142，金皇統元年）正月派使祝賀金熙宗萬壽節。「乙未，命戶部侍郎沈昭遠假禮部尚書，為大金賀生辰使。福州觀察使知閣門事王公亮假保信軍承宣使副之。金主亶以七夕日生，以其國忌，故錫燕諸路用次日，朝廷每遣使，率以金茶器千兩、銀酒器萬兩、錦綺千匹遺之。」〔註31〕可見，上述禮物對金宮廷來說，不失為一筆較大的收入。

除各國贈送聖節禮物外，金各地也要進貢禮物。「隨京府州軍並運司每年合供正旦、生辰禮物綾羅共二千三十段。內正旦、生辰綾各四百九十四段，羅各五百四十一段。」〔註32〕但大定四年（1164）規定，今後各處不須進貢正旦、生辰禮物，只拜表稱賀即可。另外，世宗時五品以上文武職事官每逢聖節還要向皇帝進貢銀香合，計三師、三公五十兩，親王、宰臣、使相四十兩，執政官三十兩，二品官員二十五兩，三品官員二十兩，四品官員十五兩，五品官員十兩。大定十六年又規定四品以下官員免納，三品以上仍舊。

聖節不但在朝官員要祝壽慶賀，外地官員也要集會祝賀。為此，還規定

〔註28〕《金史》卷九八《完顏匡傳》。
〔註29〕《金史》卷三《太宗紀》及卷六〇《交聘表上》。
〔註30〕《金史》卷十五《宣宗紀中》及卷六二《交聘表下》載各國最後一次祝賀金朝聖節——宣宗長春節在興定元年（1217）三月。但趙秉文《閑閑老人滏水文集》（叢書集成初編本）卷十卻載有《回宋國賀萬年節國書》和《回夏國賀萬年節國書》。可見哀宗時，宋、西夏仍有賀聖節使赴金，可補《金史》之缺。茲將二書引錄如下：《回宋國賀萬年節》：「陽和應律，適臨姑洗之辰；使介馳軺，遠賀誕彌之節。肅陳旅幣，只達近函。覽誠意以具孚，保歡盟而益固。」《回夏國賀萬年節國書》：「遠馳使驛，來展賀儀。念誓好之方隆，故情文之俱盡。其為浣懌，曷罄敷陳。式屬涼秋，善綏福祿。」
〔註31〕《建炎以來繫年要錄》卷一四五建炎十二年正月乙未條。
〔註32〕《大金集禮》卷二三《聖節》。按綾羅總數為2030，但分項相加之和為2070，不知孰對孰錯。

了詳細的排班順序。「諸外路京府州軍縣分等處每遇聖節宴會，如有賜宴天使者，官職從一高敘。非賜宴者，並以職爲敘。若寄居無職事官，並以前職爲敘。如無前職，以散官爲敘。品從雖高，亦在見任官長之下。由京府並運司每遇萬春節筵會，留守府尹與運使客禮東西相見並坐。又隨朝官出外路勾當，如遇萬春節筵會，並不合赴。又諸官司每遇聖節賜宴，並服公裳，至席起簪花者，仍戴至所居。」〔註33〕章宗時，因爲僕散揆任宣撫河南軍民使防禦南宋有功，天壽節章宗特意派揆子僕散安貞賜宴，並且賜予白玉杯以飲酒，又將自己秋獮所獲鹿尾及舌賞賜給僕散揆。〔註34〕

聖節時，皇帝還有拜日之禮。大定「十五年，言事者謂今正旦並萬春節，宜令有司定拜日之禮。有司援漢、唐春分朝日，升煙奠玉如圜丘之儀。又按唐《開元禮》，南向設大明神位，天子北向，皆無南向拜日之制，今已奉敕以月朔拜日，宜遵古制，殿前東向拜。詔姑從南向。其日，先引臣僚於便殿門外立，陪位立殿前班露臺左右，皇帝於露臺香案拜如上儀。」〔註35〕

金代有些喜事也用聖節之儀。章宗泰和二年（1202）十二月癸酉，皇子忒鄰「生滿百日，放僧道度牒三千道，設醮玄眞觀，宴於慶和殿。百官用天壽節禮儀，進酒稱賀，三品以上進禮物。」〔註36〕

爲慶祝聖節，要禁止刑殺及屠宰。世宗皇太子完顏允恭「天性仁厚，不忍刑殺。……家令本把盜銀器，值萬春節，皆委曲全活之。」〔註37〕金代聖節原來禁止屠宰一日，但「大定十三年五月十三日奏請：『自來萬春節止禁斷屠宰一日，竊恐未爲允當。檢討到《宋會要》，承天節禁屠七日，乾元節禁屠三日。今據萬春節三日，一日爲頭，禁斷屠宰三日。』從之。」〔註38〕爲慶祝聖節，寺院道觀還要舉行道場。「天清節崇壽寺道場三晝夜，萬壽節七月七日依例。」〔註39〕爲慶祝聖節，各級官府還要向貧民發放布施。「天壽節設施老疾貧民錢數，在都七百貫，宮籍監給。諸京二十五貫，此以下並係省錢給。諸府二十貫文，諸節鎮一十五貫文，諸防刺州軍一十貫文，諸外縣五貫文。

〔註33〕《大金集禮》卷二三《聖節》。
〔註34〕《金史》卷九三《僕散揆傳》。
〔註35〕《金史》卷二九《禮志二》。
〔註36〕《金史》卷九三《章宗諸子‧忒鄰傳》。
〔註37〕《金史》卷一九《世紀補》。
〔註38〕《大金集禮》卷二三《聖節》。
〔註39〕《大金集禮》卷二三《聖節》。

城寨堡鎮同。」〔註40〕

在有些特殊情況或時期下，聖節免於朝賀。章宗剛即位時連續四年天壽節未接受朝賀，前兩年是因世宗之喪，後兩年是因皇太后之喪。衛紹王崇慶元年（1212）「八月，萬秋節，以兵事不設宴。」〔註41〕宣宗時，面臨蒙古的威脅，更是無心於長春節的朝賀。如興定元年（1217）二月「庚戌，皇后生辰，詔百官免賀，仍諭旨曰：『時方多難，將來長春節亦免賀禮。』」〔註42〕興定三年三月「己卯，長春節，免朝賀。」〔註43〕

（原載《北方文物》2002 年第 4 期）

〔註40〕《金史》卷五八《百官志四》。
〔註41〕《金史》卷一三《衛紹王紀》。
〔註42〕《金史》卷一五《宣宗紀中》。
〔註43〕《金史》卷一五《宣宗紀中》。

十六、金代的賣官鬻爵

摘　要

　　金代賣官鬻爵的現象起自熙宗，終於末代皇帝哀宗，愈演愈烈，涉及到納粟補官，在職官吏升遷，出售進士出身，出售蔭補的權利，出售僧官職銜等方方面面，可謂腐敗已極。賣官鬻爵的實施不但使廣大人民深受其苦，而且加速了金朝的覆滅。

關鍵詞：金朝、賣官鬻爵、納粟補官、腐敗

　　賣官鬻爵，是中國封建王朝的一個痼疾，其主要目的是解決財政困難。但是以此進身的貪官污吏必然要貪污受賄、搜刮百姓，不但給廣大人民造成深重災難，也使國家財政更加困難，如此惡性循環，終至王朝覆滅。金朝作為女真人建立的王朝，在這一點上和其它封建王朝並無二致，而是重蹈其覆轍。正所謂「鬻爵、進納，金季之弊莫甚焉，蓋由財用之不足而然也。」〔註1〕本文以有限的史料就金代的賣官鬻爵問題作一概述，不當之處，敬請教正。

一

　　金代賣官鬻爵，首見於金代第三個皇帝熙宗時期，「皇統三年（1143）正月，陝西旱饑，詔許富民入粟補官。」〔註2〕這次賣官鬻爵，實施的地區範圍

〔註1〕《金史》卷五〇《食貨志五》。
〔註2〕《金史》卷六〇《世宗紀上》。

不詳，但因災害發生在陝西，故而也應在陝西地區實行，可以就近將糧食發放給百姓。

世宗大定二年正月「庚寅，行納粟補官法」。〔註3〕「以兵興歲歉，下令聽民進納補官。又募能濟饑民者，視其人數爲補官格。」〔註4〕這次賣官鬻爵的背景是在世宗剛登上帝位，率軍南伐的海陵王完顏亮死於兵變後數月。由於完顏亮爲了伐宋，而進行了長期的戰備，爲此大量搜刮民財；戰爭的進行，也耗費了大量財物。留給世宗的是入不敷出的財政狀況，所謂「正隆凋敝之餘，府庫空虛，人民憔悴」。〔註5〕因此世宗不得不靠納粟補官來彌補財政虧空，他在大定五年廢除這項措施時說：「頃以邊事未定，財用闕乏，自東、南兩京外，命民進納補官，及賣僧、道、尼、女冠度牒，紫、褐衣師號，寺觀名額。」〔註6〕可見這次賣官鬻爵實施的範圍是除去東京、南京之外的全國。此兩京除外的原因可能是東京爲世宗的起家之地，經濟基礎較爲雄厚；南京則緊鄰與宋戰爭的前線，需要穩定、幹練的官吏隊伍。中都人呂徵與其二子就是這次獲取官爵的，「大定初，募獻資助軍儲者，授爵有差。君以錢千萬及二子取爵，非有仕宦意，期免調役耳。」〔註7〕可見，很多豪門大戶購買官爵並不是爲了做官，而是爲了免除差役，而這在金代有著明文規定，「進納補官未至蔭子孫，及凡有出身者……皆免一身差役。」〔註8〕

在賣官鬻爵的同時，還出售出家人的出家憑證度牒，以及寺觀的名號。如鈞州靈泉禪院就是在大定三年「國家乃許請名額，乃竭力化導（缺十字），是年八月，准敕牒，賜名靈泉，繼而又以戒牒度門弟子三人」。〔註9〕又如同官縣靈泉觀，「迄大定初，王師南師，軍需匱乏，許進納以賜宮觀名額。法師喜曰：『斯廟雖牓東嶽聖帝之廟名，然非朝廷攸賜。竊觀廟有甘泉，疫癘者飲之輒愈，鄉老目之曰靈泉。不若具厥事跡陳告，倘得一額，茲亙古今之難遇也。』諸道友咸懌其說。法師遂以狀聞省部，迨於敕下，賜今名額。」〔註10〕

〔註3〕 《金史》卷六〇《世宗紀上》。
〔註4〕 《金史》卷五〇《食貨志五》。
〔註5〕 《金文最》卷七九《嘉祥縣洪福院碑》。
〔註6〕 《金史》卷五〇《食貨志五》。
〔註7〕 見任秀俠：《呂徵墓表考釋》，《北京文博》2002年第1期。
〔註8〕 《金史》卷四七《食貨志二》。
〔註9〕 《金文最》卷七九《鈞州靈泉禪院碑》。
〔註10〕 《金文最》卷七五《同官縣靈泉觀碑》。

定州圓教院「至大定二載，幸遇世宗皇帝中興，凡天下寺院無名額者，許以錢易之。當是時，復有住僧□定善□躬率清眾，樂輸貨泉，以資於□官，謹請其號，敕賜曰圓教院」。〔註11〕

賣官鬻爵及出售度牒、寺觀名號無疑是解決財政困難的權宜之計，長久實行，必然會造成承擔賦役人口的減少，對於財政收入來說無疑是飲鴆止渴。因此，世宗在與宋達成和議後，「今邊郡已寧，其悉罷之。」〔註12〕而於大定五年二月「壬寅，罷納粟補官令」。〔註13〕隨著經濟的恢復與發展，而迎來了20餘年的大定盛世，也就更不用賣官鬻爵了。

章宗即位後，隨著大定盛世的結束，以及與北方蒙古諸部的不斷戰爭，不得不重行賣官鬻爵。「明昌二年（1191），敕山東、河北闕食之地，納粟補官有差。」〔註14〕山東西路棣州的榮昺，就在明昌年間「好事而樂施予，頃因賑濟，嘗授恩級」。〔註15〕賣官鬻爵在章宗時愈演愈烈，「承安二年（1197），賣度牒、師號、寺觀額，復令人入粟補官。三年，西京饑，詔賣度牒以濟之。」〔註16〕得到官爵的人家也得到了一些額外的待遇，承安五年（1200）閏二月「癸卯，定進納粟補官之家存留弓箭制」。〔註17〕隨著納粟補官的人越來越多，而他們的子孫也可以蔭補的途徑來作官，因而冗官也愈來愈多。泰和元年（1201）正月「己巳，以太府監孫復言：『方今在仕者三萬七千餘員，而門蔭居三之二，諸司待闕，動至累年。蓋以補蔭猥多，流品混淆，本末相舛，至於進納之人，既無勞績，又非科第，而亦蔭及子孫，無所分別，欲流之清，必澄其源。』乃更定蔭敘法而頒行之」。〔註18〕明昌及其前蔭敘法的內容是「凡進納官，舊格正班三品蔭四人，雜班三人。正班武略子孫兄弟一人，雜班明威一人，懷遠以上二人，鎮國以上三人」。〔註19〕變更後的蔭敘法無疑是要限制「進納之人」的子孫取得官職的人數。

〔註11〕《金文最》卷七八《定州創建圓教院碑》。
〔註12〕《金史》卷五〇《食貨志五》。
〔註13〕《金史》卷六《世宗紀上》。
〔註14〕《金史》卷五〇《食貨志五》，又見卷九《章宗紀一》。
〔註15〕《金文最》卷七〇《棣州重修廟學碑》。
〔註16〕《金史》卷五〇《食貨志五》。
〔註17〕《金史》卷一一《章宗紀三》。
〔註18〕《金史》卷一一《章宗紀三》。
〔註19〕《金史》卷五二《選舉志二》。

二

衛紹王大安年間（1209-1211），金軍在與蒙古的戰爭中日趨劣勢，爲軍需而出賣官爵也就愈益增多。趙天錫就是因此當官的，「大安末，侯（即趙天錫—筆者注）始弱冠，即入粟佐軍，補修武校尉，監洺水縣酒。」〔註20〕曹椿年更是以此爲自己和兄弟及已故父母都取得官職與封贈，「椿年大安中出粟佐軍，仕爲綏德令，階五品，得贈君信武將軍某縣男，夫人縣太君。松年、大年，俱以兄蔭祗候承奉班。」〔註21〕

宣宗在衛紹王被權臣紇石烈執中所殺後即位，金朝此時在蒙古的進攻下已處於風雨飄搖之中。貞祐二年（1214），爲解決被蒙古軍圍攻下的中都的缺糧問題，知大興府事胥鼎「以在京貧民闕食者眾，宜立法振救，乃奏曰：『京師官民有能贍給貧人者，宜計所贍遷官升職，以勸獎之。』遂定權宜鬻恩例格，如進官升職，丁優人許應舉求仕，官監戶從良之類，入粟草各有數，全活甚眾。」〔註22〕這次賣官鬻爵又擴大了範圍，在職官吏可以升遷，丁憂的人允許參加科舉考試作官，官監戶可以成爲平民百姓。這些無疑是對封建統治秩序的一大破壞，尤其是第二項，更是觸犯歷代以孝道治天下之大不諱。但即使如此，仍未能挽救中都的危局，宣宗不得以命令參知政事奧屯忠孝搜刮民糧。「中都圍急，糧運道絕，詔忠孝搜刮民間積粟，存兩月食用，悉令輸官，酬以銀鈔或僧道度牒。是時，知大興府事胥鼎計劃民食，奏許人納粟買官，鼎以籍者忠孝再括之，令百姓兩輸，欲爲己功。」〔註23〕儘管也有大臣惟恐失去民心而爲民請命，如左諫議大夫張行信就「上書言：『近日朝廷令知大興府胥鼎便宜計劃軍食，鼎因奏許人納粟買官。既又遣參知政事奧屯忠孝括官民糧，戶存兩月，餘悉令輸官，酬以爵級銀鈔。時有粟者或先具數於鼎，未及入官。忠孝復欲多得以明己功，凡鼎所籍者不除其數，民甚苦之……』」〔註24〕但是缺糧的現實已使統治者顧不上關心民生了。在蒙古軍退軍後，宣宗於五月不得不離開危殆的中都而遷都南京（汴京）。

遷都南京後，金朝財政匱乏的局面並未改觀，依然要靠賣官鬻爵來支撐危局。貞祐「三年（1215），制無問官民，有能勸率諸人納物入官者，米百五

〔註20〕《金文最》卷一〇五《趙侯神道碑銘》。
〔註21〕《金文最》卷一〇五《信武曹君阡表》。
〔註22〕《金史》卷一〇八《胥鼎傳》，又見卷五〇《食貨志五》。
〔註23〕《金史》卷一〇四《奧屯忠孝傳》。
〔註24〕《金史》卷一〇七《張行信傳》。

十石遷官一階，正班任使。七百石兩階，除諸司。千石三階，除丞簿。過此
數則請於朝廷議賞。推司縣官有能勸二千石遷一階，三千石兩階，以濟軍儲。
又定制，司縣官能勸率進糧至五千石以上者減一資考，萬石以上遷一官、減
二等考，二萬石以上遷一官、升一等，皆注見闕。」〔註25〕這項制度的實施，
必然造成官多職少，就不得不出臺一些政策來加以限制，這就使一些入粟補
官的人得不到官做。「初河朔擾攘之際，饋餉不給，官募人出粟佐軍補監當官。
彰德民孫其姓者，嘗輸白米三千斛，以路梗未經赴選，南巡之後，執文書訴
於吏曹，法家例以日月曠久，無從考按報罷。公（趙思文—筆者注）獨曰：『國
家用兵之時，以調度不足，業已許人進納，特以權耳，乃今吝一官不之畀，
是誆人也。他日或有鬻爵之命，誰當信之。』孫竟用公言得補，朝議稱焉。」
〔註26〕宣宗也曾「諭尚書省曰：『聞中都納粟官多為吏部繳駁，殊不思方闕乏
時，利害為如何。又立功戰陣人，必責保官，若輩皆義軍白丁，豈識職官，
苟文牒可信，即當與之。至若在都時，規運薪炭入城者，朕嘗植恩授以官，
此豈容偽，而間亦為所沮格。其悉諭之，勿復若是。』」〔註27〕興定四年（1220），
時吏部尚書的楊雲翼也曾著手改善對入粟補官者的不良待遇，「公蒞政裁畫有
方，凡軍興以來入粟補官及以戰功遷授者，事定之後，有司苛為程序，或小
有不合，一切罷去，公奏從寬收錄，旬月政成。不動聲氣而奸吏為之縮手，
朝譽歸焉。」〔註28〕楊雲翼的出發點是樹立國家信用，用他的話說就是「賞
罰國之大信，此輩宜以寬錄，以勸將來」。〔註29〕

由於入粟補官以逃避軍役的人甚多，以至軍隊兵員不足，貞祐三年正月，
「戊辰，尚書省言：『內外軍人入粟補官者多，行伍浸虛。請俟平定，應監差
者與三酬，門戶有職事者升一等，其子弟應廕者罷之。』上可其奏。」〔註30〕
為了避免矯枉過正，三月，「敕尚書省，入粟補官者毋括其戶為軍。」〔註31〕
但是形勢卻使得朝政朝令夕改，貞祐四年閏七月，「詔河南、陝西鎮防軍應廕
及納粟補官者，當役如舊，俟事定乃聽赴詮。」〔註32〕

〔註25〕《金史》卷五〇《食貨志五》。
〔註26〕《金文最》卷九五《通奉大夫禮部尚書趙公神道碑》。
〔註27〕《金史》卷一五《宣宗紀中》。
〔註28〕《金文最》卷九四《內相文獻楊公神道碑》。
〔註29〕《金史》卷一一〇《楊雲翼傳》。
〔註30〕《金史》卷一四《宣宗上》。
〔註31〕《金史》卷一四《宣宗上》。
〔註32〕《金史》卷一四《宣宗上》。

　　貞祐四年，時爲河東南路宣撫使的胥鼎上言：「河東兵多民少，倉空歲饑。竊見潞州元帥府雖設鬻爵恩例，然條目至少，未盡勸率之術。今擬凡補買正班，依格止廕一名，若願輸，許增廕一名。僧道已具師號者，許補買本司官。職官願納粟或不願給俸及券糧者，宜量數遷加。三舉終場人年五十以上，四舉年四十五以上，並許入粟，該恩大小官及承應人。令譯史吏員，雖未係班，亦許進納遷官。其有品官應注諸司者，聽獻物借注丞簿。丞簿注縣令，差使免一差。掌軍官能自備芻糧者，依職官例遷官如舊。」〔註33〕尚書省根據胥鼎的建議又更改了制度，並報請宣宗實行。貞祐四年（1216）八月，耀州三原縣僧廣惠又建議：「軍儲不足，凡京府節鎮以上僧道官，乞令納粟百石。防刺郡副綱、威儀等，七十石者乃充，三十月滿替。諸監寺十石，週年一代，願復買者聽。」〔註34〕朝廷採納了他的意見。這些措施的實施，都是在朮虎高琪任宰期間制定、實施的，所謂「高琪爲相，議至榷油。進納濫官，輒售空名宣敕，或欲與以五品正班。僧道入粟，始自度牒，終至德號、綱副、威儀、寺觀主席亦量其資而鬻之。甚而丁憂鬻以求仕，監戶鬻以從良，進士出身鬻至及第」。〔註35〕這時期的賣官鬻爵可謂無所不用其極，不但購買者本人可取得官職，而且可以爲子孫購買廕補的權利，有官職的可以遷官，進士出身也可購買，甚至連和尙也可購買僧道官。這時由賣官鬻爵所造成的腐敗已達到極限，統治者不得不做出一些調整，元光二年（1223）正月，宣宗曾說：「鬻爵恩例有丁憂官得起復者，是教人以不孝也，何爲著此令哉？」〔註36〕此後，很可能廢除了鬻爵恩例中的此項規定。興定三年（1219），時任河南路統軍使的石盞女魯歡升遷爲元帥右都監、行平涼元帥府事，也是對入粟補官者的調換。「先是，陝西行省胥鼎言：『平涼控制西垂，實爲要地。都監女奚烈古里間材識凡庸，不閑軍務，且以入粟補官，遂得升用，握重兵，當方面，豈能服眾。防秋在邇，宜選才謀、有宿望、善將兵者代之。』故以命女魯歡。」〔註37〕

　　到金代最後一位皇帝哀宗，仍繼續賣官鬻爵，天興元年（1232）八月，「乙亥，賣官，及許買進士第……丁丑，京城民楊興入資，授延州刺史。戊寅，

〔註33〕《金史》卷五〇《食貨志五》，卷一〇八《胥鼎傳》也有記載。
〔註34〕《金史》卷五〇《食貨志五》，卷一四《宣宗紀》也有記載。
〔註35〕《金史》卷四六《食貨志一》。
〔註36〕《金史》卷一六《宣宗紀下》。
〔註37〕《金史》卷一一六《石盞女魯歡傳》。

劉仲溫入資，授許州刺史。」〔註38〕而此時的大金王朝在內憂外困下，已經日暮西山了，賣官鬻爵非但未延緩反而加速了這一進程。

（原載《黑龍江農墾師專學報》2002 年第 4 期）

〔註38〕《金史》卷一七《哀宗紀上》。

十七、金代近侍初探

摘　要

　　金代參與宮廷政治的是近侍而不是宦官，近侍大多爲女眞人，且多出身權貴乃至宗室。近侍升遷機會較多，仕途多一帆風順。近侍不但從事本職的侍衛皇帝、上傳下達的工作，還作爲皇帝的耳目刺探大臣私下的言行，奉皇帝之命出使國內、國外。金代後期，近侍權位越來越重，以致形成了干預朝政、總攬大權的局面。在金代政局的每次重大變動中，幾乎都可以看到近侍的身影。

關鍵詞：金代、近侍、近侍局、政局

　　金代宮廷政治中，有一點與歷代不同，即幾乎沒有閹宦之禍。其主要原因爲「金法置近侍局，嘗與政事，而宦者少與焉。」〔註1〕即金代宮廷中參與政治的是近侍而不是宦官。近侍局是殿前都點檢司下屬的一個機構，其職能是「掌侍從，承敕令，轉進奏帖。」〔註2〕即是一個侍從皇帝，上傳下達的機構。其成員即近侍有「提點，正五品（泰和八年創設）。使，從五品。副使，從六品。直長，正八品（大定二十八年增二員。奉御十六人，舊名入寢殿小底。奉職三十人，舊名不入寢殿小底，又名外帳小底，皆大定十二年更）。」

〔註1〕　《金史》卷一三一《宦者傳》。
〔註2〕　《金史》卷五六《百官志二》。

〔註3〕近侍局在金代初期，不見於史籍，到熙宗時才有大興國任近侍局直長的記載，〔註4〕可能近侍局爲熙宗改革官制的產物。對金代近侍的專文研究，筆者目前僅見到李錫厚先生的《金朝的「郎君」與「近侍」》一文。〔註5〕故筆者不揣冒昧，僅就金代近侍的一些問題談談個人的粗淺看法，並向後來深入研究者提供一些詳盡的資料（見所附《金代近侍一覽表》），是爲初探。

一、近侍的出身

由於近侍的職能所在，故他們大多爲女眞人，筆者從《金史》中共摘出有明確身份的近侍 80 人，其中女眞人 64 人，占 80%。女眞人中又頗多權貴乃至宗室，因此與皇帝的關係十分密切。正如劉祁所說：「金朝近習之權甚重，置近侍局於宮中，職雖五品，其要密與宰相等，如舊日中書，故多以貴戚、世家、恩倖者居其職，士大夫不予焉。」〔註6〕茲舉數例，如「內族思烈，南陽郡王襄之子也。資性閒雅，頗知書史。自五六歲入宮充奉御，甚見寵幸，世號曰：『自在奉御』。當宣宗入承大統，胡沙虎跋扈，思烈尚在髫齔，嘗涕泣跪抱帝膝致說曰：『願在誅權臣，以靖王室。』帝急顧左右掩其口。自是，帝甚器重之。後由提點近侍局遷都點檢。」〔註7〕完顏思烈由於身爲近侍且又從小入宮與皇帝朝夕相處，故深得宣宗信任，因此由正五品的近侍局提點而超昇至正三品的殿前都點檢。另外，出身於宗室的近侍還有始祖九世孫完顏匡，章宗時他任近侍局直長、副使、使。〔註8〕金末帝承麟之兄完顏白撒「系出世祖諸孫，自幼爲奉御」。〔註9〕白撒之從兄完顏承立，宣宗時任近侍局直長、提點。〔註10〕等等。除了宗室外，近侍還有出身權貴之家的。如僕散安貞「以大臣子充奉御……召爲符寶祗候。復爲奉御，尚邢國長公主。」〔註11〕

〔註3〕《金史》卷五六《百官志二》。
〔註4〕《金史》卷一三二《大興國傳》。
〔註5〕載《社會科學輯刊》1995 年第 5 期。該文對近侍含義的理解與筆者有些不同，如蕭肆及張仲軻並未有在近侍局任職的記載，而只是廣泛意義上的近侍，即皇帝的幸臣。另將內侍梁道兒作爲近侍，其實金代另有一內侍局，屬於宣徽院管轄。
〔註6〕（金）劉祁：《歸潛志》卷七。
〔註7〕《金史》卷一一一《完顏思烈傳》。
〔註8〕《金史》卷九八《完顏匡傳》。
〔註9〕《金史》卷一一三《完顏白撒傳》。
〔註10〕《金史》卷一一六《完顏承立傳》。
〔註11〕《金史》卷一〇二《僕散安貞傳》。

徒單公弼「父府君奴，尚熙宗女，加駙馬都尉，終武定軍節度使。公弼初充奉御，大定二十七年，尚世宗女息國公主。」〔註12〕據《金史》卷53《選舉志三》載：「奉御，十六人，以內駙馬充，舊名入寢殿小底。」但是實際情況卻不盡然，奉御不一定都是駙馬，駙馬也不一定是奉御。

　　近侍還有極少數進士出身的，但他們同時也多爲權貴。如完顏匡是大定二十五年策論進士。裴滿亨的經歷有些特殊，「亨性敦敏習儒，大定間，收充奉職，世宗謂曰：『聞爾業進士舉，其勿忘爲學也。』二十八年，擢第，世宗嘉之，升爲奉御。」〔註13〕他可以說是近侍出身的進士，也可以說是進士出身的近侍。故而章宗也對他青睞有加，「章宗繼位，諭之曰：『朕左右侍臣多以門第顯，惟爾由科甲進，且先朝信臣，國家利害爲朕盡言。』俄擢監察御史。」〔註14〕另外還有以護衛改充奉御，「（承安四年十一月）甲寅，定護衛改充奉御格。」〔註15〕因父功而進入近侍局的，如契丹人訛里也在大定初奉命招諭耶律窩斡，被耶律窩斡所殺。金朝爲表彰他的忠烈，「（大定）三年，贈訛里也宣武將軍，錄其子阿不沙爲外帳小底。」〔註16〕又如宣宗時，「（胡）天作守平陽凡四年，屢有功，詔錄其子定哥爲奉職。」〔註17〕

二、近侍的侍歷

　　金歷代帝王對近侍的任選都很重視，如世宗大定二十七年二月「己丑，諭宰執曰：『近侍局官員須選忠直練達之人用之。朕雖不聽讒言，使佞人在側，將恐漸漬聽從之矣。』」〔註18〕因此，在世宗朝的近侍中，因被世宗認爲「忠直練達之人」而加以任用，最後致位宰執的不乏其人。如尼龐古鑒「識女眞小字及漢字，登大定十年進士第……擢近侍局直長。世宗器其材，謂宰臣曰：『新進士中如……尼龐古鑒，皆可用也。』改太子侍丞。逾年，遷應奉翰林文字，兼右三部司正。世宗復謂宰臣曰：『鑒嘗近侍，朕知其正直幹治……。』」〔註19〕正因爲尼龐古鑒在近侍局的經歷，時刻在皇帝身旁，使自己的才幹得

〔註12〕　《金史》卷一二○《徒單公弼傳》。
〔註13〕　《金史》卷九七《裴滿亨傳》。
〔註14〕　《金史》卷九七《裴滿亨傳》。
〔註15〕　《金史》卷一一《章宗紀三》。
〔註16〕　《金史》卷一二一《忠義一‧訛里也傳》。
〔註17〕　《金史》卷一一八《胡天作傳》。
〔註18〕　《金史》卷八《世宗紀下》。
〔註19〕　《金史》卷九五《尼龐古鑒傳》。

以充分體現，故而仕途也一帆風順，最後在章宗朝拜參知政事。

　　章宗也很重視對近侍的培養教育，大定二十九年閏月「乙酉，詔諸有出身承應人，係將來受親民之職，可命所屬諭使爲學。其護衛、符寶、奉御、奉職，侍直近密，當選有德行學問之人爲之教授。」〔註20〕而且近侍外任也多予以升遷。同年七月「乙丑，敕近侍局官授外任三品、四品，賜金帶一，重幣有差。」〔註21〕當時近侍局最高官員爲近侍局使，品級爲從五品，一放任外官即爲三品、四品，可見皇帝對近侍局的看重及近侍升遷的容易與迅速。如徒單公弼歷任近侍局奉御、直長、副使。「章宗秋山射中虎，虎怒突而前，侍衛皆避去，公弼不動，虎亦隨之斃。詔責侍衛而慰諭公弼。除濱州刺史，再遷兵部侍郎，累除知大名府事。」〔註22〕徒單公弼作爲近侍局副使護駕有功，因而由從六品的近侍局副使而遷至正五品的州刺史，又升任正四品的兵部侍郎到正三品的知府，最後於宣宗貞祐初官拜右丞相，其仕途也很順利，而正是近侍局任職的經歷爲他打下了基礎。又如完顏匡，在章宗朝歷任近侍局直長、副使、局使，仕途也很順利，最後在衛紹王朝拜尚書令，封申王。

　　到金代後期，皇帝更倚重近侍局，甚至近侍局官員都要從本局或宮中官員陞轉。宣宗時，「（抹撚）盡忠奏應奉翰林文字完顏素蘭可爲近侍局。宣宗曰：『近侍局例注本局人及宮中出身，雜以他色，恐或不和。』」〔註23〕完顏承立（慶山奴）「爲人儀觀甚偉，而內恇怯無所有。至寧初，宣宗自彰德赴闕，慶山奴迎見於臺城。宣宗喜，遣先還中都觀變。宣宗既即位，以承立爲西京副留守，權近侍局直長，進官五階，賜錢五千貫，且詔曰：『汝雖受此職，姑留侍朕。遇闕赴之，仍給汝副留守祿。此朕特恩，宜知悉也。』貞祐初，遷武衛軍副都指揮使，兼提點近侍局。胡沙虎專權僭竊，嘗爲宣宗言之，後胡沙虎伏誅，慶山奴逾見寵幸，以爲殿前右副都點檢。」〔註24〕完顏承立因爲迎立宣宗有功，而被任命爲副四品的西京副留守，又權正八品的近侍局直長，因此特意向他說明原因。後來又升遷爲從四品的武衛軍都指揮使兼正五品的近侍局提點。又因參與誅殺胡沙虎而被升爲從三品的殿前右副都點檢。

〔註20〕　《金史》卷九《章宗紀一》。
〔註21〕　《金史》卷九《章宗紀一》。
〔註22〕　《金史》卷一二〇《徒單公弼傳》。
〔註23〕　《金史》卷一〇一《抹撚盡忠傳》。
〔註24〕　《金史》卷一一六《完顏承立傳》。

三、近侍在金代政治生活中的作用

如前所述，近侍在金代政壇中有著很重要的地位，那麼他們究竟起了哪些作用呢，現分述如下。

近侍的本來職能應爲侍從皇帝、上傳下達。近侍侍從皇帝不僅在一般場合，而且在特殊場合，排除他人的情況下近侍也在皇帝身旁。如貞祐「三年正月，（完顏素蘭）自中都計議軍事回，上書求見，乞屏左右。上遣人諭之曰：『屏人奏事，朕故常爾。近以游茂因緣生疑間之語，故凡有所引見，必令一近侍立側，汝有封章亦無患不密也。』尋召至近侍局，給紙箚令書所欲言，書未及半，上出御便殿見之，悉去左右，惟近侍局直長趙和和在焉。」〔註25〕此事，《金史·尤虎高琪傳》這樣記載：「應奉翰林文字完顏素蘭自中都議軍事還，上書求見，乞屏左右，故事，有奏密事輒屏左右。先是，太府監丞游茂以高琪威權太重，中外畏之，常以爲憂，因入見，屏人密奏，請裁抑之。宣宗曰：『既委任之，權安得不重？』茂退不自安，復欲結高琪，詣其第上書曰：『茂嘗見主上，實惡相公權重。相公若能用茂，當使上不疑，而下無所議。』高琪聞茂嘗請間屏人奏事，疑之，乃具以聞。游茂論死，詔免死，杖一百，除名。自是凡屏人奏事，必令近臣一人侍立。及素蘭請密，召至近侍局，給筆箚，使書所欲言。少頃，宣宗御便殿見之，惟留近侍局直長趙和和侍立。」從這件使可以知道，金代帝王原來經常單獨接見臣下，但游茂一事發生後，恐怕再有人利用單獨見面，別無他人對證的情況下妄傳皇帝旨意或挑撥離間，故而在屏蔽他人的情況下而惟留「近臣一人侍立」。即只留下皇帝最信任的近侍局的一名官員，由此可見近侍局地位之顯赫。近侍局作爲侍從機構，傳達聖旨也是它的一項重要工作，這在《金史》中屢見不鮮。如「（大定）二十三年，罷（移剌道）爲咸平尹，封莘國公。上曰：『卿數年前嘗乞致仕，朕不許卿。卿今老矣。咸平卿故鄉，地涼事少，老者所宜。』賜通犀帶。明日，復遣近侍曹淵諭旨曰：『咸平自窩斡亂後，民業尚未復舊，朕聽卿歸鄉里，所以安輯一境也。』」〔註26〕這是皇帝派近侍傳旨表達對老臣的關心、體貼。但也有近侍不服從皇帝詔旨的特例。如完顏承暉章宗時爲近侍局使，「孝懿皇后妹夫吾也藍，世宗時以罪斥去，乙夜，詔開宮城門召之。承暉不奉詔，明日奏曰：『吾也藍得罪先帝，不可召。』章宗曰：『善。』未幾，遷兵部侍郎兼

〔註25〕《金史》卷一〇九《完顏素蘭傳》。
〔註26〕《金史》卷八八《移剌道傳》。

右補闕。」〔註27〕

　　近侍還作為皇帝的耳目刺探大臣私下的言行向皇帝彙報，如大定時，「右丞相烏古論元忠、左衛將軍僕散揆等嘗燕集，有所竊議，宗道即密以聞。世宗嘉之，授右衛將軍。」〔註28〕完顏宗道當時為近侍局使，這次告密不僅使他深得皇帝的信任，而且得到了升遷的賞賜。

　　近侍還經常奉皇帝之命出使國內、國外，以使皇帝掌握第一手情況。如承安元年十二月，章宗派提點近侍局李仁惠慰勞北邊將士，授官者一萬一千多人，授賞者將近二萬人，共用銀二十萬兩、絹五萬匹、錢三十二萬貫。如此重大任務，只派一近侍去執行，可見近侍的地位。又如「明昌初，（蒲察）五斤嘗為奉御，出使山東，至河間，以百姓饑，輒移提刑司開倉賑之，還具以聞。上初甚悅。太傅徒單克寧言：『陛下始親大政，不宜假近侍人權，乞正專擅之罪。』詔杖之二十。克寧又以為言，乃罷之。後上思之，由泰州都軍召為振肅。」〔註29〕由此可見，雖然皇帝對近侍十分寵信，但也不得不顧及到大臣的言論。近侍出使國外也屢見不鮮，如「（明昌二年十一月）丙寅，以近侍局副使完顏匡為高麗生日使。」〔註30〕又如「（泰和三年冬十月）奉御完顏阿魯帶以使宋還，言宋權臣韓侘冑市馬屬兵，將謀北侵。上怒，以為生事，笞之五十，出為彰德府判官，及淮平陷，乃擢為安國軍節度使。」〔註31〕

　　金代後期，宣宗、哀宗兩朝，近侍權位越來越重，以致形成了干預朝政、總攬大權的局面。貞祐三年十一月，「參知政事徒單思忠言：『今陳言者多掇拾細故，乞不送省，止令近侍局度其可否發遣。』上曰：『若爾，是塞言路，凡係國家者，豈得不由尚書省乎？』」〔註32〕可見，這時外朝官已意識到近侍局大權在握，故而也想將本由尚書省負責而今已成形式的一些事務移交給近侍局，但宣宗卻仍故作姿態地表示國家大事須由尚書省負責。但是在宣宗的另外一段話中，他的本意卻暴露無疑。「……（抹撚）盡忠曰：『（近侍）若給使左右，可止注本局人。即令預政，固宜慎選。』宣宗曰：『何謂預政？』盡忠曰：『中外之事得議論訪察，即為預政矣。』宣宗曰：『自世宗、章宗朝許

〔註27〕《金史》卷一〇一《完顏承暉傳》。
〔註28〕《金史》卷七三《完顏宗道傳》。
〔註29〕《金史》卷一二《章宗紀四》。
〔註30〕《金史》卷九《章宗紀一》。
〔註31〕《金史》卷一一《章宗紀三》。
〔註32〕《金史》卷一四《宣宗紀》。

察外事，非自朕始也。如請謁營私，擬除不當，臺諫不職，非近侍體察，何由知之？』盡忠乃謝罪。參政德升繼之曰：『固當愼選其人。』宣宗曰：『朕與庶官何嘗不愼，有外似可用而實無才力者，視之若忠孝而包藏悖逆者。蒲察七斤以刺史立功，驟升顯貴，輒懷異志。蒲鮮萬奴委以遼東，乃復肆亂。知人之難如此，朕敢輕乎！眾以蒲察五斤爲公幹，乃除副使。眾以斜烈爲淳直，乃以爲提點。若烏古論石虎乃汝等共舉之，朕豈不盡心哉！』德升曰：『比來訪察，開決河堤，水損田禾等，覆之皆不實。』上曰：『朕自今不敢問若輩，外問事皆不知，朕幹何事，但終日默坐聽汝等所爲矣。方朕有過，汝等不諫，今乃面訐，此豈爲臣之義哉！』德升亦謝罪。」〔註33〕由此可見，宣宗對近侍信任有加，而對外朝臣卻不盡相信，且對外朝臣提及此事非常不滿。有了皇帝的支持，近侍當然就更爲所欲爲、多行不法了。「（正大五年三月）乙酉，監察御史烏古論不魯刺劾近侍張文壽、張仁壽、李麟之受饋遺，曲赦其罪而出之。」〔註34〕此事也見載於《金史》卷一一五《完顏奴申傳》，更詳細載明此三人是受敵帥賄賂，而就是這樣，皇帝仍不忍加刑於他們，只是「斥去」而已。更爲嚴重的是，有的近侍還陷害忠良，如完顏六兒陷害完顏訛可一事。「初，訛可以元帥右監軍、邠涇總帥權參知政事，奉旨於邠、涇、鳳翔往來防秋，奉御六兒監戰，於訛可爲孫行，而訛可動爲所制，意頗不平，漸生猜隙。七年九月，召赴京師，改河中總帥，受京兆節制。此時，六兒同赴召，謂訛可奉旨往來防秋，而乃畏怯避遠，正與朝旨相違，上意頗罪訛可。及河中陷，苦戰力盡，而北兵百倍臨之，人謂雖至不守猶可以自贖，竟杖而死，蓋六兒先入之言主之也。」〔註35〕正如劉祁所言：「又方面之柄雖委將帥，又差一奉御在軍中，號曰『監戰』，每臨機制變，多爲所制，遇敵輒先奔，故師多喪敗。」〔註36〕

在金代政局的每次重大變動中，幾乎都可以看到近侍的身影。海陵王謀弒熙宗成功之所在，就是因爲有熙宗的寢殿小底（即後來的奉御）大興國裡應外合所致。金代後期兩次誅殺權臣也都有近侍參與。宣宗朝紇石烈執中大權在握，危及宣宗，因而「提點近侍局慶山奴、副使惟弼、奉御惟康請除執

〔註33〕《金史》卷一〇一《抹撚盡忠傳》。
〔註34〕《金史》卷一七《哀宗紀上》。
〔註35〕《金史》卷一一一《完顏訛可傳》。
〔註36〕《金史》卷一一一《完顏訛可傳》。

中，宣宗念援立功，隱忍不許。」〔註37〕元帥右監軍朮虎高琪聽說此事，且紇石烈執中威脅他如果出戰不利即以軍法從事，而高琪出戰又敗，故而發動兵變，誅殺執中。事平後，「慶山奴、惟弼、惟康皆遷賞，近侍局自此用事矣。」〔註38〕哀宗時，蒲察官奴同樣目無主上，「於是，內局令宋乞奴與奉御吾古孫愛實、納蘭忔答、女奚烈完出密謀誅官奴……上決意誅之，遂與內侍宋乞奴處置，令裴滿抄合召宰相議事，完出伏照碧堂門間。官奴進見，上呼參政，官奴即應。完出從後刺其肋，上亦拔劍斫之。官奴投階下走，完出叱忔答、愛實追殺之。」〔註39〕這次，是由皇帝和近侍親手共同誅殺了權臣。事後，三個近侍都陞官加爵。

總之，正如金末一大臣斜卯愛實所說：「今近侍權太重，將相大臣不敢與之相抗。自古僕御之臣不過供給指使而已，雖名僕臣，亦必選擇正人。今不論賢否，惟以世胄或吏員為之。夫給使令之材，使預社稷大計，此輩果何所知乎。」〔註40〕正是如此，使「僕御之臣」參與朝政，注定了它的消極性大於積極性，因而是使金代朝綱紊亂、以趨於亡的一個重要原因。

金代近侍局職官一覽表

姓　名	職　官						資料來源《金史》
	奉職	奉御	直長	副使	使	提點	
大興國		熙宗時	熙宗時				卷一三二本傳
完顏宗浩		貞元中					卷九三本傳
顏東勝		正隆時					卷八二《斜思阿補傳》
大慶山				海陵王時			卷一三二《完顏元宜傳》
梁珫				海陵王時			卷一三二《完顏元宜傳》
烏古論元忠				大定二年			卷一二〇本傳

〔註37〕《金史》卷一三二《紇石烈執中傳》。
〔註38〕《金史》卷一三二《紇石烈執中傳》。
〔註39〕《金史》卷一一六《蒲察官奴傳》。
〔註40〕《金史》卷一一四《斜卯愛實傳》。

名							出處
阿不沙	大定三年						卷一二一《訛里也傳》
完顏崇成		大定十八年					卷六八《始祖以下諸子傳》
徒單公弼		世宗時	世宗時	章宗時			卷一二○本傳
駝滿九住		世宗時					卷九八《完顏匡傳》
僕散揆		世宗時		世宗時			卷九三本傳
唐括貢		世宗時					卷一二一本傳
劉玨					世宗時		卷九七本傳
尼厖古鑒			世宗時				卷九五本傳
裴滿亨	大定間						卷九七《裴滿亨傳》
裴滿子寧					大定間		卷八七《僕散忠義傳》
完顏平山		大定二十五年					卷八《世宗紀》
完顏宗道					大定間		卷七三本傳
徒單銘	大定末						卷一二○本傳
烏林答覆		世宗時					卷一二○本傳
完顏訛出		世宗時					卷九八《完顏匡傳》
李鐵哥					章宗時		卷六四《后妃傳》
完顏匡			章宗時	章宗時	章宗時		卷九八本傳
完顏賽一		章宗時					卷九八《完顏匡傳》
烏古論慶壽		章宗時	章宗時		章宗時	泰和四年	卷一○一本傳及卷六四《后妃傳》
李仁願			章宗時				卷九五《董師中傳》及卷一○○《路鐸傳》
徒單張僧				章宗時			卷六四《后妃傳》
僕散安貞		章宗時					卷一○二本傳
完顏綱		明昌中					卷九八本傳
裴滿可孫				章宗時			卷八五《完顏永中傳》
李仁惠						承安元年十二月	卷一○《章宗紀二》

完顏醜和尚	承安四年六月					卷一一《章宗紀》
完顏阿魯帶		泰和三年十月				卷一一《章宗紀》
僕散寧壽		泰和六年				卷九三《僕散揆傳》
蒲察五斤		泰和六年	宣宗時			卷一二《章宗紀》及卷一○一《抹撚盡忠傳》
徒單沒烈					衛紹王時	卷一○二《完顏弼傳》
完顏和尚		至寧元年八月				卷三三《衛紹王紀》
女奚烈守愚					貞祐初	卷一二八本傳
完顏忽失來	宣宗初立時					卷一三二《紇石烈執中傳》
完顏惟康		宣宗時				卷一三二《紇石烈執中傳》
完顏思烈		宣宗時			宣宗時	卷一一一本傳
完顏六兒		宣宗時				卷一一一《完顏訛可傳》
曹淵		宣宗時				卷九二《曹望之傳》
完顏四和				宣宗時		卷一一八《武仙傳》
完顏達					宣宗時	卷六四《后妃傳》
完顏慶山奴					宣宗時	卷一○六《朮虎高琪傳》及卷一三二《紇石烈執中傳》
完顏惟弼			宣宗時			卷一三二《紇石烈執中傳》
完顏訛可			宣宗時			卷一○九《完顏素蘭傳》
完顏斜烈			宣宗時		宣宗時	卷一○六《朮虎高琪傳》及卷一○一《抹撚盡忠傳》

完顏七斤				宣宗時			卷一一四《白華傳》
王國綱	宣宗時						卷一二八《王元節傳附傳》
胡定哥	宣宗時						卷一一八《胡天作傳》
溫敦太平		元光二年					卷一六《宣宗紀》
完顏撒和輦			宣宗時			哀宗時	卷一○六《尤虎高琪傳》及卷一三○《列女傳》
因世英			宣宗時				卷一一七《國用安傳》
完顏素蘭			宣宗時				卷一○九本傳
溫敦百家奴			宣宗時				卷一○七《許古傳》
趙和和			宣宗時				卷一○九《完顏素蘭傳》
完顏承立			宣宗時			宣宗時	卷一一六本傳
移剌粘古						宣宗時	卷一一三《完顏白撒傳》及卷一一四《白華傳》
紇石烈阿里合						宣宗時	卷一一三《完顏白撒傳》
李大節				哀宗時			卷一一四《斜卯愛實傳》
粘合斜烈	哀宗正大九年十二月	哀宗時					卷一一六《石盞女魯歡傳》及卷一一九《張天綱傳》
陳謙		哀宗時					卷一一九《張天綱傳》
完顏把奴		哀宗時					卷一一四《斜卯愛實傳》
吾古孫愛實		哀宗時					卷一一六《蒲察官奴傳》
納蘭忔答		哀宗時					卷一一六《蒲察官奴傳》

烏古孫奴申				哀宗時	卷一二四本傳及卷一一五《完顏奴申傳》
烏古論四和				哀宗時	卷一二三《姬汝作傳》
女奚烈完出		哀宗時	天興二年六月		卷一一六《蒲察官奴傳》及卷一八《哀宗紀下》
阿勒根兀惹			哀宗時		卷一一六《蒲察官奴傳》
完顏忙哥		哀宗時			卷一二四《烏古孫奴申傳》及卷一一五《崔立傳》
尤甲搭失不	正大九年十二月	天興二年正月			卷一一六《石盞女魯歡傳》及卷一八《哀宗紀下》
徒單長樂				天興元年正月	及卷一七《哀宗紀上》
完顏長樂				天興元年正月	卷一一四《斜卯愛實傳》
焦春和				哀宗時	卷一二四《完顏絳山傳》
完顏絳山		哀宗死時			卷一二四本傳
烏古論禮			不詳	不詳	卷一〇三本傳
烏林答與	不詳	不詳			卷一〇四本傳
完顏白撒		不詳			卷一一三本傳

（原載《北京文博》1998年第1期）

十八、金代大興府尹考述

摘　要

本文概述了金代 30 餘位大興府尹的任職時間、經過。

關鍵詞：金代、大興府尹

貞元元年（1153），金海陵王完顏亮遷都燕京，定爲中都，府名爲大興。至貞祐三年（1215），中都被蒙古軍隊攻陷，大興府共存在 60 餘年，歷海陵王、世宗、章宗、衛紹王、宣宗五朝。由於大興府爲京都之地，故其主官大興府尹一職十分重要。據《金史·百官志》：「尹一員，正三品，掌宣風導俗，肅清所部，總判府事，兼領本路兵馬都總管府。」人選多宗室乃至皇子。遍檢《金史》及其它史書，共得 30 餘人，現分朝按任職順序考述如下，凡引自《金史》不再注出。

一、海陵朝大興府尹

1、赤盞暉：據《金史》本傳：「正隆降王爵，爲樞密副使，封景國公。未幾，復爲左丞，封濟國公。尋除大興尹，封榮國公。薨，年六十五。」據《海陵紀》，「正隆降王爵」在正隆二年二月後，可知赤盞暉任大興尹在此後。大定年間世宗褒獎功臣，赤盞暉即以大興尹一職而圖像於衍慶宮。

2、徒單貞：徒單貞是完顏亮弑熙宗集團的重要成員，故亮爲帝後，貞屢

任要職。《本紀》載：「海陵既立，以貞爲左衛將軍，封貞妻爲平陽公主，貞爲駙馬都尉、殿前左副點檢。轉都點檢，兼太子少保，封王。改大興尹，都點檢如故。」其後，其都點檢一職雖經解又復，但任大興尹一直如故，直到正隆四年四月。據《海陵紀》，是月，「以大興尹徒單貞爲樞密副使」。

3、蕭玉：據本傳，正隆五年，「繼以司徒判大興尹，玉固辭司徒。海陵：『朕將南巡，京師地重，非大臣不能鎮撫，留卿居守，無爲多讓。』海陵至南京，以玉爲尚書右丞相，進封吳國公。」據《海陵紀》，正隆六年正月「壬午，上將如南京，以司徒、御史大夫蕭玉爲大興尹，司徒如故」。七月「司徒、大興尹蕭玉爲尚書左丞相」。可知，蕭玉任大興尹在正隆六年正月至七月。

4、完顏毅英：《三朝北盟會編》卷 245 引《族帳部曲錄》：「完顏毅英，銀珠大王之孫，任西北路招討，知大興府。亮死，爲河南兵馬副元帥。」據本傳，「毅英，本名撻懶」，爲完顏銀朮可之子，銀朮可即銀珠，乃一音之轉。《本傳》及《宗室表》，毅英均作銀朮可子，可證《族帳部曲錄》之誤。《本傳》載：「正隆末，爲中都留守。」據《百官志三》：「諸京留守司，留守一員，正三品，帶本府尹兼本路兵馬都總管。」據《海陵紀》：「正隆六年八月，以中都留守完顏毅英爲西北面兵馬都統。」《世宗紀》，大定元年十月，「中都留守、西北面行營都統完顏毅英將兵三萬駐歸化，以爲左副元帥」。由此可知，毅英任大興尹始於正隆六年七月蕭玉離任之後，八月之前，到大定元年十月離任。

二、世宗朝大興府尹

1、完顏宗憲：《世宗紀》大定元年十一月「己丑，如中都。次小遼口，使中都留守宗憲先往。」《本傳》：「宗憲聞世宗即位，先已棄官來歸，與使者遇於中都，遂見上於小遼口，出中都留守，即遣赴任。詔與元帥完顏毅英同議軍事，明年改西京留守。八月，改南京。」可知宗憲任大興尹在大定元年十一月，離職在二年八月之前。

2、唐括安禮：據《本傳》：「大定初，遷益都尹，召爲大興尹，上曰：『京師好訛言。府中奸吏爲民患，卿雖年少，有治才，去其宿弊，毋爲因仍。』察廉入第一等，進階榮祿大夫。七年五月，大興府獄空，詔賜宴勞之。凡州郡有獄空者，皆賜錢爲賜宴費，大興府賜宴錢三百貫，其餘有差。久之，拜參知政事。」但據《世宗紀》，大定四年八月戊午，以「大興尹唐括安禮爲參

知政事」。七年九月辛未「參知政事唐括安禮罷」。可知唐括安禮由大興尹任參知政事的時間，《本傳》和《世宗紀》二者必有一誤。

3、完顏永中：世宗子，《本傳》載大定「五年，判大興尹」。「十三年，拜樞密使」。《世宗紀》大定十三年「八月丁卯，以判大興尹趙王永中爲樞密使」。可知完顏永中自大定五年至十三年任大興尹。

4、完顏璋：《本傳》大定「十三年改大興尹，爲賀宋正旦使」。《世宗紀》大定十三年「十一月，以大興尹璋爲賀宋正旦使」。據《交聘表》，大定十四年，「大興尹璋至宋，宋人就館奪其國書，璋乃赴其宴，受其私物，璋坐除名」。《世宗紀》大定十四年「二月壬戌，以大興尹璋使宋有罪，杖百五十，除名」。可知完顏璋任大興尹在大定十三年至十四年二月之間。

5、徒單克寧：據《本傳》，大定十二年「遷樞密副使，兼知大興府事」。而據《世宗紀》，大定十四年四月「戊子，以樞密副使徒單克寧兼大興尹」。據上條完顏永中可知，十二年永中仍爲大興尹，克寧不可能兼知大興府事，故《本傳》記載有誤，克寧任大興尹應如《世宗紀》所載自大定十四年四月始。

6、烏古論元忠：《本傳》大定「十五年，北邊進獻，命元忠往受之，及還，詔諭曰：『朕每遇卿值宿，其寢必安。今夏幸景明宮，卿去久，朕甚思之。』會大興府守臣闕，遂以元忠知府事。有僧犯法，吏捕得治獄，皇姑梁國大長公主屬使釋之，元忠不聽，主奏其事，世宗召謂曰：『卿不循情，甚可嘉也，治京如此，朕復何憂。』秩滿，授吏部尙書。」「十八年，擢御史大夫。」可知元忠任大興尹在大定十五年之後至十八年之前。

7、蒲察通：《本傳》記：「入知大興府事，除殿前都點檢。」《世宗紀》大定十六年九月「癸丑，以殿前都點檢蒲察通等爲賀宋生日使」。可知蒲察通任大興尹在大定十六年之前。

8、完顏永功：世宗子，《本傳》載大定「十八年，改大興尹」。

9、完顏珪：據《大金國志》卷18，大定十九年「大興尹完顏珪密奏……」。完顏珪《金史》不載。

10、完顏迪古速：據《兵志》，大定「二十一年三月，詔遣大興尹完顏迪古速遷河北東路兩猛安」。迪古速《金史》無傳。另《世宗紀》大定十六年九月以「宿直將軍完顏覩古速爲夏國生日使」。《交聘表》同，此覩古速可能即迪古速。

11、移剌愭：據《本傳》：「尋改大興尹。駕幸上京，顯宗守國，使人諭曰：『自大駕東巡，京尹所治甚善。我將有春水之行，當為益勤乃事。』還以所獲鵝鴨賜之，有疾在告，遣官醫診視。復為刑部尚書。上還自上京，以為西京留守。」據《世宗紀》，世宗如上京在大定二十四年三月，二十五年「十二月戊午，以皇孫金源郡王麻達葛判大興尹」，可知移剌愭任大興尹在大定二十四年三月之前，離職在二十五年十二月。

12、完顏璟：即金章宗，據《世宗紀》，大定二十五年「十二月戊午，以皇孫金源郡王麻達葛判大興尹……丙子，上問宰臣曰：『原王大興行事如何？』左丞幹特剌對曰：『聞都人稱之。』上曰：『朕令察於民間，咸言見事甚明，予奪皆不失當，曹、豳二王弗能及也。」大定二十六年五月，「大興尹原王麻達葛為尚書右丞相，賜名璟」，可知完顏璟任大興尹在大定二十五年十二月至二十六年五月間。

13、完顏永蹈：世宗子，據《本傳》，大定「二十六年，為大興尹，章宗即位，判彰德軍節度使」，可知永蹈任大興尹在大定二十六年至二十九年之間。

三、章宗朝大興府尹

1、唐括貢：據《本傳》：「章宗立，為御史大夫。會貢生日，右丞相襄、參知政事劉瑋、吏部郎中膏、中都兵馬都指揮使和喜為貢壽，遂犯夜禁，和喜遣軍人送襄至第。監察御史徒單德勝劾其事，下刑部逮膏等問狀。上以襄、瑋大臣釋之，而貢等各解職。尋知大興府事，復為樞密使。」據《完顏膏傳》：「章宗即位，坐與御史大夫唐括貢為壽犯夜禁，奪取一階，罷。明昌元年，起為同知棣州防禦使事。」又據《章宗紀》，大定二十九年秋七月辛巳，「御史大夫唐括貢罷」。可知唐括貢任大興尹只能在章宗大定二十九年七月之後、明昌元年之前一段時間。

2、宗肅：據《董師中傳》：「明昌元年，初置九路提刑司，師中選為陝西路副使，坐修公廨濫支官錢罪，以贖論。及御史臺言其寬和有體，召為大理卿。御史中丞吳鼎樞舉以自代，尚書省亦奏其才行，遂擢中丞。時西北路招討使宗肅以平章夾谷清臣薦，知大興府事。師中上言：『宗肅近以贓罪鞫於有司，獄未竟，不一宜改除。』……命復送有司。」可知宗肅明昌元年之後的一段時間任過大興尹。

3、張萬公：據《析津志輯佚》：「明昌初，累遷御史中丞。以言忤旨，除

彰德軍節度使，招爲大興府尹，拜參知政事。」據《章宗紀》，明昌二年九月，以「知大興府事張萬公爲參知政事」，可知其任大興尹在明昌二年。

4、王翛：據《本傳》可知，翛歷任大興府治中、同知，「明昌二年，改知大興府事。時僧徒多遊貴戚門，翛惡之，乃禁僧午後不得出寺。嘗一僧犯禁，皇姑大長公主爲請，翛曰：『奉主命，即令出之。』立召僧，杖一百死，京師肅然。後坐故出人罪，復削官解職。」可知翛任大興尹在明昌二年。

5、蕭宗裔：《大金國志》卷19載：「明昌四年十月……二奴詣大興告變，大興尹蕭宗裔送二奴各囚一所。」蕭宗裔《金史》無載。

6、尼龐古鑒：《本傳》記：「章宗立，累遷尙書戶部侍郎，兼翰林直學士。俄轉同知大興府。用大臣薦，改知大興府事。明昌五年拜參知政事，薨。」據《章宗紀》，明昌五年九月「戊寅，以知大興府事尼龐古鑒爲宋國弔祭使」。《交聘表》同。又據《章宗紀》，明昌五年十二月辛酉，「以知大興府事尼龐古鑒爲參知政事」，可知尼龐古鑒任大興尹在明昌五年十二月之前。

7、完顏膏：據《本傳》，明昌二年「降同知宣德州事。召授武衛軍副都指揮使，四知大興府事，轉左右宣徽使。承安二年拜尙書右丞。」可知完顏膏任大興尹在明昌、承安間。

8、張大節：據《本傳》：「章宗即位，擢中都路轉運使……選授河東路提刑使，未赴，留知大興府事，治有能名。閱歲，移知廣寧府……承安五年卒。」可知張大節任大興尹在承安五年之前。

9、完顏卞：據《本傳》：「大定二年，收充護衛，積勞授彰化軍節度副使，入爲都水監丞，累遷中都、西京路提刑使，徙知歸德府、河平軍節度使。王汝嘉奏卞前在都水監導河有勞，除北京留守。未幾，改知大興府事。時有言，尙書左丞夾谷衡在軍不法，詔刑部問狀。事下大興府，卞輒令追攝，上以爲失禮，杖四十。久之，乞致仕，不許，拜御史大夫。」據《章宗紀》，承安元年九月「丁酉，知大興府卞、同知郭鑄以擅逮問宰臣，各笞四十」。承安四年三月「庚午，以知大興府事卞爲御史大夫」。可知卞知大興府在承安四年前。

10、紇石烈執中：據《本傳》，「泰和元年，起知大興府事」。「御史中丞孟鑄奏彈執中『貪殘專恣……』，上意寤，取閱奏章，詔尙書省問之。由是改武衛軍都指揮使。」據《孟鑄傳》，「泰和四年，入爲御史中丞……無何，奏彈知大興府事紇石烈執中過惡……上悟，詔尙書省問之。」可知紇石烈執中在章宗朝任大興府尹在泰和元年至四年之間。

11、溫迪罕思齊：《金史》無傳。據《章宗紀》，泰和七年春正月「辛巳，詔御史大夫崇肅、同判大睦親府事徒單懷忠、吏部尚書范楫、戶部尚書高汝礪、禮部尚書張行簡、知大興府事溫迪罕思齊等十四人同對於廣仁殿」，可知思齊在泰和七年曾任大興尹。

12、完顏承暉：據《本傳》：「改知大興府事。宦者李新喜有寵用事，借大興府伎樂。承暉拒不與，新喜慚。章宗聞而嘉之。」可知完顏承暉章宗時任大興尹，具體時間不詳。

13、完顏天穆：《大金國志》卷 20 載，泰和二年「詔大興府：擇民間女子年十三以上三百人，有姿色黠慧者進入禁中，教爲酒令，乃效市肆歌。大興尹完顏天穆奏稱：『天旱正屬禱祈，索女恐招怨詈，且非敬天修德之事。』」完顏天穆《金史》無載，且任大興尹的時間與紇石烈執中任大興尹時間衝突。《大金國志》記載可能有誤。

14、胥持國：據《章宗紀》，承安二年九月辛酉，以「知大興府事胥持國爲樞密副使」。而《本傳》載：「頃之，起知大名府事，未行，改樞密副使。」《章宗紀》校勘記（中華書局點校本）云：「疑『興』當是『名』字之誤。」胥持國是否曾任大興尹，尚待考證，姑立此存疑。

四、衛紹王朝大興府尹

1、紇石烈執中：據《本傳》：「大安元年，授世襲謀克，復知大興府事，出知太原府。」可知紇石烈執中在衛紹王一朝任大興尹始於大安元年。

2、徒單公弼：據《本傳》：「大安初，知大興府事，讞武清盜，疑其有冤，已而果獲眞盜，歲餘拜參知政事。」可知公弼任大興尹應在紇石烈執中之後。

3、烏陵用章：據《大金國志》卷 22，大安三年十二月一日，「聶希古奏請大興尹烏陵用章榜論居民，使自爲計」。烏陵用章《金史》無載。

4、徒單南平：南平《金史》無傳，據《衛紹王紀》，至寧元年八月「壬辰，（紇石烈執中）自通玄門入，殺知大興府徒單南平、刑部侍郎徒單沒撚於廣陽門西」，可知徒單南平爲衛紹王朝最後一位大興尹。

五、宣宗朝大興府尹

1、完顏昌：據《大金國志》卷 24，貞祐二年五月，「以完顏昌爲大興尹兼留守」。此完顏昌《金史》無載。

2、胥鼎：據《本傳》：「貞祐元年十一月，出爲泰定軍節度使，兼兗州管

內觀察使，未赴，改知大興府事，兼中都路兵馬都總管……（二年）四月，拜尚書右丞，仍兼知府事。五月，宣宗將南渡，留爲汾陽軍節度使，兼汾州管內觀察使。」可知胥鼎任大興尹自貞祐元年十一月至二年五月。

3、烏古論慶壽：據《本傳》：「貞祐二年，遷元帥右都監……頃之，宣宗遷汴，改右副點檢兼侍衛親軍副都指揮使。閱月，知大興府事。未行，改左副點檢兼親衛軍副都指揮使。」可知，烏古論慶壽雖任大興尹，但並未到任。

4、武都：據《本傳》：「頃之，中都戒嚴，都知大興府，佩虎符便宜行事，彈壓中外軍民。都醉酒以褻衣見詔使，坐是解職，起爲刑部尚書。中都解圍，起爲河東路宣撫使。」據《宣宗紀》，貞祐元年「冬十月丁酉朔，京師戒嚴」。而胥鼎十一月爲大興尹，可知武都任大興尹只能在貞祐元年十月至十一月之間。

5、高霖：據《本傳》：「貞祐二年，入爲兵部尚書，知大興府事，俄權參知政事，與右丞相承暉行省於中都。尋改中都留守，兼本路兵馬都總管。」據《宣宗紀》，貞祐三年五月庚申，「中都破，尚書右丞相兼都元帥定國公承暉死之。戶部尚書任天寵、知大興府事高霖皆及於難。」可知高霖爲金代最後一任大興尹。

後附金代大興府同知表和金代大興府少尹表。

金代大興府同知表

姓　名	任職時間	《金史》出處
李老僧（惟忠）	海陵朝	卷一三二
蕭恭	貞元二年後歲餘	卷八二
完顏海里	海陵朝	卷七二
耨碗溫敦兀帶	海陵朝	卷八四
蒲察沙離只	海陵伐宋時	卷六五
完顏璋	海陵伐宋時	卷六五
完顏兀不喝	大定五年前	卷九〇
完顏仲	大定間	卷七二
完顏兀答補	大定間	卷一三二
移剌道	大定間	卷九〇
完顏烏里也	大定二十二年八月	卷四六
完顏守貞	大定二十五年後	卷七三
王脩	明昌二年前	卷一〇五

尼龐古鑒	明昌五年前	卷九五
郭鑄	承安元年	卷一〇
賈鉉	承安二年左右	卷九五
高汝礪	承安二年十月至四年十二月	卷一〇七
烏古孫仲和	章宗朝	卷九五
兀顏訛出虎	不詳	卷一二二
孫德淵	大安之前	卷一〇五
蕭貢	大安之前	卷一〇六
紇石烈德	貞祐二年前	卷一二八

金代大興府少尹表

姓　名	任職時間	《金史》出處
耨碗溫敦謙	正隆四年十二月	卷六〇
李惇	海陵朝	卷一二九
蘇保衡	海陵朝	卷八九
李天吉	海陵伐宋時	卷六五
楊伯雄	大定初	卷一〇五
梁肅	大定二年至三年間	卷八九
李滌	大定三年左右	卷九二
王全	李滌之後	卷九二
完顏讓	大定五年十二月	卷四七
李獻可	大定間	卷八〇
張九思	大定間	卷九〇
高居中	大定十五年左右	卷三三
王脩	大定二十二年左右	卷四七
完顏守貞	大定二十五年後	卷七三
烏古孫仲和	大定二十九年一月	卷四六
李愈	明昌二年至五年之間	卷九六
孫德淵	大安之前	卷一二八
李革	貞祐二年前	卷九九

（原載《北方文物》1998 年第 2 期）

十九、金代酒務官初探

摘　要

　　本文概要研究了金代榷酤制度以及金代酒務機構的設置及其官員的出身與仕歷。

關鍵詞：金代、榷酤、酒務、酒務官

　　金代承襲遼、宋制，對酒實行專賣，即榷酤制度。這一制度始於太宗時，「金榷酤因遼、宋舊制，天會三年始命榷官以周歲爲滿」。[註1] 隨著這一制度的實施，金代的官僚隊伍中出現了以徵收酒稅並管理酒類專賣爲職責的大批官吏，即酒務官。由於酒務官爲低級官吏，且大多爲蔭補出身，故爲世俗所輕視，因而也就少載於史籍。本文的主要目的是對有關史料進行扒梳，以便爲深入研究者提供一些資料，是爲初探。

一、金代榷酤制度概述

　　金代自天會三年實行榷酤制度，由於史料所限，對該制度的發展演變及具體內容很難給以詳細的闡述，只能勾勒出一個大致的輪廓。

　　金代初期的榷酤制度，據有的論著說：「太宗時期的榷酤實行不久即廢止

〔註 1〕《金史》卷四九《食貨志四》。

了。」〔註2〕但筆者尙未發現有關廢止時間的確切記載。熙宗時，《金史》上屢見熙宗荒淫酗酒的記載，而此時的権酤制度也不詳。海陵王則一改熙宗所爲而屢申酒禁。正隆五年十二月「戊辰，禁朝官飲酒，犯者死，三國人使燕飲者非」；〔註3〕正隆六年正月「丁丑，判大宗正徒單貞、益都尹京、安武軍節度使爽、金吾衛上將軍阿速飲酒，以近屬故，杖貞七十，餘皆杖百」。〔註4〕《金史》卷六九《完顏爽傳》對此事的記載是：「海陵將伐宋，嚴酒禁，爽坐與弟阿瑣，及從父兄京、徒單貞會飲，被杖。」可見，海陵王實施的酒禁，其原因是出於伐宋之需，禁酒的範圍是否僅限於「朝官」，尙無確切史料可證。但考慮到當時爲大規模侵宋戰爭作準備，急需糧食等大批軍用物資，不可能將大量糧食用於醸酒。因此酒禁可能不僅針對酒的最大消費者—朝官，而且也禁止一般百姓，因而也就會禁止酒的生產。但由於海陵王對親者寬，從而酒禁並未得到很好的執行，正隆六年三月「復禁扈從毋輒離次及遊賞飲酒，犯者罪皆死，而莫有從者」。〔註5〕

　　世宗時期，有的大臣對醸酒耗用大量糧食的現象深感憂慮。大定二年，梁肅上疏言：「方今用度不足，非但邊兵耗費而已……自漢武帝用桑弘羊始立権酤法，民間粟麥歲爲酒所耗者十常二三，宜禁天下酒麴，自京師及州郡官務，仍舊不得酤販出城。其縣鎮鄉村，権行停止。」〔註6〕從這段話可看出，此時，金朝政府已實行了酒類專賣，在京師及州郡設有「官務」，由其醸麴或酒出售。梁肅惟恐醸酒消耗糧食太多，故爾建議「禁天下酒麴」，但他所建議的禁，乃是禁止私人醸造及縣鎮鄉村（金代縣鎮鄉村設酒務，下文將述及）官務醸造，而京師及州郡級官務仍可醸造銷售，但以城內爲限。對此，世宗未予明確答覆。但次年，即大定三年，世宗開始加強権酤制度，嚴禁私人醸酒，即使皇親國戚也不例外，「詔宗室私醸者，從轉運司鞫治」。〔註7〕同年，「省奏中都酒戶多逃，以故課額愈虧」。〔註8〕由於酒禁不嚴，私醸盛行，致使合法的醸酒出售並向國家交稅的酒戶虧本，故爾多有逃亡，因此政府的酒

〔註2〕　王禹浪：《金代黑龍江史略》，哈爾濱出版社，1993年，第104頁。
〔註3〕　《金史》卷五《海陵紀》。
〔註4〕　《金史》卷五《海陵紀》。
〔註5〕　《金史》卷五《海陵紀》。
〔註6〕　《金史》卷八九《梁肅傳》。
〔註7〕　《金史》卷四九《食貨志四》。
〔註8〕　《金史》卷四九《食貨志四》。

稅就徵收不上來。對此，「上曰：『此官不嚴禁私釀所致也。』命設軍百人，隸兵馬司，同酒使副合干人巡察，雖權要家亦許搜索。奴婢犯禁，杖其主百。且令大興少尹招復酒戶。」〔註9〕可見，世宗爲了保證國家的酒稅收入，對私人釀酒嚴屬禁止。〔註10〕這時的榷酤制度是以榷酒爲主，即政府向出售酒的酒戶徵稅或由酒務直接出售酒。這之後到明昌元年，一直以榷酒爲主，但在個別地區爲榷麴，即由政府酒務機構釀麴出售給百姓，讓百姓自己釀酒，中都就是這樣的地區。大定二十六年，世宗說：「朕頃在上京，酒味不嘉。朕欲如中都麴院取課，庶使民得美酒。」〔註11〕可見此前中都實行的是榷麴，上京因爲是政府賣酒，故「酒味不嘉」，而中都因是百姓從麴院買麴自己釀酒，故爾能喝到美酒。

大定二十七年，金政府開始醞釀對榷酤制度進行改革，即全面改榷酒爲榷麴。由於酒的生產需要大量消耗糧食，而榷酒即由政府對酒實行專賣可以控制酒的產量，也就控制糧食的消耗。這在金立國之初，戰亂頻仍，經濟尚未得到恢復的情況下是非常必要的。但到了大定末年，由於號稱「小堯舜」的世宗的治理，金的戶數已由大定初的 300 餘萬增加到大定二十七年的6789419 戶，人口達到 44755086。〔註12〕與此同時糧食產量也有很大的增長，到了明昌元年，甚至有人上書「乞薄民之租稅，恐廩粟積久腐敗」。〔註13〕在這種情況下，改榷酒爲榷麴，即由政府對釀酒的原料麴進行專賣，而聽任百姓買麴釀酒，可以使政府大量增加貨幣收入。這一制度到明昌元年就正式實施：「明昌元年正月，更定新課，令即日收辦。」〔註14〕「新課」的實施，使政府的財政收入大大增加：「中都麴使司，大定間，歲獲錢三十六萬一千五百貫，承安元年歲獲四十萬五千一百三十三貫。西京酒使司，大定間，歲獲錢五萬三千四百六十七貫五百八十八文，承安元年歲獲錢十萬七千八百九十三貫。」〔註15〕中都因爲此前即是榷麴，故收入增幅不大，承安元年較大定間只增加12%。而西京則由原來的榷酒改爲榷麴，故同期收入增長達到102%，

〔註 9〕 《金史》卷四九《食貨志四》。
〔註10〕 但也有例外情況，如《金史》卷七《世宗紀》大定十八年三月「己巳，命戍邊女眞人遇祭祀、婚嫁、節辰許自造酒」。
〔註11〕 《金史》卷四九《食貨志四》。
〔註12〕 《金史》卷四六《食貨志一》。
〔註13〕 《金史》卷四七《食貨志二》。
〔註14〕 《金史》卷四九《食貨志四》。
〔註15〕 《金史》卷四九《食貨志四》。

由二者對比可見榷麴的成效。

由於史料不詳，金章宗之後榷酤制度的演變很難理清。但《金史》卷 49《食貨志四》記載：「（泰和）六年，制院務賣酒數各有差，若數外賣、及將帶過數者，罪之。」〔註 16〕可見，這時可能又實行了榷酒制度，並且限製酒的銷售量，很可能與此時正在進行和南宋的戰爭有關，因爲凡軍興必消耗大量糧食，不可能將大量糧食用於酒的生產。這之後金代的榷酤制度就史無詳載了。

二、金代的酒務機構設置

爲了詳細闡明金代酒務機構設置情況，先將《金史》卷 57《百官志三》「中都都麴使司」條援引如下：

> 中都都麴使司（酒使司、院務、稅醋使司，榷場兼酒使司附）
>
> 使，從六品。副使，正七品。掌監知人戶釀造麴蘖，辦課以佐國用。餘酒使監醞辦課同此。
>
> 都監二員，正八品，掌簽署文簿、檢視醞造（司吏四人，公使十人）。
>
> 凡京都及眞定皆爲都麴酒使司，設官吏同此。它處置酒使司，課及十萬貫以上者設使、副、小都監各一員，五萬貫以上者設使、副各一員，以上皆設司吏三人。二萬貫以上者設使及都監各一員，司吏二人。不及二萬貫者爲院務，設都監、同監各一員，不及千貫之院務止設都監一員。其它稅醋使司及榷場與酒稅相兼者，視課多少設官吏，皆同此。諸酒稅使三萬貫以上者正八品，諸酒榷場使從七品，五萬貫以上副使正八品。〔註 17〕

根據以上所引述內容，可知金代酒務機構如按徵收稅額多少可分六級，即：

一級，五京及眞定府均設使 1 人，副使 1 人，都監 2 人，司吏 4 人，公使 10 人。

二級，課額 10 萬貫以上，設使 1 人，副使 1 人，都監 1 人，司吏 3 人。

三級，課額 5 萬貫至 10 萬貫，設使 1 人，副使 1 人，司吏 3 人。

四級，課額 2 萬貫至 5 萬貫，設使 1 人，都監 1 人，司吏 2 人。

〔註16〕《金史》卷四九《食貨志四》。
〔註17〕此段文中括號內原文爲小字。

五級，課額 1000 貫至 2 萬貫，設都監 1 人，同監 1 人。

六級，課額不及 1000 貫的只設都監 1 人。

另外，如果按所屬行政區劃分，則酒務可分爲四級，即：

一級，京府所屬酒務，即金五京及各府所設酒務。如中都都麴使司、「益都府酒務」〔註18〕等。

二級，州所屬酒務，如張暐「登正隆五年進士。調陳留主簿，淄州酒稅副使，課增羨遷昌樂令」；〔註19〕又如金代官印中有「寧海州酒務」。〔註20〕這一級酒務中即有與其它稅收機構並設者，如「瑞州商酒務」。〔註21〕

三級，縣所屬酒務，如劉仲洙「歷龍門主簿、香河酒稅使」。〔註22〕香河縣爲中都路大興府屬縣。又如金代官印中有「曲阜縣酒務」，〔註23〕曲阜縣爲山東西路兗州屬縣。

四級，鎮村所設酒務，如「惟忠、惟孝，並襲父爵。一守華州鄭縣赤水鎮酒務同監，一守華州蒲城縣荊姚鎮酒務同監。」〔註24〕又如金代官印中有「西戴陽村酒務」、「姜村酒務」。〔註25〕此一級酒務，由於所收稅額較少，故多與其它稅務機構合而爲一，如「張蒼鎮商酒鹽場」，〔註26〕即爲商稅、酒稅、鹽稅徵收三合一的機構。「芝川鎮商酒務」和「沙河店商酒務」，〔註27〕則爲商稅、酒稅徵收二合一的機構。

如上所述，不論是六級還是四級，金代酒務機構之龐大可想而知。其總數雖已無從得知，但有一個對比可大概知道酒務的數量。宣宗貞祐三年，由於經濟困難，有人甚至建議榷油。高汝礪對此進行了反駁，其理由之一是「河南州縣當立務九百餘所，設官千八百餘員，而胥吏工作之徒不與焉」。〔註28〕高汝礪的推測只能是根據已有的機構數量來作出的，故爾酒務機構的數目也

〔註18〕《金文最》卷九〇《武威郡侯段鐸墓表》。

〔註19〕《金史》卷一〇五《張暐傳》。

〔註20〕景愛：《金代官印集》，文物出版社，1991年，第49頁。

〔註21〕景愛：《金代官印集》，文物出版社，1991年，第49頁。

〔註22〕《金史》卷九七《劉仲洙傳》。

〔註23〕景愛：《金代官印集》，文物出版社，1991年，第80頁。

〔註24〕《金文最》卷九〇《武威郡侯段鐸墓表》。

〔註25〕景愛：《金代官印集》，文物出版社，1991年，第52頁。

〔註26〕景愛：《金代官印集》，文物出版社，1991年，第51頁。

〔註27〕景愛：《金代官印集》，文物出版社，1991年，第50頁。

〔註28〕《金史》卷一〇七《高汝礪傳》。

大致相同。由於酒務機構的大量冗官冗員消耗了大量的政府收入,因而裁撤酒務的呼籲也屢見不鮮。如貞祐四年「正月,監察御史田迥秀言:『今之患在出太多,入太少爾。若隨時裁損所失,而增其所收,庶乎或可也。』因條五事,一曰省冗官吏,二曰損酒使司……。」〔註29〕但他的建議並未得到採納,終金一代,酒務機構也是愈加龐大。

三、酒務官的出身與仕歷

元好問對金代酒務官有一段論述,「惟金朝入仕之路,在近代最廣,而出於任子者十之四。國初監州縣酒稅,亦以文資參之。故任子多至大官,其不達者,猶得俎豆於士大夫之列。大定以後,雜用遼制,罷文資之注酒使副者,純用任子。且增內廷供奉臺傔直之目,凡歷監當下及課最者,得他遷,謂之出職,如唐人入流之比。是後榷酤日增,風俗隨壞。六七十年間,遂有賢愚同滯之歎,論者以為此誠選曹泥法之弊。至於廉恥道喪,自同商販,亦為任子者有以來之。」〔註30〕他這段話,有些很精當,但有些也與史實不符。金初酒務官確實有出身於進士的,如上文所引的張暐就是正隆五年進士及第,李愈也同樣「中正隆五年詞賦進士第,調河南澠池主簿。察廉優等為平陽酒副使,遷冀氏令。」〔註31〕上引元好問所說大定以後,酒務官即完全任用廕補出身的人。其實並不盡然,如上引劉仲洙即為大定三年登進士第,而且世宗對廕補出身的酒務官素質的低劣也甚感憂慮。「(大定十九年三月)乙丑,尚書省奏,虧課院務官顏葵等六十八人,各合削官一階。上曰:『以承廕人主權沽,此遼法也。法弊當更張,唐、宋法有可行者則行之。』」〔註32〕但是,究竟如何更張,卻不見下文,並且世宗對酒務官的任用也有自相矛盾之處。如大定間吏部尚書梁肅等「舉同安主簿高旭,除平陽酒使,肅奏曰:『明君用人,必器使之。旭儒士,優於治民,若使坐列肆,榷酒酤,非所能也。臣愚以為諸道鹽鐵使依舊文武參注,其酒稅使副以右選三差俱最者為之。』上曰:『善。』」〔註33〕可見,世宗一方面為酒務官素質低劣憂慮,另一方面卻不能將優秀人才放在酒務官的崗位上。

〔註29〕《金史》卷四八《食貨志三》。
〔註30〕《金文最》卷一○三《康德璋神道碑》。
〔註31〕《金史》卷九六《李愈傳》。
〔註32〕《金史》卷七《世宗紀中》。
〔註33〕《金史》卷八九《梁肅傳》。

　　有金一代酒務官確實大多出身廕補，史不絕書，屢見不鮮，茲舉數例。吳璋「大定十年，以廕補官，歷遂城、滿城四地酒務官。明昌四年，調保州軍器庫使。」〔註34〕盧亨嗣「以廕補閤門祗候，內供奉。調同監平涼府醋務，改同監天山鹽場。丁母憂，服闋，監萊州酒課，累調監豐州、任丘、汲縣、東平酒務。課最，遷白登令。」〔註35〕

　　酒務官除上述兩個入仕之途外，還偶見他例，如王政「天會四年，為燕京都麴院同監」。〔註36〕而其前為盧州渤海軍謀克、滑州安撫使。王政任酒務官可能與金初草創、制度不完備有關，而且「未幾，除同知金勝軍節度使事」，〔註37〕他任酒務官的時間也並不長。另外如趙天錫大安末「入粟佐軍，補修武校尉，監洺水縣酒」。〔註38〕

　　由於酒務官以收稅為職責，故他們仕途是否順利與收稅多少就密切相關了。如段鐸，「朝議改中都都麴務，累政不舉，無補國用。遴選能幹，俾公服職，鞭算心計，增餘數倍。優詔褒嘉，贈錢鉅萬，超授大名府治中兼本路兵馬副都總管。」〔註39〕段鐸由於徵收酒稅「增餘數倍」，故由從六品的中都都麴使超昇為正五品的大名府治中。再如蘇彥遠，「初以父任為河北西路轉運司押遞，監平輿陽步店商酒，再監曲陽之龍泉，俱以課最聞。升真定酒使司監，羨及百分。貞祐二年八月朔當滿替，明日府官吏以兵至棄城，而彥遠守職如故。事定，以羨餘進四階，城守三階，循資一階，授歸德下邑主簿。」〔註40〕相反，如果虧課，則要降職，如上引大定十九年虧課院務顏葵等68人各被削官一階。又如「（大定）九年，大興縣官以廣陽鎮務虧課，而懼奪其俸，乃以酒散部民，使輸其稅。大理寺以財非入己，請以贖論，上曰：『雖非私贓，而貧民亦被其害，若止從贖，何以懲後。』特命解職。」〔註41〕由此可看出，如果酒稅徵收不足額，不僅酒務官要降職、罷免，而且其上級官員也要受牽連。大定初任河東南路轉運使的毛碩曾上言：「頃者，定立商酒課，不量土產

〔註34〕《金文最》卷一〇四《吳璋阡表》。
〔註35〕《金史》卷七五《盧彥倫附盧亨嗣傳》。
〔註36〕《金史》卷一二八《王政傳》。
〔註37〕《金史》卷一二八《王政傳》。
〔註38〕《金文最》卷一〇五《趙天錫神道碑》。
〔註39〕《金文最》卷九〇《武威郡侯段鐸墓表》。
〔註40〕《金文最》卷一〇〇《蘇彥遠墓銘》。
〔註41〕《金史》卷四九《食貨志四》。

厚薄、戶口多寡及今昔物價之增耗，一概理責之，故監官被繫，失身破家，折傭逃竄。或爲姦吏盜有實錢，而以賒券輸官，故河東有積負至四百餘萬貫，公私苦之。請自今禁約酒官，不得折准賒貸，惟許收用實錢，則官民俱便。」〔註42〕可見，由於酒稅額度的制定，未考慮實際情況的不同而整齊劃一，難免一些酒務官傾家蕩產，而另一些人又從中牟利。因此不得不制定一些規章制度加以約束。「凡提點院務官，三十月遷一官，周歲爲滿，止取無虧月日用之。大定四年，定制，一任內虧一分以上降五人，二分以上降十人，三分以上降十五人，若有增羨則依此陞遷，其陞降不盡之數，於後任內充折。」〔註43〕即酒務官如果在一任（三十月）內虧欠稅收 10%～20%，則要有 5 名酒務官降職，20%～30%則 10 人降職，30%以上則降職 15 人。如果稅收增加則反之。陞降人數此任內不足，則下任累加計算。大定二十九年，又對這項制度進行了改革，「罷年遷之法，更定制，比永課增及一酬遷一官，兩酬遷兩官，如虧課則削亦如之，各兩官止。又罷使司小都監與使副一體論增虧者，及罷餘前陞降不盡之數後任充折之制。」〔註44〕

總之，由於金代史料的匱乏，金代的很多制度都難以詳細闡明，酒務官制度也是如此。本文雖已談及該制度的幾個方面，但限於史料所限和個人的功力，所論述的內容難免掛一漏萬、錯訛頗多，這些就尚待專家學者的指正及進一步地深入研究了。

金代酒務官一覽表

姓　名	出　身	任職處所	所屬政區	資料來源	備　註
李愈	進士	平陽府	河東南路	《金史》卷九六《李愈傳》	正隆五年進士
張暐	進士	淄州	山東東路	《金史》卷一○五《張暐傳》	正隆五年進士
劉仲洙	進士	香河縣	中都路大興府	《金史》卷九七《劉仲洙傳》	大定三年進士
王政	從軍	燕京	中都路	《金史》卷一二八《循吏傳·王政》	天會四年任職

〔註42〕《金史》卷九二《毛碩傳》。
〔註43〕《金史》卷五四《選舉志四》。
〔註44〕《金史》卷五四《選舉志四》。

吳璋	蔭補	遂城縣	中都路遂州	《金文最》卷一〇四《吳璋阡表》	大定十年至明昌四年歷任四地酒務官
		滿城縣	中都路保州		
高錫	蔭補	淄州	山東東路	《金史》卷一二一《高錫傳》	
盧亨嗣	蔭補	萊州	山東東路	《金史》卷七五《盧彥倫附盧亨嗣傳》	明昌四年前任各處酒務官
		豐州	西京路		
		任丘縣	河北東路莫州		
		汲縣	河北西路衛州		
		東平府	山東西路		
張澄	蔭補	博平縣	山東西路博州	《金文最》卷一〇一《張澄墓誌銘》	
蘇彥遠	蔭補	陽步店	南京路蔡州平輿縣	《金文最》卷一〇〇《蘇彥遠墓誌銘》	
		龍泉鎮	河北西路中山府曲陽縣		
白嗣隆	蔭補	滎澤縣	南京路鄭州	《金文最》卷一〇〇《善人白公墓表》	
段惟忠	蔭補	赤水鎮	京兆府路華州鄭縣	《金文最》卷九〇《段鐸墓表》	
段惟孝	蔭補	荊姚鎮	京兆府路華州蒲城縣	同上	
程恒	蔭補	緱氏鎮	南京路河南府偃師縣	《金文最》卷九七《程震墓表》	
康德璋	蔭補	邯鄲縣	河北西路磁州	《金文最》卷一〇三《康德璋神道碑》	
		沂州	山東東路		
趙天錫	入粟補官	洺水縣	河北西路洺州	《金文最》卷一〇五《趙天錫神道碑》	
高旭		平陽府	河東南路	《金史》卷八九《梁肅傳》	「旭儒士」，可能為進士出身
楊弘道		麟遊縣	鳳翔路鳳翔府	《金文最》卷三五《養浩齋記》	
祁公史		平定州	河東北路	《金史》卷八三《祁宰傳》	

房人傑		柘城縣	南京路睢州	《金史》卷九二《毛碩傳》	
粘割祥古		永和縣	河東南路隰州	《金史》卷一二一《粘割韓奴傳》	
侯摯		中都	中都路	《金史》卷一〇八《侯摯傳》	
石抹充		甘泉鎮	山東東路登州黃縣	《金史》卷一廩個人《僕散安貞傳》	
抹撚吾里也		許州	南京路	《金史》卷一〇一《抹撚盡忠傳》	
移剌葛		東京	東京路	《金史》卷六《世宗紀上》	
張琪		趙城縣	河東南路平陽府	《金文最》卷八七《張琪墓表銘》	
段鐸		中都	中都路	《金文最》卷九〇《段鐸墓表》	
郭三喜		汾州	河東北路	《金史》卷一〇三《完顏阿憐傳》	
郭添福		興平縣	京兆府路同州	同上	
時茂先		沙溝	山東東路莒州日照縣	《金史》卷一二二《忠義傳》	
毛子廉		燕京	中都路	《金史》卷七五《毛子廉傳》	
郭伯傑		昌邑縣	山東東路益都府	《金文最》卷八六《郭建墓表》	
賈仲源		韓城縣	京兆府路京兆府	《金文最》卷九四《王擴神道碑》	
移剌保		阻居		《金史》卷一三二《紇石烈執中傳》	
李楫				《金文最》卷九三《李楫神道碑》	只說「三歷酒官」，無明確地點
郭復中				《金文最》卷二七《丹陽眞人馬公登眞記》	

金代府州級酒務表

名　稱	所屬路	資料來源
中都	中都路	《金史》卷五七
西京	西京路	《金史》卷四九
東京	東京路	《金史》卷六
來遠軍	東京路	《金史》卷四九
益都府	山東東路	《金代官印集》
東平府	山東西路	《金史》卷七五
眞定府	河北西路	《金文最》卷一○○
平陽府	河東南路	《金史》卷八九
寧海州	山東東路	《金代官印集》
沂州	山東東路	《金文最》卷一○三
淄州	山東東路	《金史》卷一○五
萊州	山東東路	《金史》卷七五
瑞州	北京路	《金代官印集》
許州	南京路	《金史》卷一○一
豐州	西京路	《金史》卷七五
汾州	河東北路	《金史》卷一○三
平定州	河東北路	《金史》卷八三
迭剌部族		《金史》卷四九
阻居		《金史》卷一三二

金代縣級酒務表

名　稱	所屬路府州	資料來源
曲阜縣	山東西路兗州	《金代官印集》
博平縣	山東西路博州	《金文最》卷一○一
昌邑縣	山東東路益都府	《金文最》卷八七
洺水縣	河北西路洺州	《金文最》卷一○五

邯鄲縣	河北西路磁州	《金文最》卷一○三
汲縣	河北西路衛州	《金史》卷七五
任丘縣	河北東路莫州	《金史》卷七五
廣武縣	河東北路代州	《金代官印集》
趙城縣	河東南路平陽府	《金文最》卷八七
香河縣	中都路大興府	《金史》卷九七
遂城縣	中都路保州	《金代官印集》，又《金史》卷一○四
滿城縣	中都路保州	《金文最》卷一○四
滎澤縣	南京路鄭州	《金文最》卷一○○
新息縣	南京路息州	《金史》卷四九
虞城縣	南京路歸德府	《金史》卷四九
興平縣	京兆府路同州	《金史》卷一○三
韓城縣	京兆府路京兆府	《金文最》卷九四
麟遊縣	鳳翔路鳳翔府	《金文最》卷三五
天成縣	西京路大同府	《金史》卷四九
白登縣	西京路大同府	《金史》卷四九

金代鎮村級酒務表

名　稱	所屬路府州縣	資料來源
沙溝	山東東路莒州日照縣	《金史》卷一二二，《地理志》無此鎮
甘泉鎮	山東東路登州黃縣	《金史》卷一○二，《地理志》無此鎮
張蒼鎮	山東東路密州膠西縣	《金代官印集》，同《地理志》
赤水鎮	京兆府路華州鄭縣	《金文最》卷九○，同《地理志》
荊姚鎮	京兆府路華州蒲城縣	同上
龍泉鎮	河北西路中山府曲陽縣	《金文最》卷一○○，同《地理志》
陽步店	南京路蔡州平輿縣	同上，《地理志》無此鎮
白檀鎮	北京路興州興化縣	《金代官印集》，同《地理志》
麻谷鎮	河東北路代州繁峙縣	同上
緱氏鎮	南京路河南府偃師縣	《金文最》卷九七，同《地理志》

廣陽鎮	中都路大興府大興縣	《金史》卷四九，同《地理志》
西戴陽村		《金代官印集》
姜村		同上
亳城村		同上
龍華上社		同上
沙河店		同上
芝川鎮		同上
東鎮		同上

（原載《北方文物》2000 年第 2 期）

二十、金代前期重臣烏林答贊謨探賾

摘　要

　　烏林答贊謨是不入《金史》列傳並且很少見載於《金史》的一個金代前期的重要人物，他是金朝出使遼及北宋的最重要使節。他在出使中折衝樽俎，爲金滅遼和北宋都立下了汗馬功勞。但是他的結局卻很不幸，這也是金朝殘酷的宮廷政治鬥爭的一個見證。

關鍵詞：金代、使節、「海上之盟」、烏林答贊謨

　　儘管《金史》在元人所修《宋史》、《遼史》、《金史》三史中堪稱最好的一部正史，但由於種種原因，在金史上佔有重要地位的很多人物都未被載入列傳，其中如楊樸，可以說對金朝的奠基起了重要作用，但在《金史》中非但無傳，而且僅有一次提及他。[註1] 同樣，烏林答贊謨也是這樣一位歷史人物，他在金代前期與遼、宋的外交活動中起了重要作用，他折衝樽俎之間，作爲使節，爲爭取金的國家利益而盡了自己的最大努力，可謂功莫大焉。但是就是因爲他沒有入《金史》列傳，因而就幾乎湮沒在歷史長河之中，甚至他的名字也以不同的形式，如烏林答贊謨、烏林答贊謀、烏陵思謀、撒盧母、

〔註 1〕　參見劉浦江：《關於金朝開國史的眞實性質疑》，《歷史研究》1998 年第 6 期。
　　　　　筆者認爲烏林答贊謨不入列傳同楊樸一樣牽涉到金朝開國的眞實性問題。

斯剌習魯等見載於《宋史》、《遼史》、《金史》及其它史籍中，這就更使他的
身世如同一團霧水。筆者在扒梳上述三史及《三朝北盟會編》、《建炎以來繫
年要錄》、《中興小記》、《大金弔伐錄》、《大金國志》等史籍中有關烏林答贊
謨史料的基礎上，試圖還這位在金朝歷史上佔有重要地位的歷史人物以本來
面目。不當之處，敬請教正。

一

　　陳述先生在《金史拾補五種》中已經注意到了烏林答贊謨又以贊謀之名
見載於史籍，轉引如下：

　　　　卷八四樞盈溫敦思忠傳

　　　　特進。按同卷又作贊謀，三朝北盟會編卷二〇八作贊謨、兵部
　　　尚書。遼史二八、天慶九年正月烏林答贊謀、三月、七月同、是年
　　　十、及次年二月、則並作『烏林答贊謨』。女名五十九。〔註2〕

但是陳述先生上引有誤，《三朝北盟會編》卷二〇八中烏林答贊謨不是兵部尚
書，而是行臺刑部尚書，下文詳及。

　　王曾瑜先生指出，烏林答贊謨，「宋人一般譯爲烏陵思謀」。〔註3〕

　　儘管烏林答贊謨在《金史》中無傳，但在《大金國志》卷二七中卻有一
篇小傳，茲引如下：

　　　　烏陵思謀

　　　　烏陵思謀本北遼合蘇館女眞，乃居遼地，俗呼孰女眞，如陝西
　　　熟番之類也。女眞姓烏陵最微賤，小名撒盧母。本無名字，後以門
　　　下被虜人洛陽進士吳畚、蘇閣立名思謀，字曰仲遠。

　　　　初起兵時，思謀方負柴，粘罕虜之，遂以其弟石窟馬之乳母妻
　　　之，命爲都提點。都提點，乃北人貴家奴僕之稱也。至是，罕死，
　　　思謀赴喪，石窟馬以乳母之故，請於熙宗，後以累充奉使有勞，令
　　　樞密院白身差太原府尹，故得是任。思謀奸狡多慮，善於周身，女
　　　眞之中素稱辯慧，小術淺算，多有可取。後以改定官制，於初元換
　　　授寧遠大將軍、沁南軍節度使，知懷州。其後元帥兀朮主兵，凡軍
　　　國大事皆問之。以思謀北人，又常充奉使也。〔註4〕

<hr>

〔註2〕陳述：《金史拾補五種》，科學出版社，1960年，第92頁。
〔註3〕王曾瑜：《荒淫無道宋高宗》，河北人民出版社，1999年，第184頁。
〔註4〕《大金國志》卷二七《開國功臣》。

這篇小傳來源於《三朝北盟會編》卷一七八所引張彙《金虜節要》。張彙爲宋人，宣和間（1119～1125）因父親在保州作官，故而也居保州。宋金戰爭爆發後被俘至金，直到紹興七年（1140）才回歸南宋，因而《金虜節要》一書內容都爲他親身經歷或耳聞目睹，具有較高的史料價值，因此這篇小傳也就成爲我們瞭解烏林答贊謨的第一手寶貴資料。

據小傳，烏林答贊謨是曷（合）蘇館女眞人，而曷蘇館女眞在遼東京道境內，因而也稱爲熟女眞或係遼籍女眞。由其居住遼地並從其後屢次出使遼來看，烏林答贊謨應該精通契丹語。烏林答贊謨的女眞名爲撒盧母，贊謨（贊謀或思謀）是他的漢文名字，字則曰仲遠，是他的門下宋人俘虜吳鼎、蘇閣（《金虜節要》作吳鼎、蘇閶）所起。其名和字無疑和他的才華、智謀有關，因此小傳稱「思謀奸狡多慮，善於周身，女眞之中素稱辯慧，小術淺算，多有可取。」烏林答贊謨出身較爲貧寒，可能是農民出身，這從他在砍柴時被完顏宗翰所虜可看出。正是由於曷蘇館女眞是遼的屬部，因而被女眞諸部所輕視，他才被宗翰所虜，成爲宗翰的家臣。由於烏林答贊謨的聰明才智，他很快就脫穎而出，並且深得宗翰的信任，後來宗翰將其孫完顏秉德的乳母曹氏許配給他，「贊謀妻，秉德之乳母也」。〔註5〕曹氏是宋朝大將曹彬之後，在宋金戰爭中被宗翰所虜爲奴，曹氏在金與張彙時常交往，但張彙認爲曹氏是宗翰弟石窟馬之乳母則顯係記憶有誤或筆誤。據《金史》卷七〇《撒改傳》，撒改有二子，即宗翰和宗憲，而宗憲「頒行女直字書，年十六，選入學」。〔註6〕金朝頒行女眞字是在太祖天輔三年八月，〔註7〕時年爲 1119 年。也就是說宗憲生於 1103 年，到曹氏被俘獲時，宗憲已是一個 20 餘歲的青年了，早已不用乳母了。如果說石窟馬是宗翰不見於史籍記載的另一個弟弟，那麼也難圓其說。撒改卒於天輔五年（1121），如果說他在此年又生下一幼子石窟馬，那麼到曹氏被俘的靖康年間（1126-1127），此子也已經 5、6 歲了，也用不著乳母了。可見烏林答贊謨之妻曹氏肯定是宗翰之孫秉德的乳母。

烏林答贊謨成爲宗翰的家臣後，很快就在金反遼的戰爭中起到了突出的作用。「及遼人議和，（耨盌溫敦）思忠與烏林答贊謀往來專對其間，號閘剌。閘剌者，漢語云行人也。」〔註8〕金建國後，在同遼進行戰爭的同時，與遼頻

〔註5〕《金史》卷一三二《秉德傳》。
〔註6〕《金史》卷七〇《撒改傳附宗憲傳》。
〔註7〕《金史》卷二《太祖紀》。
〔註8〕《金史》卷八四《耨盌溫敦思忠傳》。

繁互派使節進行談判。金收國元年（1115，遼天慶五年），遼「遣僧家奴持書約和，斥女直國主名，女直國主遣賽剌復書，若歸叛人阿疎，遷黃龍府於別地，然後圖之。」〔註9〕之後，雙方使者多次往返，「自收國元年正月，遼人遣僧家奴來，使者三往反，議不決，使者賽剌至遼，遼人殺之。遼主自將，至駝門，大敗，歸，復遣使議和。太祖使胡突袞往，書曰：『若不從此，胡突袞但使人送至界上，或如賽剌殺之，惟所欲者。』」〔註10〕在金的武力威逼下，遼天祚帝不得已又恢復談判並同意冊封完顏阿骨打。1119 年（金天輔三年，遼天慶九年）春正月，「金復遣烏林答贊謀持書來迎冊」。〔註11〕三月，遼「遣知右離畢事蕭習泥烈等冊金主為東懷國皇帝。己酉，烏林答贊謀、奴哥等先以書報」。〔註12〕六月，「遼大冊使太傅習泥烈以冊璽至上京一舍，先取冊文副錄閱視，文不稱兄，不稱大金，稱東懷國。太祖不受，使宗翰、宗雄、宗幹、希尹商定冊文義指，楊樸潤色，胡十荅、阿撒、高慶裔譯契丹字，使贊謀與習泥烈偕行。贊謀至遼，見遼人再撰冊文，復不盡如本國旨意，欲見遼主自陳，閽者止之。贊謀不顧，直入。閽者相與搏攦，折其信牌。遼人懼，遽遣贊謀歸。」〔註13〕烏林答贊謀這次出使，勇於表達本國的要求、主張，並且敢於要求直接向遼帝陳說，並為此與守衛發生衝突，其無所畏懼的精神可見一斑，而且也說明他具有使節所最應具備的維護本國利益的素養。由於這次出使無果而回，因而隨即於當年七月，「金復遣烏林答贊謀來，責冊文無『兄事』之語，不言『大金』而云『東懷』，乃小邦懷其德之義；及冊文有『渠材』二字，語涉輕侮；若『遙芬多戩』等語，皆非善意，殊乖體式，如依前書所定，然後可以。」〔註14〕由於遼天祚帝的百般拖延，遼使與烏林答贊謀未能如期返回。為此，九月，完顏阿骨打「以遼冊禮使失期，詔諸路軍過江屯駐」。〔註15〕十月，遼天祚帝不得不「遣使送烏林答贊謀持書以還」。〔註16〕這次仍是由蕭習泥烈同烏林答贊謀一同返回。次年二月，遼天祚帝在鴛鴦濼，

〔註 9〕 《遼史》卷七〇《屬國表》。
〔註 10〕 《金史》卷八四《耨盌溫敦思忠傳》。
〔註 11〕 《遼史》卷二八《天祚皇帝二》。
〔註 12〕 《遼史》卷二八《天祚皇帝二》。
〔註 13〕 《金史》卷八四《耨盌溫敦思忠傳》。
〔註 14〕 《遼史》卷二八《天祚皇帝二》。
〔註 15〕 《金史》卷二《太祖紀》。
〔註 16〕 《遼史》卷二八《天祚皇帝二》。

金「復遣烏林答贊謨持書及冊文副本以來，仍責乞兵於高麗。」〔註17〕此後，就不見有烏林答贊謨出使遼的記載。

二

由於烏林答贊謨在出使遼的過程中立下了汗馬功勞，深受完顏阿骨打及宗翰的賞識，隨即就派他擔任與宋建立「海上之盟」的重要談判工作。

宋金的「海上之盟」始於1117年（宋政和七年，金天輔元年）7月，當時，遼薊州漢人高藥師等200餘人乘海船抵達宋登州文登縣（同今縣），這些人原想逃奔高麗，因遭遇風浪才飄流到宋境內，他們向宋透露了遼金戰爭的情況。而此前，原遼大臣漢人馬植（後被宋徽宗賜姓名為趙良嗣）投奔宋，也建議聯合女真伐遼，收回燕雲十六州。於是宋廷命令知登州王師中派人與高藥師一同赴女真刺探情況，但是高藥師等人在抵達女真所轄海岸後，「望見岸上女真兵甲多，不敢近而回」。〔註18〕宋廷只得於政和八年（1118）8月又派遣武義大夫馬政及呼延慶同高藥師再次前往。宋廷對這次出使十分謹慎，未讓馬政攜帶書信，以防為遼人所獲，而只是令馬政口頭傳達宋想與金夾攻遼的意圖。馬政在見到完顏阿骨打後，稟告：「先是貴朝在大宋太祖皇帝建隆二年時，常遣使來買馬。今來主上聞貴朝攻陷契丹五十餘城，欲與貴朝復通前好。兼自契丹天怒人怨，本朝欲行弔伐，以救生靈塗炭之苦，願與貴朝共伐大遼。雖本朝未有書來，特遣政等軍前共議。若允許，後必有國使來見。」〔註19〕阿骨打在與宗翰等重臣商議後，派渤海人李善慶、熟女真人小散多、生女真人勃達等三人「齎國書並北珠、生金、貂革、人參、松子為贄，同馬政等偕來還禮朝覲」。〔註20〕但是，三名使者在宋期間，宋卻以大朝的身份授予三人官職。為此，金極為不滿。1119年（金天輔三年，宋宣和元年）三名使者返回，「散覩還自宋，宋使馬政及其子宏來聘。散覩受宋團練使，上怒，杖而奪之。宋使還，復遣孛菫辭列、曷魯等如宋。」〔註21〕而《三朝北盟會編》則載再次出使者為女真人斯剌習魯和渤海人高隨、大迪烏。〔註22〕中華

〔註17〕 《遼史》卷二八《天祚皇帝二》。
〔註18〕 （宋）徐夢莘：《三朝北盟會編》卷一。
〔註19〕 （宋）徐夢莘：《三朝北盟會編》卷二。
〔註20〕 （宋）徐夢莘：《三朝北盟會編》卷二。
〔註21〕 《金史》卷二《太祖紀》。
〔註22〕 （宋）徐夢莘：《三朝北盟會編》卷四。

書局本《金史》校勘記認爲，斯剌習魯是兩個人，即辭列、曷魯。〔註23〕對此，舒焚先生在《金初無傳功臣考》一文中作了辯誤，「（斯剌習魯也就是辭列、曷魯）這一看法似不妥。因爲《會編》的口氣是認爲斯剌習魯與高隨、大迪烏爲三個人，並簡稱斯剌習魯爲習魯；而且清楚地說明：『曷魯凡留三月餘，凡見、辭、宴、犒，並如習魯例』。對待曷魯一如習魯，習魯與曷魯顯然是兩個人。」〔註24〕其說甚對。據此，則金第二次出使宋者只能是斯剌習魯或辭列、曷魯其中之一。《金史》或《三朝北盟會編》的記載必有一誤。筆者認爲《金史》記載有誤，因爲上引舒文辨誤中引用有「曷魯……並如習魯例」，可見習魯即斯剌習魯出使在前，因此《三朝北盟會編》的記載正確。而筆者認爲這位斯剌習魯正是烏林答贊謨，「斯剌」乃前文中「閘剌」之異譯，也就是「行人」即使者之意，而習魯乃是撒盧母一音之轉。這在後來宋人對紹興八年（1138）再次出使宋的烏林答贊謨的記述中可得到證實，「思謀即宣和始通好海上者」。〔註25〕「訪得烏淩噶思謀在宣政間嘗來東京」。〔註26〕贊謨也在與宋人的寒暄中說：「二十年（原文爲『三十年』，應爲『二十年』之誤—筆者注）舊人，無以上報，但望和議早成。」〔註27〕而紹興八年上距宣和元年正是20年，可見斯剌習魯爲烏林答贊謨無疑。

對於烏林答贊謨這次出使在宋的行程，宋人有詳細的記載：

> 七月十八日丙辰，金人差女眞斯剌習魯充回使，渤海高隨、大迪烏副之，持其國書來許燕地……九月四日壬寅，趙良嗣引習魯等入國門，錫宴於顯靜寺，衛尉少卿董耘押筵館於同文館。七日乙巳，止作新羅人使引見，入見於崇政殿。上臨軒引習魯等捧國書以進見，訖而退。八日丙午，錫宴於童貫府第。是日諭習魯等，今來所約，惟是貴國兵馬早到西京最爲大事，習魯等對以如一切約定，本國兵馬必不失信。又詔引習魯等以下三節人從往相國寺及龍德太乙宮燒香。十八日丙辰，習魯等入辭於崇政殿，如朝見之儀。二十日戊午，習魯等出國門，錫宴於顯靜寺……差登州兵馬鈴轄、武義大夫馬政

〔註23〕《金史》卷二《太祖紀》校勘記〔九〕。
〔註24〕舒焚：《金初無傳功臣考》，《遼金史論集第九輯·金史國際學術研討會專集》，中州古籍出版社，1996年，第319頁。
〔註25〕《宋史》卷四七三《秦檜傳》，《中興小記》卷二四所記同。
〔註26〕（宋）李心傳：《建炎以來繫年要錄》卷一二一紹興八年七月戊子。
〔註27〕（宋）李心傳：《建炎以來繫年要錄》卷一二〇紹興八年六月丁丑。

持國書及事目隨習魯等前去報聘……差承節郎、京西北路武學教諭
馬擴（馬政子──筆者注）隨行……〔註28〕

烏林答贊謨的這次出使基本奠定了宋金雙方的「海上之盟」，那就是宋金夾攻
遼，金攻取遼的西京，宋攻取遼的南京（燕京），彼此兵不得過關。滅遼後，
宋得燕雲十六州之地，將原來給遼的歲幣轉交給金。

1122年（金天輔六年，宋宣和四年）11月21日，烏林答贊謨又作爲計議
使同國信使李靖、副使王永昌一起來到宋廷，商議具體事宜及每年宋給金朝
銀絹的具體數量。25日，拜見宋徽宗於崇政殿。「是日，引李靖等上殿，上令
黃珦傳旨：『兩朝計議五六年，大事已定，些小事各明說了，卻甚好。西京及
平灤三州地土不多，可一就議定。四軍蕭幹兩朝無禮，如捉得執縛送來，以
見通款之意。趙良嗣後回，許定燕京，更不論夾攻。不夾攻，如自取得，亦
與本朝。甚荷厚意，可依例赴王黼處計議。』尋引詣王黼賜第議事，出御前
文字，讀示所有幽薊平灤自合依約。撒母（即烏林答贊謨─筆者注）與靖相
看曰：『卻是和西京平灤都要。靖等來時，只聽得許燕京六州二十四縣地於南
朝，今卻和西京、平、灤都要，怎生了得。』黼曰：『自趙龍圖（即趙良嗣──
筆者注）涉海北使，從貴國未到上京，已如此商議。本只爲五代以後所陷漢
地，更無二三。』撒母曰：『若是和燕京、西京、平、灤州都要，後方許契丹
舊日銀絹之數。如此，則空費往來，和合不得。』黼曰：『某天性爽快，士大
夫所共知。今來商議國事，須要說盡。已得聖旨，便將西京畫斷，別作一項，
此亦順貴國之意。如燕京係官錢物、漢戶人口、西京畫斷，一一相就貴國。
只有平、灤一事，自可相從。』度剌（即王永昌一筆者注）曰：『此亦傾盡覆
知，且如本國八九年來，方盡得契丹舊地，好處唯是一個燕京，已許與貴朝，
平、灤等州，本國要做關口。』李靖曰：『兩國來往，惟務誠實。據靖所見，
先將燕京六州二十四縣爲定，歲交契丹銀絹之數。其平、灤等州，別作一頭
項，再覓去或肯，亦不可知。若一概言之，徒苦往來。』黼曰：『此已是委曲
相就，若更分平、灤，豈有是理。』各上馬歸。」〔註29〕由於在此之前宋童
貫及劉延慶再次攻燕之役均告失敗，因而金也就對宋產生了輕視之心，烏林
答贊謨等也就只同意將燕京所屬六州二十四縣交給宋，換取宋給遼的歲幣。
宋眼看西京已不可得，就退而求其次，想將平、灤等州與燕京一併得到。但

〔註28〕 （宋）徐夢莘：《三朝北盟會編》卷四。
〔註29〕 （宋）徐夢莘：《三朝北盟會編》卷一一引趙良嗣《燕雲奉使錄》。

烏林答贊謨等執意不肯，雙方談判爲此陷入僵局。而就在雙方談判之時，金軍已兵臨燕京城下。12 月 2 日，烏林答贊謨等辭行，宋派趙良嗣、周仲武隨同他們使金，又在國書中「許依契丹舊例銀絹，再求營、平、灤三州並西京。」〔註 30〕

在烏林答贊謨等返回途中，12 月 6 日，遼留守南京未隨天祚帝逃離的大臣降金，金未費吹灰之力就得到了宋屢攻不下的燕京。因此，主動權就更在金一方了，宋人的要求也就更不會得到滿足了。「十五日庚子，趙良嗣、周仲武至大金軍前，金人不許營、平、灤三州，並要燕地稅賦。」〔註 31〕金人的理由用宗翰的話說來就是：「這事本不別，只是爲我家自著兵馬取得，所以須要賦稅，肯時便肯，不肯便休。」〔註 32〕於是又派烏林答贊謨、李靖、王永昌三人於 1123 年（宋宣和五年）至宋，商議交割燕京賦稅，又額外要求去年（1122）宋人本應給遼的歲幣。宋人雖認爲「今年來要去年歲幣，極無名」。〔註 33〕但在三名金使的一再要求下，宋廷不得已同意。爲此，「靖等歡欣，不覺踴躍」。〔註 34〕在這意外所得之下，三人急於回去表功，因此要求宋方免除賜宴、朝辭、御宴等繁縟禮節，宋人同意。又派趙良嗣、周仲武爲國信使副、馬擴爲計議使，商議賦稅的具體數目。金除了索要歲幣外，又額外每年增加 100 萬貫作爲代稅錢，遣回趙良嗣。即使宋朝這樣退讓，還有遼的降臣左企功向完顏阿骨打建議不要將燕京交給宋，「勸君莫聽捐燕議，一寸山河一寸金」。〔註 35〕宋朝最終不得已答應了金人的要求，又派趙良嗣向金人索要西京。爲了西京的交割，金派「孛菫寧尤割、〔註 36〕度剌充國信使副，撒盧母充計議使」。〔註 37〕

宋宣和五年（1123）3 月 5 日，宋徽宗在崇政殿接見了寧尤割、烏林答贊謨一行。「上遣黃珦傳旨：『卿等離軍前日，大金皇帝安樂否？累年計議事一切了絕，信誓已定，共享太平，乃是永遠奠定。』寧尤割奏言：『來時，本國皇帝令奏知大宋皇帝，計議底公事已了也，不要別做則好。』上復令珦諭旨：

〔註 30〕（宋）徐夢莘：《三朝北盟會編》卷一二。
〔註 31〕（宋）徐夢莘：《三朝北盟會編》卷一二。
〔註 32〕（宋）徐夢莘：《三朝北盟會編》卷一二。
〔註 33〕（宋）徐夢莘：《三朝北盟會編》卷一三。
〔註 34〕（宋）徐夢莘：《三朝北盟會編》卷一三。
〔註 35〕（宋）徐夢莘：《三朝北盟會編》卷一四。
〔註 36〕寧尤割就是完顏銀尤可，《金史》卷七二有傳。
〔註 37〕（宋）徐夢莘：《三朝北盟會編》卷一四。

『朝廷大信既定，豈有變更。』令依例詣宰臣王黼賜第計議。出國書並誓書草讀示，至西京地界事，黼諭寧朮割：『此非務廣土地，本爲邊州。及天德、雲內地分，若不屯守防托，夏人定來出沒，要當以河爲界。』寧朮割辭以不知。又讀至『所示誓草云』五字，寧朮割等乞不用。又云：『已許了西京，要綠礬二千栲栳。』又言：『士卒取西京勞甚，乞一個賞賜。』黼皆許之。又言：『今後通好，不知或爲弟兄，或爲叔侄，或爲知友。』黼諭以敵國往來，只可用知友之禮。上以寧朮割屢乞花宴，詔特頒春宴。上屢遣黃珣問勞。詔寧朮割就辭於集英殿，寧朮割等辭訖，跪奏設賞金帛物數。上遣黃珣諭以二十萬，寧朮割猶以爲數少，再三乞增加。上不許，遂行。」〔註38〕寧朮割與烏林答贊謨的這次出使又爲金額外爭得了 20 萬貫錢。

當年 4 月 2 日，金朝又派遣烏林答贊謨、楊天壽同趙良嗣一同赴宋設置在雄州的宣撫司處索取原爲遼臣而逃至宋的燕人趙溫信等人。「途次，撒盧母等曰：『兩國議和許大事，已十八九成，止爲人口毫末。』良嗣云：『若張轂、趙溫信、韓昉等果到本朝，良嗣必知之，今實不聞，奈何？』楊璞（天壽應是其字一筆者注）暗以微意見喻：『若只得一兩個緊要人來，便了得。』良嗣既到宣撫司，亦以璞言之故，自以謂得一二緊要人，如溫信之徒，可以必了。然宣撫司頗難之，蓋恐已送溫信，愈更滋蔓，終未得結絕。思度金國如得溫信，乃可以畢事，再三言宣撫司，乞差人去取趙溫信。初五日，趙溫信來，長跪求免。良嗣諭溫信云：『本朝固不欲諫議過去，然金國必欲，因此尋兵。大丈夫死生皆有道，生亦爲民，死亦爲民，借諫議一身以解兩國之兵，爲利亦不淺。』相顧感泣，遂以溫信付之。」〔註39〕但趙溫信到金後，宗翰親自爲其解開繩索，趙溫信也就爲金所用。至此，烏林答贊謨圓滿地完成了他在宋金「海上之盟」中的使命。之後，宋金雙方基於夾攻遼的同盟關係並未維持太久，金軍在滅遼後不久，就揮師南下，滅亡了北宋，而烏林答贊謨也先後隨同宗翰、宗弼等或是轉戰各地，或是在各地任職。

烏林答贊謨在完成「海上之盟」中的使命後，還曾出使西夏，與西夏達成和約。天會二年（1124），金軍西南路都統完顏宗翰爲在滅遼的最後過程中避免與西夏發生衝突，而「承制，割下寨以北、陰山以南、乙室耶刮部吐祿

〔註38〕 （宋）徐夢莘：《三朝北盟會編》卷一五引《燕雲奉使錄》。
〔註39〕 （宋）徐夢莘：《三朝北盟會編》卷一五引《燕雲奉使錄》。

灤之西，以賜之。」〔註40〕烏林答贊謨擔當了這次與西夏的交涉，「初，黏罕遣撒盧拇使夏國，許割天德、雲內、武州及河東兜答廂刺……」〔註41〕可見烏林答贊謨在當時金朝外交上的活躍程度與重要性。

三

1126 年（金天會三年，宋宣和七年）10 月，金軍兵分兩路伐宋，宗翰率西路軍由山西南下，宗望（斡離不）率東路軍由河北南下。金東路軍很快打到汴京城下，這時由於宗翰西路軍仍困於太原城下，未能及時與宗望會師汴京城下，而宋勤王軍已陸續到達，於是宗望於次年正月 14 日強迫宋達成了城下之盟。15 日，宋又派使者宋彥通、郝抃到宗望營中，請求宗望遣使告諭金西路軍退軍。為此，宗望派王介儒和烏林答贊謨（原文為色哷美，即撒盧母的異譯）隨同宋使一同前往西路軍。〔註42〕烏林答贊謨此時在宗望軍中，並不一定是這次出兵就一直跟隨宗望，很可能是宗翰派他到東路軍中商議軍事，故宗望又借機將他派遣回西路軍。

1127 年（金天會四年，宋靖康元年）8 月，金軍仍兵分東西兩路南下伐宋。這次，西路軍也進展迅速，9 月 3 日攻克了已被包圍 250 餘日的太原城。11 月 16 日，宗翰從太原出發繼續南下，「十七日至高平，遣使烏凌噶思謀致書宋少主，以興師問罪之意，議欲割河為界」。〔註43〕同烏林答贊謨一同出使的還有楊天吉、王汭等十三人。〔註44〕金軍在派出使節的同時，並未停止進軍步伐，東西兩路先後渡過黃河，於汴京城下會師，宗望駐紮於劉家寺，宗翰駐紮於青城。在圍攻汴京的同時，金軍又以元帥府的名義，遣使誘降宋。閏十一月三日，派「保靜軍節度使蕭慶、司農少卿楊貞幹、貝勒色哷美專往計議所有事宜。」〔註45〕這次出使的使命主要是要求宋割讓河北州郡及索要一些宋大臣及其家屬，並要求宋帝趙桓出城。在宋人眼中，「慶極桀黠有口才，楊貞幹、撒盧母語簡而峻。撒盧母乃女真人，其酋所親信者」。〔註46〕對於烏林答贊謨的這次出使，《大金弔伐錄》卷 4 所引當時宋中書舍人孫覿所撰的《天

〔註40〕《金史》卷一三四《西夏傳》。
〔註41〕（宋）徐夢莘：《三朝北盟會編》卷二五。
〔註42〕《大金弔伐錄》卷一。
〔註43〕《大金弔伐錄》卷四。
〔註44〕（宋）徐夢莘：《三朝北盟會編》卷六三。
〔註45〕《大金弔伐錄》卷三。
〔註46〕（宋）徐夢莘：《三朝北盟會編》卷六八引《宣和錄》。

會四年冬元帥伐宋，師次高平，先遣烏淩噶思謀天使入汴致書，至五年二月六日廢宋少主桓爲庶人實錄》中有詳細記載，姑引如下：

> 烏淩噶思謀持書扣城，城上皆持滿相向，遂駐射。又策馬前諭使旨，復投矢石見拒。薄暮，傳詔，繼而止舍都亭驛。七日，入見崇政殿，致書。八日，得旨詣都堂與三省長官何㮚等集議。披書第言：始割三鎮，即遣使馮澥、李若水如約；復議畫河，又遣耿南仲、聶昌分詣，而會盟不從。九日，陛辭，出安上門覆命。十四日，又遣烏淩噶思謀致書云：『使還，少主以會盟爲疑，可遣右僕射何㮚赴軍前計議，而以上皇皇弟越王太子爲質。』翌日，烏淩噶思謀病臥館中，不能朝，詔中使挾醫馳視。十七日，得旨，乘肩輿入對，不拜。詔內侍給扶，奏事畢，免辭謝。以皇伯、保順軍節度使、開府儀同三司、安康郡王仕訥同馮澥計議，留何㮚不遣。詔烏淩噶思謀乘臥輿還報。既還，止帳中，元帥飭遣數醫臨視。黎日，力疾詣帥府覆命以歸。二十四日，疾有瘳……二十五日，大軍自南壁登城，元帥傳令不得輒下城縱掠……三十日昧爽，少主素隊出南熏門，大臣、侍從、親王等從者四百人。烏淩噶思謀傳元帥旨，迎勞少主畢，遂館伴少主於青城，宰執泣，十二月二日，少主降服，上表稱臣……表入，復令易服，稱謝爲待罪云。焚香贊拜禮畢，見元帥於端成殿。酒三行，烏淩噶思謀復陪少主入城，次南熏門，城中官吏、軍士、父老持香花迎於門內者塡塞道路。呼萬歲聲徹數里，悲涕交下，少主泣涕不止。少主還內，館烏淩噶思謀於都堂……五年正月九日，元帥以書約少主議事，使烏淩噶思謀復館伴少主於青城……廢宋少主……翌日，太上皇、太上皇后鄭氏出城，元帥使烏淩噶思謀出迎，且辨奸詐。

從上述記載可看出，烏林答贊謨不但抱病出使，在戰火中進入汴京，完成使命。而且在金軍攻陷汴京後，又一直陪伴、監視宋帝趙桓的一舉一動。這說明了他嫻熟的外交技巧、才幹和他在金軍中的重要地位。可以說，他爲金滅北宋立下了汗馬功勞。

四

由於烏林答贊謨在對遼、宋交往中的突出貢獻，而且他本身一直沒有漢官官職，僅有女眞官制中的勃極烈（即孛菫、貝勒，女眞語意爲「官員」）之

稱。因此宗翰「令樞密院白身差太原府少尹」。〔註47〕

　　1138 年（金天眷元年、南宋紹興八年）6 月，時為福州管內觀察使、太原府少尹、河北東路制置都總管的烏林答贊謨再次出使南宋，副使為中散大夫、太常少卿、騎都尉石慶元。這是金在滅亡北宋後，在與南宋連年戰爭後的首次派出使節，是對宋派王倫、高公繪出使的回訪，其目的是與南宋達成和議。

　　烏林答贊謨一入宋境，宋高宗就迫不及待地命令宰執說：「館待之禮宜稍厚，若早休兵，免令赤子肝腦塗地，此朕之本意也。」〔註48〕宰相趙鼎也同樣認為：「用兵所費，比之館待殊不侔矣。」〔註49〕正是由於宋方這種謙卑的態度，使得烏林答贊謨擺足了上國天使之譜，「經過州郡，傲慢自尊，略無平日禮數，接伴使欲見而不可得。官司供帳，至打造金盞。輕侮肆志，略無忌憚」。〔註50〕烏林答贊謨到達南宋行在後，就會見地點又與宋方發生爭執，宋方想要安排在大臣議事的都堂見面，而贊謨則要求在驛館中見面，趙鼎堅持不讓步。「思謀不得已，始詣都堂，然猶欲以客禮見輔臣，鼎抑之，如見從官之禮。鼎步驟雍容，思謀一見，服其有宰相體。鼎問思謀所以來之意。曰：『王倫懇之。』問所議云何，曰：『有好公事商議。』鼎曰：『道君皇帝諱日尚不得聞，有何好公事？』又問：『地界如何？』曰：『地不可求，聽大金所與。』」〔註51〕見過南宋大臣後，贊謨又朝見了宋高宗，「及引見，禮甚倨。上問朝廷數遣使議和不從，今忽來和，何也。思謀曰：『大金皇帝仁慈，不欲用兵，恐生靈塗炭。』上曰：『俟朝廷議之。』思謀請上自決，上令思謀退館以俟，乃召宰相問之。鼎堅持不可，秦檜順上旨，謂和為便。」〔註52〕對於烏林答贊謨的言行，南宋有的大臣深感屈辱，也看到了金人出使的更深目的。如樞密副使王庶就上言：

> 臣前日在都堂與趙鼎等同見金使，再詢，訪得烏淩噶思謀在宣政間嘗來東京，金人任以腹心。二聖北狩，盡出此賊。今日天其或者遣使送死，雖齏醢之，不足以快陛下無窮之冤。今陛下反加禮意，

〔註47〕 《大金國志》卷二七《開國功臣》。
〔註48〕 （宋）熊克：《中興小紀》卷二四。
〔註49〕 （宋）熊克：《中興小紀》卷二四。
〔註50〕 （宋）李心傳：《建炎以來繫年要錄》卷一二〇紹興八年六月癸酉。
〔註51〕 （宋）李心傳：《建炎以來繫年要錄》卷一二〇紹興八年六月丁丑。
〔註52〕 （宋）徐夢莘：《三朝北盟會編》卷一八三。

大臣溫顏承順，臣於是日，心酸氣噎，如醉如癡，口未嘗交一談，
目未嘗少覘其面。君辱臣死，臣之不死，豈有愛惜耶。臣又竊聽其
語，詭秘譎詐，無一可信。問其來，則曰：『王倫懇之。』論其事，
則曰：『地不可求。』且金人不遣使已數年矣，王倫何者，能邀其來
乎？『地不可求，聽我與汝。』若無金主之意，思謀敢擅出此語乎。
臣曉夜尋繹此語，彼必用兵之久，人馬消耗，又老師宿將死亡略盡。
又敵人互有觀望，故設此策，以休我兵。候稍平定，必尋干戈。今
若苟且目前，以從其請，後來禍患，有不可勝言者矣。〔註53〕

烏林答贊謨這次出使，還想看望一下故人，那就是在「海上之盟」談判中屢
次出使金，並與烏林答贊謨有深入交往的馬擴。「時馬知鼎州，上令急召之，
至行在，俾馬入館，見思謀，因敘海上相見之好。且屈指舉諸虜酋小字詢其
安否？思謀皆舉其封諡之號以答之。」〔註54〕融洽氣氛可見一斑。二人雖為
敵國之使，各為其主，但在長期的交往中還是產生了一定的情誼。

烏林答贊謨的這次出使，為次年雙方達成紹興和議奠定了基礎。

五

烏林答贊謨因為多次出使遼、宋，立下了功勳，因此在熙宗天眷元年
（1138）改革官制時，「授寧遠大將軍，遷沁南軍節度使，知懷州。」〔註55〕
據《金史》卷 56《百官志一》記載，武官從四品上階為安遠大將軍，中階為
定遠大將軍。因而寧遠大將軍應為安遠或定遠之誤。懷州（今河南沁陽）位
於河東南路，沁南軍是其軍號，金代節度州長官為從三品。因此烏林答贊謨
從從四品直接升遷為從三品。此前，在殘酷的宮廷政治鬥爭中，宗翰的黨羽
高慶裔、劉思被殺，而宗翰也在天會十五年（1137）7月於憂憤中死去。烏林
答贊謨很快就找到了新靠山，那就是權臣宗弼。宗弼對他非常信任，「動靜皆
咨之」。〔註56〕

在烏林答贊謨任職懷州期間，由於熙宗將河南、陝西地又給予南宋，南
宋及金境內的抗金烽火又趨熾烈。天眷三年（1140）「太行義士夜破懷州萬善
鎮，去懷二十里，州人大恐，本州守烏陵思謀率軍民保城。既旦，集父老於

〔註53〕（宋）徐夢莘：《建炎以來繫年要錄》卷一二一紹興八年七月戊子。
〔註54〕（宋）徐夢莘：《三朝北盟會編》卷一八三。
〔註55〕（宋）徐夢莘：《三朝北盟會編》卷一七八引張彙《金虜節要》。
〔註56〕（宋）李心傳：《建炎以來繫年要錄》卷一二一紹興八年七月丁酉。

庭，諭之曰：『爾等知破萬善鎮之人否？南宋官軍耶？太行盜賊耶？』父老皆曰：『太行盜賊。』思謀曰：『爾等既知非南宋軍，則各撫諭子弟及閭里丁社，愼無得扇搖妄動，恐盜賊不能保爾，反害生靈。若南宋軍來，則不必爾等爲計，我當糾率郡人，開門納王師矣。』於是酒勞之而散。思謀自穹廬內亂之後，太行嘯聚蜂起，每終夜輾轉無寐，或披衣而坐，喟然歎曰：『可惜官人，備歷艱險，以取天下，而今爲數小子壞之。我未知死所矣。』官人呼黏罕。時乃割地之初，以大河爲界，北方盛傳南帝親征，民間往往私結徒黨，陰置軍器，以備緩急。沿河州郡尤爲流言所惑，至於晝爲罷市，夜或披衣以伺風聲者。思謀時守河內，地當要衝，自揣勢削身危，常懷疑懼，萬善又爲義士所破，故假以撫諭爲名，露其心腹哀鳴，以結彼人，又爲播達宋朝，以爲先容耳。」〔註57〕正是由於烏林答贊謀的權謀與智慧，懷州得以平安無事。烏林答贊謀後來又從知懷州任上調任行臺尙書省任職，並一直追隨宗弼左右。

1141年（金皇統元年，南宋紹興十一年），在宋金紹興和議達成後，一些具體問題需要解決，其中重要的一項是陝西宋金雙方邊界問題。爲此，時任左丞相、都元帥、領行臺尙書省事的宗弼就派自己的親信，時任行臺刑部尙書的烏林答贊謀出使宋方。〔註58〕「金使烏陵贊謀入境，欲盡取階、成、岷、鳳、秦、商六州，剛中力爭不從；又欲姑取商秦，於大散關立界，剛中又堅不從。」〔註59〕烏林答贊謀就諸州及戰略要地和尙原、方山原的劃屬與宋陝西分畫地界使鄭剛中屢經交涉，最終金取得上述戰略要地，並於大散關立界。烏林答贊謀也又一次贏得了他外交鬥爭中的勝利。

儘管烏林答贊謀爲金朝立下了汗馬功勞，但是他的結局十分不幸。海陵王完顏亮在謀弒熙宗登上帝位後，爲了穩固自己的地位，對宗室大肆屠殺。天德二年（1150）4月，他派人赴汴京殺謀弒熙宗集團的重要成員，時任領行臺尙書省事的完顏秉德，「並殺前行臺參知政事烏林答贊謀。贊謀妻，秉德之乳母也。初，贊謀與前行臺左丞溫敦思忠同在行臺，思忠黷貨無厭，贊謀薄之，由是有隙，故思忠乘是並誣贊謀及其子，殺之。贊謀不肯跪受刑，行刑

〔註57〕《大金國志》卷一一《熙宗孝成皇帝三》，又《三朝北盟會編》卷一七八引張彙《金虜節要》有同樣記載，《宋史》卷三六五《岳飛傳》將此事繫於紹興五年，恐誤。
〔註58〕（宋）徐夢莘：《三朝北盟會編》卷二〇八。
〔註59〕《宋史》卷三七〇《鄭剛中傳》。

者立而縊殺之。海陵以贊謨家財奴婢盡賜思忠。」〔註60〕烏林答贊謨最終以壯烈的死結束了他波瀾壯闊的一生。他沒有死在與遼、宋戰爭的戰場上或外交鬥爭的第一線，而是死於自己早年的同伴的誣陷和殘酷的宮廷政治鬥爭，可謂哀莫大焉。因此，在世宗登基後，「大定十二年，詔復烏林答贊謨官爵，贈特進。上謂宰臣曰：『贊謨忠實剛毅，雖古人無以過。與思忠有隙，遂勸海陵殺之。今思忠子孫皆不肖，亦陰報也。』初，思忠已構殺贊謨，遂納其妻曹氏，盡取其家財產。章宗即位，贊謨女五十九乞改葬。詔賜葬地於懷州，並以思忠元取家資付之。」〔註61〕烏林答贊謨的冤屈最終得到昭雪，他為金朝所立下的汗馬功勞也足以彪炳金朝史冊。

六

金代由宋入金的著名大臣宇文虛中有詩《上烏林天使》三首：

　　平生隨牒浪推移，只為生民不為私。萬里翠輿猶遠播，一身幽圄敢忠辭。魯人除館西河外，漢使驅羊北海湄。不是故人高議切，肯來軍府問鍾儀。

　　拭玉轅門吐寸誠，敢將緩頰沮天兵。雷霆倘肯矜凋散，草芥何須計死生。定鼎未應周命改，登壇合許趙人平。知君妙有經邦策，存取威懷萬世名。

　　當時初結兩朝歡，曾見軍前捧血盤。本為萬年依蔭厚，那知一日遽蒙寒。羊遷已作俘囚獻，魚漏終期網罟寬。幸有故人知底蘊，下臣獲考敢謀安。〔註62〕

有的研究者認為：「這兩首詩（前兩首——筆者注）大約作於天會十一年（公元1133年），其時齊帝劉豫與南宋構兵，陷宋鄧、隨等州。據稱詩為贈齊相張孝純之作。」〔註63〕對此說法，筆者感到殊不可解，而且也未找到「據稱」的出處。我認為，從題目和內容來看，這三首詩無疑是宇文虛中寫給烏林答贊謨的。題目中的烏林就是烏林答的異譯，天使是對烏林答贊謨使者身份的

〔註60〕　《金史》卷一三二《秉德傳》，卷八四《耨盌溫敦思忠傳》記載相同。

〔註61〕　《金史》卷八四《耨盌溫敦思忠傳》。

〔註62〕　（金）元好問編：《中州集》卷一。

〔註63〕　周惠泉：《金代文學論》，東北師範大學出版社，1997年，第107頁。

尊稱。這三首詩應作於宇文虛中出使金，而被金廷扣留後。「（建炎）二年，康王求可爲奉使者，虛中自貶中應詔，復資政殿大學士，爲祈請使。是時，興兵伐宋，已留王倫、朱弁不遣，虛中亦被留，實天會六年也。」〔註 64〕也就是 1128 年。第一首詩是感謝烏林答贊謨來看望被扣押的自己，第二首詩則是作者自我哀憐和讚美烏林答贊謨，而第三首詩則更是懇求烏林答贊謨爲自己向金統治者求情與美言。宇文虛中與烏林答贊謨的相識，從上文所述烏林答贊謨的經歷和詩中可看出，是在金軍兵臨汴京城下，烏林答贊謨出使宋廷時。「會姚平仲劫金營失利，西兵俱潰，金人復引兵逼城下，虛中縋而入。欽宗欲遣人奉使，辨劫營非朝廷意，乃姚平仲擅興兵，大臣皆不肯行。虛中承命即往都亭驛，見金使王汭，因持書復請議和。」〔註 65〕而此時烏林答贊謨正同王汭一起出使，因而宇文虛中將烏林答贊謨稱爲故人。

　　這三首詩不但可印證一些烏林答贊謨的事跡，而且也爲我們研究宇文虛中滯留金廷時的心態與表現提供了一些第一手的史料。

　　　　　　　　（原載《內蒙古大學學報‧人文社會科學版》2002 年第 6 期）

〔註64〕《金史》卷七九《宇文虛中傳》。
〔註65〕《宋史》卷三七一《宇文虛中傳》。

二十一、金代的奴告主案

摘　要

　　金代奴隸要想獲得自由身份，除了政府爲之贖身外，如果單純依靠自己的力量，就是告主贖身。奴隸爲了贖身，往往不惜誣告主人犯罪。這樣，金代出現了很多奴告主案，並且多爲大案，由此也使許多宗室、貴族遭到沉重打擊。金代的奴告主案又以海陵王、世宗、章宗三朝最多，從一個側面反映了奴隸反抗的強烈，因而這與奴隸制的逐漸被廢除也是同步的。金代的奴告主案還多爲統治者所利用，很多純屬誣告，統治者藉此來打擊自己的敵對方。奴告主案實際上也是統治階級內部鬥爭的一個工具。

關鍵詞：金代、奴隸、誣告、宗室

　　金代奴隸制的最終廢除，學術界一般認爲是在章宗時。金代奴隸要想獲得自由身份，除了政府爲之贖身外，如果單純依靠自己的力量，那麼還有一條十分艱難的路可走，就是告主贖身。金朝統治者爲了鞏固自己的統治，對主人犯有謀反等大罪的，允許奴婢告發，如果屬實，可以放免爲良人。如金初著名的漢臣韓昉「性仁厚，待物甚寬。有家奴誣告昉以馬資送叛人出境，考之無狀，有司以奴還昉，昉待之如初，曰：『奴誣主人以罪，求爲良耳，何足怪哉。』」〔註1〕正如韓昉所說，奴隸爲了贖身，不惜誣告主人犯罪。這樣，

〔註1〕　《金史》卷一二五《韓昉傳》。

金代出現了很多奴告主案，並且多爲大案，由此也使許多宗室、貴族遭到沉重打擊。金代的奴告主案又以海陵王、世宗、章宗三朝最多，從一個側面反映了奴隸反抗的強烈，因而這與奴隸制的逐漸被廢除也是同步的。金代的奴告主案還多爲統治者所利用，很多純屬誣告，統治者藉此來打擊自己的敵對方。奴告主案實際上也是統治階級內部鬥爭的一個工具。

一、海陵朝的奴告主案

海陵王完顏亮在殺害熙宗登基後，爲了鞏固自己的統治，而對宗室大加屠戮。爲此需要尋找藉口，而家奴告發則成爲往往成爲其誘因。

貞元元年（1153）「五月辛卯，殺弟西京留守蒲家。西京兵馬完顏謨盧瓦、編修官圓福奴、通進孛迭坐與蒲家善，並殺之。」〔註2〕完顏袞本名蒲甲，也寫作蒲家。因爲他「桀驁強悍」，〔註3〕爲完顏亮所厭惡。但是仍任命他爲判大宗正事，封王。完顏袞爲人不拘小節，一次竟然和大臣們議論起完顏亮的私生活。完顏亮非常生氣，親自審問。兵部侍郎蕭恭因爲首先提起此事，被奪官解職。護衛張九因爲詳細向人敍說完顏亮私生活的隱私，又不肯承認，被處死。完顏袞與翰林學士承旨宗秀、護衛麻吉、近侍王之章都被杖責，從此完顏亮對完顏袞更加疑忌。在遷都中都的途中，完顏袞被任命爲西京留守。西京兵馬完顏謨盧瓦原來就與完顏袞相識，同在西京，兩人交往更加密切。完顏袞曾送給謨盧瓦一條玉帶，並稱讚他驍勇不下於唐朝的尉遲敬德。編修官圓福奴之妻與完顏袞有姻親關係，圓福奴曾經告戒袞：「大王您名聲太盛，自己應該謙虛謹慎些。」完顏袞知道完顏亮對他有忌恨之心，因而就叫算命先生給自己占卜一下吉凶禍福。「家奴喝里知海陵疑蒲家，乃上變告之，言與謨盧瓦等謀反，嘗召日者問天命」。〔註4〕於是完顏亮派御史大夫高楨、刑部侍郎耶律慎須呂到西京審問，沒有結果。這使完顏亮極爲震怒，派使者將完顏袞等戴枷押送至中都，不經過審問，就直接將完顏袞與完顏謨盧瓦、圓福奴、孛迭及算命先生一併殺之。完顏袞的被殺，主要出於家奴喝里的告發，而喝里的告發則又是出於完顏亮對完顏袞的猜忌。

貞元二年（1154）「十月庚辰朔，殺廣寧尹韓王亨。」〔註5〕完顏亨是完

〔註2〕　《金史》卷五《海陵紀》。
〔註3〕　《金史》卷七六《完顏袞傳》。
〔註4〕　《金史》卷七六《完顏克傳》。
〔註5〕　《金史》卷五《海陵紀》。

顏亮叔父宗弼之子，本名孛迭。亨武藝高強，擊鞠（打馬球）爲天下第一，常一人獨當數人。擅長騎術，馬不分好壞，都可隨意驅馳，並能在急馳時，將木杖投於馬前，俯身拾取。每逢打獵，都用鐵流星錘擊殺狐狸、兔子等。一次與完顏亮同行路上，遇到一群野豬，亨奮力揮錘，正中一隻野豬，洞穿了它的肚子。完顏亮登基後，在拜謁太廟時，因爲怕太宗之子於己不利，而任命亨爲右衛將軍來保護自己。但是正因爲完顏亨武藝高強，性格又直率，有些自負。完顏亮曾賜給他一張良弓，他卻不要，說：「所賜弓，弱不可用。」〔註6〕完顏亮因此嫉恨在心，於是把他排擠出京，任命爲眞定（今河北正定）尹。但卻找藉口說：「太宗諸子方強，多在河朔、山東，眞定據其衝要，如其有變，欲倚卿爲重耳。」〔註7〕後來，完顏亨又任中京、東京留守。曾有一個家奴梁遵告發他與衛士符公弼謀反，雖然查無實據，遵被殺，但是完顏亮對他愈發疑忌，改任他爲廣寧（今遼寧北鎭縣）尹。又派李老僧爲同知，暗中伺察亨，以找出殺他的罪名。完顏亨被任命爲廣寧尹時，公主宗婦們都向亨的母親徒單氏祝賀。太祖的長女、也就是亨和完顏亮的姑姑兀魯大長公主說：「孛迭雖然官職稍稍下降了，但不要介意，朝廷將京和府一樣看待，況且孛迭還年輕，何愁以後不發達呢。」兀魯是太師徒單斜也之妻，而徒單斜也之女（不是兀魯所生）是完顏亮的皇后。斜也的小妾忽撻與徒單后關係甚好，就向皇后告發兀魯言語之間頗有怨恨之意，並且又說孛迭當大貴，有對皇上不利之意。於是完顏亮派蕭裕審問，在沒有任何證據的情況下，就殺了太祖的長女、自己的姑姑。並且因爲徒單斜也沒有告發，對他進行杖責並免其官。完顏亨喜歡賭博，在廣寧常與李老僧一起賭博，待李老僧非常好，因此李老僧遲遲都下不了手。完顏亮很著急，派近侍訛論催促李老僧。「久之，亨家奴六斤頗黠，給使總諸奴，老僧謂六斤曰：『爾渤海大族，不幸坐累爲奴，寧不念爲良乎！』六斤識其意。六斤嘗與亨侍妾私通，亨知之，怒曰：『必殺此奴！』六斤聞之懼，密與老僧謀告亨謀逆。亨有良馬，將因海陵生辰進之，以謂生辰進馬者眾，不能以良馬自異，欲他日入見進之。六斤言亨笑海陵不識馬，不足進。亨之奴有自京師來者，具言徒單阿里出虎誅死。亨曰：『彼有貸死誓券，安得誅之。』奴曰：『必欲殺之，誓券安足用哉。』亨曰：『然則將及我矣。』六斤即以爲怨望，遂誣亨欲因間刺海陵。老僧即補繫亨以聞。」

〔註6〕《金史》卷七七《完顏亨傳》。
〔註7〕《金史》卷七七《完顏亨傳》。

〔註8〕完顏亮派工部尚書耶律安禮、大理正忒里前往審問。亨說自己確曾說過鐵券之事，但是並無反心。六斤也承認自己是因為與亨的小妾私通為亨所恐嚇才誣陷亨的。耶律安禮等回朝奏報後，完顏亮非常生氣，懷疑因為安禮原是宗弼的手下，故而包庇亨。責問他說：「孛迭有三罪。其論阿里出虎有誓券不當死，即引伏。其謂不足進馬，及密遣刺客二者，安得無之？汝等來奏，欲測我喜怒以為輕重耳。」〔註9〕於是又派安禮同李老僧一起審問。李老僧深夜來到監獄，命人使勁踢亨的陰部，將他殺死。「亨比至死，不勝楚痛，聲達於外。」〔註10〕其狀慘不忍睹。即使如此，「海陵猶謂安禮輒殺亨以絕滅事跡，親戚得以不坐。」〔註11〕可見，完顏亮對完顏亨是必欲除之而後快。因此當亨的家奴梁遵告發他與衛士符公弼謀反而查無實據，未被懲處後，在其家奴總管六斤再次誣告他並且證據不充分的情況下，完顏亮終於按耐不住，揮起了屠刀。六斤因為是渤海貴族出身，曾經擁有的顯赫身世與身為奴僕的現狀形成了鮮明的反差，因此他不惜誣告主人以求得自身的放免為良。對自由的追求遠遠超過了對是非的判斷。

太府監完顏馮六在完顏宗本被殺後，負責查抄他的家產。由於完顏亮曾說要將金銀財寶收入宮中，其它雜物要賞賜給諸臣。因此完顏馮六對雜物並不在意，也未登記造冊，往往被人私下拿走，其家童也取走了一架檀木屏風。後因完顏馮六與太府少監劉景交惡，劉景一夥就引誘完顏馮六的家奴告發屏風之事，完顏馮六也馬上向尚書省說明了此事。本來此事不是什麼大事，即使犯罪也構不成大罪。御史大夫趙資福、大理少卿許竑在審理過後，認為馮六不是自盜，又曾經自首，應該從輕發落。但是完顏亮對馮六日常與宗室交往密切早已十分不滿，於是「謂宰臣曰：『馮六嘗用所盜物，其自首不及此。法，盜宮中物者死，諸物已籍入官，與宮中物何異。』謂馮六曰：『太府掌宮中財賄，汝當防制奸欺，而自用盜物。』」〔註12〕將其殺死。

正是由於奴隸們對自由的追求，以及完顏亮對之加以利用以達到誅殺宗室的目的，因此，當時宗室、貴族的家奴告發主人的案件層出不窮。後來的金世宗完顏雍當時任濟南府尹，完顏亮一方面出於扣留人質之需、一方面豔

〔註 8〕《金史》卷七七《完顏亨傳》。
〔註 9〕《金史》卷七七《完顏亨傳》。
〔註10〕《金史》卷七七《完顏亨傳》。
〔註11〕《金史》卷七七《完顏亨傳》。
〔註12〕《金史》卷七六《完顏宗本傳》。

羨其妻烏林答氏的美貌，令完顏雍將她送到中都。烏林答氏雖想誓死不從，但是想到自己如果死在濟南，完顏雍肯定也難以幸免；而如果離開濟南而死，自己的名節得到保全，完顏雍也可逃脫一死，因此毅然決定前往中都，並在臨行前「召王府臣僕張僅言諭之曰：『汝，王之腹心人也。爲我禱諸東嶽，我不負王，使皇天后土明鑒我心。』召家人謂之曰：『我自初年爲婦以至今日，未嘗見王有違道之事。今宗室往往被疑者，皆奴僕不良，傲恨其主，以誣陷之耳。汝等皆先國王時舊人，當念舊恩，無或妄圖也。違此言者，我死後於冥中觀汝所爲。』」〔註 13〕由此可見，海陵一朝奴告主案所引發的惡劣後果。

二、世宗朝的奴告主案

世宗登基後，鑒於完顏亮屠戮宗室的慘痛教訓，對於家奴告發宗室謀反的案件採取區別對待的方針，儘量不加以殺戮。

完顏亮的兄長完顏充在熙宗時就已去世，他有四個兒子，其中檀奴與阿里白被完顏亮所殺，而永元與耶補兒則逃奔世宗，因而世宗對完顏永元非常寵信。大定年間，永元官至北京副留守。永元的夫人寧國公主的奴婢醜底與咸平人化胡有姦情，醜底偷偷拿走了公主的印璽並加蓋在白紙上交給了化胡，又在紙上寫了永元與公主的生辰八字，誣告永元與公主謀反。世宗「詔有司鞫問，乃醜底意望爲良，使化胡爲之。上曰：『化胡與醜底有姦，造作惡言，誣害宗室，化胡斬，醜底處死。』」〔註 14〕

但是其它奴告主案的被告則沒有那麼幸運了。完顏亮的弟弟完顏襄的兒子和尚與其母親僧酷一向驕橫跋扈，世宗曾懲處過他們，但是他們並不吸取教訓。「大定間，家奴小僧月一妄言和尚熟寢之次有異徵，襄妃僧酷以爲信然，召日者李端卜之。端云當爲天子，司天張友直亦云當大貴。」〔註 15〕家奴李添壽告發了此事，僧酷與和尚都被誅殺。世宗爲此很痛惜，「上曰：『朕嘗痛海陵翦滅宗族。今和尚所爲如此，欲貸其罪，則妖妄誤惑愚民者，便以爲眞，不可不滅。朕於此子，蓋不得已也。』」〔註 16〕

完顏文是完顏宗望之子，爲人貪婪不法，世宗曾對他說：「朕無兄弟，見

〔註 13〕 《金史》卷六四《后妃傳下》。
〔註 14〕 《金史》卷七六《完顏永元傳》。
〔註 15〕 《金史》卷七六《完顏襄傳》。
〔註 16〕 《金史》卷七六《完顏襄傳》。

卿往外郡，惻然傷懷。卿頗自放，宜加檢束。」〔註17〕但是完顏文在任大名
府尹期間卻仍舊劣跡斑斑，因此被降職。完顏文爲此心懷不滿，經常向家奴
石抹合住、忽里者口出怨言。合住揣摩他的心思，說南京路猛安阿古合住、
謀克頗里及銀朮可等人與大王您關係非常好，如果您要舉大事，他們一定會
響應。完顏文聽了很高興，又召來算命的康洪占卜吉凶，並且告訴了康洪自
己的圖謀。康洪說第二年很吉利。於是完顏文厚賞了康洪，派家奴剛哥攜帶
禮物去南京聯絡阿古合住等人。剛哥臨行前問石抹合住怎麼知道阿古等一定
會響應完顏文，石抹合住說既然阿古與大王關係那麼好，我想他們一定會響
應的。剛哥看到情況如此，知道事情難成。到了南京之後，並未向阿古說明
來意，回去之後卻欺騙完顏文說阿古一定會響應大王。於是完顏文開始製造
兵器，讓家奴斡敵畫陣圖。家奴重喜告發了完顏文，文得訊後逃亡。此前，
完顏文的弟弟完顏京也曾因占卜吉凶獲罪，被世宗從輕發落。至此，「上聞文
亡命，謂宰臣曰：『海陵翦滅宗室殆盡，朕念太祖孫存者無幾人，曲爲寬假，
而文曾不知幸，尚懷異圖，何狂悖如此。』」〔註18〕完顏文大定十二年（1172）
9月逃亡，12月被捕獲，隨即被殺。

三、章宗朝的奴告主案

　　章宗之前的金代皇帝中，熙宗、海陵王、世宗都經過宗室內部一番鬥爭，
甚至你死我活的宮廷政變才得以登基，因而給章宗留下了慘痛的經驗教訓，
那就是要防範宗室尤其是近親對自己寶座的覬覦。因此章宗在即位之初就對
自己的諸多叔父採取種種措施嚴加防範，最後以家奴告發爲契機，引發了章
宗時期的兩次針對諸王的案件，就是鄭王永蹈謀反案和鎬王永中謀反案。

　　明昌四年（1193）十二月，發生了鄭王永蹈謀反案，事情的起因一方面和
章宗打壓諸王有關，另一方面也和永蹈有一定的野心有關。世宗十子中，章宗
親祖母所生的兒子包括章宗的父親在內，在章宗即位時都已經去世。永蹈的母
親元妃李氏生有永蹈及永濟、永德三人，而「豫王允成母昭儀梁氏早卒，上命
允成爲（李）妃養子」。〔註19〕這樣，永蹈實際上共兄弟四人，在世宗後代中，
擁有很大的勢力，永蹈也就難免對章宗的寶座有所覬覦。術士崔溫、郭諫、馬
太初和永蹈的家奴畢慶壽關係很好，幾個人時常在一起說一些讖緯災祥之事。

〔註17〕《金史》卷七四《完顏文傳》。
〔註18〕《金史》卷七四《完顏文傳》。
〔註19〕《金史》卷六四《后妃傳下》。

畢慶壽向永蹈說：「郭諫給人看相看得很好。」於是永蹈將郭諫召來給自己和妻子、兒子看相。郭諫逢迎說：「大王的相貌非比常人，王妃和兩個公子也當大貴。」又說：「大王您是元妃的長子，其它王不能與您相比。」永蹈很高興，又召來崔溫、馬太初來詢問讖緯天象等是否對自己有利。崔溫說：「丑年有兵災，屬兔的人次年可收兵得皇位。」郭諫也說：「昨見赤氣犯紫微，白虹貫月，皆注丑後寅前兵戈僭亂事。」〔註20〕明昌四年（1193）恰巧是癸丑年，五年（1194）是甲寅年。郭諫等人實際上鼓動永蹈在明昌四年、五年之間發動政變。永蹈對郭諫等人的說法深信不疑，於是勾結宮廷內侍鄭雨兒刺探章宗的舉動，並以崔溫為謀主，郭諫、馬太初往來遊說。永蹈時為定武軍節度使，定武軍為定州（今河北省定州市）的軍號。永蹈想要發動政變，手中必須要有軍隊。而永蹈的妹妹韓國公主的丈夫僕散揆這時任河南統軍使，於是永蹈想要拉攏僕散揆以取得河南軍。永蹈又與另一個妹妹長樂公主商議，派長樂的駙馬蒲刺睹寫信給僕散揆，表示想與僕散揆結為兒女親家。但是僕散揆拒絕了，使者也就不敢再說政變之事。永蹈的家奴董壽曾經勸告他不要妄圖篡位，永蹈不聽。董壽將此事告訴了另一個家奴千家奴，與他一起告發了永蹈。這時，永蹈恰好在中都，於是章宗逮捕了他，命令平章政事完顏守貞、參知政事胥持國、戶部尚書楊伯通、知大興府事尼龐古鑒審問，株連的人很多，但是卻遲遲不能定案。章宗非常生氣，責問完顏守貞等人。右丞相夾谷清臣奏報說：「事貴速絕，以安人心。」〔註21〕於是章宗賜永蹈及妃子卞玉，二子按春、阿辛，公主長樂等人自盡。殺蒲刺睹、崔溫、郭諫、馬太初等人。僕散揆雖並未參與其事，但是他曾「私品藻諸王，獨稱永蹈性善，靜不好事」，〔註22〕於是也予以除名。董壽免死，並且任職宮籍監都管勾。千家奴則賞錢二千貫，並賞賜官職。「自是諸王制限防禁密矣」。〔註23〕章宗還把永蹈的家產賞賜給諸王，戶部郎中李敬義上書怕因此生事，章宗讓尚書省討論。平章政事完顏守貞奏：「陛下欲以允蹈等家產分賜懿親，恩命已出，恐不可改。今已減諸王弓矢，府尉司其出入，臣以為賜之無害。如董壽罪人也，特恩釋之，已為幸矣，不宜更加爵賞。」〔註24〕章宗採納了完顏守貞的意見。

〔註20〕《金史》卷八五《世宗諸子·永蹈傳》。
〔註21〕《金史》卷八五《世宗諸子·永蹈傳》。
〔註22〕《金史》卷九三《僕散揆傳》。
〔註23〕《金史》卷八五《世宗諸子·永蹈傳》。
〔註24〕《金史》卷七三《完顏守貞傳》。

　　鎬王永中謀反案發生在明昌六年（1195）五月。永中是世宗的長子，世宗在世時，他已與章宗的父親顯宗允恭略有嫌隙，這嫌隙也必然影響到章宗對永中的看法，章宗對永中一直十分防範，因此即位後，即將時任樞密使的永中外放爲西京留守。不久，又一件事更加深了章宗對永中的惡感。明昌二年（1191）正月，章宗的母親孝懿皇后病逝，判眞定府事吳王永成、判定武軍節度使隋王永升都未及時奔喪。爲此，章宗對他們都處以罰俸一月的處罰，並對其王府官員長史都杖責五十。「永中適有寒疾，不能至。上怒，頗意諸王有輕慢心，遣使責永中曰：『已近公除，亦不須來。』二月丙戌，禫祭，永中始至，入臨。辛卯，始克行燒飯禮。壬辰，永中及諸王朝辭，賜遺留物，禮遇雖在，而嫌忌自此始矣。」〔註25〕明昌三年（1192），永中又改任判平陽府事，這無疑是降了永中之官。永中對章宗對諸王的防範限制也很反感，「永中自以世宗長子，且老矣，動有掣制，情思不堪，乃表乞閒居。詔不許。」〔註26〕永蹈案發生後，章宗又加強了對諸王的防範，增加了諸王司馬一人，負責檢查諸王門戶出入情況，對諸王家人出入都有限制，對諸王打球、射獵、宴會也都加以限制。章宗還特別對永中進行打壓，河東提刑判官把海里曾經私自拜會永中，爲此被章宗杖責一百，解職。前近侍局副使裴滿可孫曾經受永中的請託，爲永中子石古乃謀求官職，後來可孫雖然已經改任同知西京留守，但是仍被免職。前任尙書右丞張汝弼是永中的舅舅，他在大定二十七年（1187）已經病逝。張汝弼的妻子高陀斡在大定年間就十分恭敬地供奉了永中母親的畫像，並爲永中求福，有非分之想。「章宗即位，汝弼妻高氏每以邪言怵永中覬非望，畫永中母像侍奉祈祝，使術者推算永中」。〔註27〕明昌五年（1194）九月「庚戌，張汝弼妻高陀斡以謀逆，伏誅」。〔註28〕章宗懷疑是永中在背後指使，但是苦於找不到證據來處置永中。後來鎬王府傅尉等官告發永中第四子阿離合懣因爲對章宗防範諸王的政策不滿，口出不道之語。章宗派御史中丞孫即康等審問，又發現了永中第二子神徒門所作詞曲有對章宗不敬的意思，「家奴德哥首永中嘗與侍妾瑞雲言：『我得天下，以爾爲妃，子爲大王。』」〔註29〕章宗又派禮部尙書張暐、兵部侍郎烏古論慶裔覆核該案，結果相同。

〔註25〕《金史》卷八五《世宗諸子・永中傳》。
〔註26〕《金史》卷八五《世宗諸子・永中傳》。
〔註27〕《金史》卷八三《張汝弼傳》。
〔註28〕《金史》卷一○《章宗紀二》。
〔註29〕《金史》卷九九《孫即康傳》。

於是，「上謂宰臣曰：『鎬王只以語言得罪，與永蹈罪異。』參知政事馬琪曰：『永中與永蹈罪狀雖異，人臣無將，則一也。』上曰：『大王何故輒出此言？』左丞相清臣曰：『素有妄想之心也。』詔以永中罪狀宣示百官雜議，五品以下附奏，四品以上入對便殿。皆曰：『請論如律。』惟宮籍監丞盧利用乞貸其死。詔賜永中死，神徒門、阿離合懣等皆棄市。」〔註30〕章宗命令平陽府提供葬具，用國公禮埋葬了永中，其妻子兒女則流放於威州（今河北省井陘縣）安置。雖然迫於章宗的淫威，大部份官員都表態認爲永中有罪，但是也有一批像盧利用這樣的官員爲永中抱不平。當時的輿論普遍認爲永中無罪，「時論冤之」，〔註31〕他只是章宗「疑忌」的犧牲品而已。

永中謀反案純粹是空穴來風，永中完全受的是不白之冤，而永蹈案也有很多可疑之處。兩案其實都是章宗以家奴告發爲契機，來達到剷除潛在政敵的目的。

章宗時期，因爲濫發交鈔，造成貶值，官員、百姓惜用銅錢，普遍囤積銅錢，造成進一步的通貨膨脹。爲此，明昌五年（1194）三月，章宗頒佈了限錢令，規定了官員、百姓按照品級及家庭財產狀況存留銅錢的數目，最多的不能超過2萬貫，超過限額的，必須用於消費，以使錢幣流通。並且規定「有能告數外留錢者，奴婢免爲良，傭者出離，以十之一爲賞，餘皆沒入。」〔註32〕實際上鼓勵家奴告發自己的主人。這樣，奴告主案又成了政府對經濟進行調控的手段。

章宗之後，奴告主案已很少見載於《金史》，這也在一定程度上說明了金代在章宗朝最終完成了封建化的進程。

（原載《博物館研究》2008年第3期）

〔註30〕 《金史》卷八五《世宗諸子·永中傳》。
〔註31〕 《金史》卷九九《孫即康傳》。
〔註32〕 《金史》卷四八《食貨志三》。

二十二、論金世宗時期的金麗關係

摘 要

對待高麗，金世宗是在維持藩屬關係的前提下，儘量避免干涉其內政。金世宗時的金麗關係，主要是圍繞著高麗史上的幾件大事，也就是鄭仲夫與趙位寵之亂而展開的。

關鍵詞：金代、金世宗、高麗、鄭仲夫、趙位寵

金建國前與高麗發生過曷懶甸之戰，戰爭以女真的勝利而告終。〔註1〕之後，隨著金政權的建立，金挾滅遼之餘威，最終迫使高麗在金太宗天會四年（1126，高麗仁宗王楷四年）向金進獻誓表，「六月丙申朔，高麗國王王楷奉表稱藩」。正式建立了兩國的朝貢關係，高麗成爲金的藩屬。〔註2〕之後，雙方一直維持著和平，進行著頻繁的使節往來。金熙宗皇統二年（1142），金又正式冊封王楷爲高麗王。金海陵王完顏亮謀弑熙宗登基後，以統一天下爲己任，他曾說：「朕舉兵滅宋，遠不過二三年，然後討平高麗、夏國。」〔註3〕

〔註1〕 參見魏志江：《女真與高麗曷懶甸之戰考略》，《遼金與高麗關係考》，香港天馬圖書有限公司，2001年。

〔註2〕 參見魏志江：《十二世紀初金國與高麗的外交》，《遼金與高麗關係考》，香港天馬圖書有限公司，2001年。

〔註3〕 《金史》卷一二九《張仲軻傳》。

可見，對高麗的戰爭早已在完顏亮的計劃之中。但是由於對南宋的戰爭排在日程之前，金與高麗仍保持著正常的貢使關係。隨著完顏亮在伐宋前線被臣下所弒，高麗也免除了與金一戰的厄運。金世宗即位後，一改完顏亮窮兵黷武的政策，而是對內實行與民休息，恢復國力，發展生產的政策。對外，也與周邊國家實行友好的政策。對待高麗，金世宗也是在維持藩屬關係的前提下，儘量避免干涉其內政。這樣也使高麗深得其利，避免了在內亂頻仍的情況下，又遭受外敵干涉的困境。金世宗時的金麗關係，主要使圍繞著高麗史上的幾件大事，也就是鄭仲夫與趙位寵之亂而展開的，下詳述之。

一、金世宗初期的金麗關係

高麗獲知完顏亮被弒的消息極為迅速，就在 1161 年（高麗毅宗王晛十五年）11 月，完顏亮被弒的當月，高麗「西北面馳報金主被弒」。〔註 4〕這可能是出於世宗的通報，「十一月壬午，尚書右司員外郎完顏兀古出報諭高麗」。〔註 5〕1162 年 3 月，南宋也向高麗通報了情況，「宋都綱侯林等四十三人來明州牒報云：宋朝與金舉兵相戰，至今年春大捷，獲金帝完顏亮圖形，敘罪布告中外，御製書圖。上曰：金虜亶亮，獨夫自大。弒君殺母，判盟犯塞。殘虐兩國，屢遷必敗。皇天降罰，為夷狄戒。」〔註 6〕對此，高麗認為，「蓋宋人欲示威我朝，未必盡如其言」。〔註 7〕同年 11 月，金正式向高麗通報世宗即位，「戊申，金遣大府監完顏興來告即位」。〔註 8〕高麗也隨即派出回使，12 月「遣金永胤、金淳夫如金賀登極，又遣金居實謝宣諭登極」。〔註 9〕這樣，雙方又恢復了使節頻繁往來的友好關係，賀正旦使、賀生辰使、橫賜使、進奉使等往來不斷。高麗也從貢使往來中得到很大利益，其中大定九年（高麗毅宗王晛二十三年，1169）金派遣橫賜使符寶郎徒單懷貞一次就賜予高麗羊二千隻。〔註 10〕大定十年（毅宗王晛二十四年，1170）五月，高麗毅宗王晛的孫子出生，「王喜，欲遣使告於金，即命同文院移牒以待金國指揮。金主聞之曰：彼國誕得繼孫，良為慶事。欲申告謝，已識忠勤，不煩遠

〔註 4〕《高麗史》卷一八《毅宗二》。
〔註 5〕《金史》卷六一《交聘表中》。
〔註 6〕《高麗史》卷一八《毅宗二》。
〔註 7〕《高麗史》卷一八《毅宗二》。
〔註 8〕《高麗史》卷一八《毅宗二》。
〔註 9〕《高麗史》卷一八《毅宗二》。
〔註 10〕《高麗史》卷一九《毅宗三》。

遣使來。事遂寢」。〔註11〕金世宗這次拒絕王晛遣使，可能是出於經濟上的考慮，即想減少對高麗的大量賞賜造成的財政上的負擔。

在世宗前期金與高麗的交往中，也有著不和諧音。「大定四年，鴨綠江堡戍頗被侵越焚毀」。〔註12〕這是出於高麗西北面兵馬副使金光中所爲。「有島在麟、靜二州之境，二州之民嘗往來耕漁。金人乘間樵牧，因多居焉。光中欲復地邀功，擅發兵擊之，火其廬舍，仍置防戍守屯田」。〔註13〕麟、靜二州後爲李朝的義州（今朝鮮新義州），據《東國輿地勝覽》卷 53 記載，此處的鴨綠江中有於赤、黔同、威化三島，「三島其地俱肥沃，民多耕墾」。此三島因在鴨綠江中，很難確定是屬於金還是高麗。金光中此舉，無疑破壞了金麗之間的和平局面。對此，世宗並未貿然採取軍事行動，而是在大定五年（1165）正月高麗使〔註14〕辭行時，「諭之曰：『邊境小小不虞，爾主使然邪？若果疆吏爲之，爾主亦當懲戒之也。』」〔註15〕爲了對高麗略示懲戒，世宗還取消了原來使者私進禮物以換取大量賞賜的慣例。「初，高麗使者別有私進禮物以爲常，是歲萬春節，上以使者私進不應典禮，詔罷之。」〔註16〕三月，「辛亥，金大夫營主遣銳卒七十餘人攻麟、靜二州境內之島，執防守靜州別將元尙等十六人以歸」。〔註17〕在金軍的武力威脅下，高麗「王命歸其島，撤防戍」。〔註18〕

二、金世宗對鄭仲夫之亂的對策

高麗毅宗王晛耽於享樂，經常四出巡幸，與文人吟詩作賦。而當時武臣的地位卻遠遠低於文臣，並且文臣對武臣十分輕視。鄭仲夫時爲上將軍，經常扈從毅宗，對毅宗輕視武臣早已心懷不滿。毅宗十八年（1164）「王移御仁智齋，法泉寺僧覺倪迎駕於獺嶺院，王與諸學士唱和未已。仲夫以下諸將疲困憤惋，始有不軌之心」。〔註19〕左副承宣林宗植、起居注韓賴等文臣恃寵傲

〔註11〕《高麗史》卷一九《毅宗三》。
〔註12〕《金史》卷一三五《高麗傳》。
〔註13〕《高麗史》卷一○○《金光中傳》。
〔註14〕《高麗史》卷一○○《金光中傳》記載高麗使爲金莊，同書卷一八《毅宗二》載金莊爲謝賀生辰使。《金史》卷一三五《高麗傳》卻載爲正旦使。使節爲高麗所派，應以《高麗史》爲準。
〔註15〕《金史》卷一三五《高麗傳》，《高麗史》卷一○○《金光中傳》記載同。
〔註16〕《金史》卷一三五《高麗傳》。
〔註17〕《高麗史》卷一八《毅宗二》。
〔註18〕《高麗史》卷一○○《金光中傳》。
〔註19〕《高麗史》卷一二八《鄭仲夫傳》。

物，對武臣十分蔑視，這更增加了文、武臣之間的矛盾。毅宗二十四年（1170），王晛又遊幸和平齋，與近幸文臣吟詠遊樂，扈從的將士卻忍饑挨餓，於是鄭仲夫與李義方、李高等密謀發動政變。第二天，王晛將要遊幸普賢院，到五門前時，王晛又設下酒宴，並命令武臣在席前表演技擊。王晛也知道武臣都心懷怨恨，想藉此機會賞賜武臣，以撫慰之。但是意外卻發生了，大將軍李紹膺身為武將，卻瘦弱單薄，與一人搏擊不勝而逃。韓賴上前一巴掌將其打落階下，王晛與眾武臣大笑不止。而林宗植、李復基也大罵李紹膺。鄭仲夫實在看不下去了，「厲聲詰賴曰：『紹膺雖武夫，官為三品，何辱之甚？』王執仲夫手曰慰解之。高拔刃目仲夫，仲夫止之。」〔註20〕傍晚，鄭仲夫、李義方、李高等在普賢院發動政變，殺林宗植、李復基、韓賴等人，「凡扈從文官及大小臣僚、宦寺皆遇害，積屍如山。」〔註21〕隨後，鄭仲夫等又殺在京文臣50餘人，九月「己卯，王單騎遜於巨濟縣，放太子於珍島縣。是日，仲夫、義方、高等領兵迎王弟翼陽公晧即位。」〔註22〕

　　高麗因為是金的藩屬，即位，必須得到金的認可，方為合法有效。於是金、麗雙方又圍繞著這個問題展開了頻繁的外交交涉，而金世宗對此也採取了靈活、實際的方針，最終使金、麗的友好關係得繼續。

　　大定十年（1170）「十月，賜生日使、大宗正矵至界上，高麗邊吏稱前王已讓位，不肯受使者」。〔註23〕此前，王晧已向金派出工部郎中庾應圭奏告王晛退位、自己即位。因為有高麗拒絕金使在先，於是世宗「詔婆速路勿受，有司移文詳問」。〔註24〕庾應圭「對曰：『前王久病，昏耗不治，以母弟晧權攝國事。』帝曰：『讓國大事也，何以不先陳請？』詔有司詳問。」〔註25〕庾應圭到達中都後，向世宗進上了王晛、王晧的兩道表章，「前王表曰：『臣久纏疾恙，漸致衰羸。襟靈以之昏荒，氣力以之消沮。醫攻熨而莫效，暝眩而不瘳。豎居膏肓，天奪魂魄。以之只服前人之訓言，率先列國之貢藝。而乃民政推案而或廢於剖決，國賓蹕門而或失於將迎。為邦之道既隳，事主之儀多闕。今則伏在床枕，幾委體支。仰繫覆露之私，深念播荳之業。臣昔逮事

〔註20〕《高麗史》卷一二八《鄭仲夫傳》。

〔註21〕《高麗史》卷一二八《鄭仲夫傳》。

〔註22〕《高麗史》卷一九《毅宗三》。

〔註23〕《金史》卷一三五《高麗傳》。

〔註24〕《金史》卷一三五《高麗傳》。

〔註25〕《高麗史》卷九九《庾應圭傳》。

臣父先國王嘗屬臣云：苟有遞代，必先弟。今臣有元子泓，少而無慧，長且多愆。未堪主鬯以展勤，矧復奉藩而受職。竊見臣弟晧忠順之德，夙勤於君親；睦恭之心，無懈於朝夕。載嘉淑行之如始，益體理命之有徵。乃於某月某日以臣弟臣晧權守軍國事務，敢茲上聞，異照下懇。』新王表曰：『覆燾之仁，靡私於一物；聖神之德，均視於萬邦。恪布忱辭，冒干洪造。伏見臣兄國王臣晛久尊周室，樂率漢藩。緣感疾於中身，遂抱羸於積稔。十全不能措其手，一丸豈復效其靈。沈綿浸深，顛僕是局。頃因脫釋於重負，始欲保守於餘年。蓋由承稟臣先國王臣晛遺屬，以臣忝爲同母之親，可付先祊之業。於某月某日令臣權守軍國事務，而臣避之無計，受亦誠難。將籲呼以上聞，顧跋涉之愈遠。又黎庶不可以無主，保釐不可以闕人。勉副群情，假司分寄。戰兢之抱莫敢遑寧，危慄之懷幾至殞越。敢具事實以達宸嚴。』」〔註 26〕

世宗看到表章後，「曰：『爾國雖小，知君臣之義，兄弟之序。乃何廢兄篡位，造飾虛詞，欺罔上國？宜行天討，以懲其罪。』應圭對曰：「前王不幸有疾，子亦不彗。故遵先父遺命，讓位於弟耳。小國安敢欺罔天子？陪臣雖就湯鑊斧鉞之誅，更無異辭。』不屈。」〔註 27〕世宗當然不會輕易相信庾應圭的話，於是又詢問宰執，丞相紇石烈良弼認爲不可信，其理由是：「王晛只有一個兒子，往年生孫子時，還曾有表章自陳生孫之喜，此其一；王晧曾經作亂，而王晛囚禁過他，此其二；如今晛不遣使，而晧卻遣使，此其三也；朝廷遣使祝賀王晛生日，晧不轉達於晛，而卻說不敢接受，此其四也。」所以一定是晧篡奪其兄王位，還請求天子的冊封，這怎麼可以忍受呢？而右丞孟浩卻說：「應該詢問高麗的臣民，如果他們都推戴王晧，那麼就遣使冊封他。」世宗對孟浩的看法很不以爲然，認爲封一國之君卻詢問百姓，這與除拜猛安謀克又有什麼差異呢。應該再次遣使詳細詢問王晛。〔註 28〕「遂以不允前王讓位回詔授應圭。應圭奏：『陪臣所獻二表也，新王之詔何無回詔也？使於四方，不辱君命，臣之職也。臣今辱命，罪不容死。與其生還本國，寧隕身上國，聞於天下。』因不食，具服立庭，向闕待命。晝夜不移三日，館伴以聞。帝屢使勸食，猶不食。從者夜密進水漿，應圭叱曰：『汝亦人耳，何行詐之甚

〔註 26〕《高麗史》卷一九《明宗一》。

〔註 27〕《高麗史》卷九九《庾應圭傳》。

〔註 28〕上述內容見載於《高麗史》卷九九《庾應圭傳》和《金史》卷一三五《高麗傳》，兩者記載相同。

邪？』及五日，形容枯槁，氣息將絕，力不能立，數至僵僕。帝憐其忠誠，遣大臣慰諭曰：『爾國雖小，有臣若此，已寢問罪之議，將降詔依允。汝且就食，毋傷生。』應圭曰：『宸眷雖厚，臣不受回詔，何敢食乎？受詔之日，乃臣續命之辰。』不食七日，帝益憐之，授回詔，賜御饌幣帛，厚慰而送之。」〔註29〕在對高麗國內形勢不是特別瞭解的情況下，世宗給王晧的回詔並未答應其即位，而給王晛的回詔則明確不允許其退位。詔書說：「卿襲封二紀，作屏一邦。近者屢愆信使之期，徒有郵書之報。向深憂乎變，故今始閱於封章，稱疾疹之淹延，懼保釐之曠闕。述其父命之遺囑，欲以弟及而相傳。付之伊人，攝以國事。卿言雖順，朕意未孚，續遣使騑往詢厥事。」〔註30〕

1171年（金大定十一年，高麗明宗王晧元年）7月，金詢問使吏部侍郎完顏靖抵達高麗，由於情況不明，完顏靖對高麗的迎接使者的拂塵宴、初參宴都不參加。並且其所攜帶的詔書也是賜給王晛的：「卿撫有爾邦，踐修世美。及當茲歲，付上封章。告厥疾已曠於保釐，謂其子不能於負荷。述前人之遺囑，讓母弟而相傳。尙優未出於誠心，是用往頒於詔問。使騑來復，奏牘宜詳。」〔註31〕王晧對於完顏靖的詢問及見王晛的要求，也百般推脫，「稱前王已避位，出居他所，病加無損，不能就位拜命。路又險遠，非使者所宜往。靖以故不得見前王。」〔註32〕高麗的禮部郎中崔均爲接伴使，負責接待完顏靖。他對完顏靖的責問也「隨問辨解，無差舛。金使服其敏給。」〔註33〕王晧又以王晛的名義向世宗進上一道表章，其內容與以前的大同小異。

完顏靖返回後，世宗徵詢了大臣的意見，都認爲王晛既然想要讓位，不如就冊封王晧。但是丞相紇石烈良弼、平章政事完顏守道認爲應該等高麗派使祈求，以保持大國的尊嚴。世宗也予以同意。世宗君臣對高麗的實際情況應該相當瞭解，正如上文紇石烈良弼的見解。但是在權衡利弊的情況下，君臣們認爲干涉高麗內政，與金並無好處，而武力干涉，更難免兩敗俱傷，因此也樂得送一順水人情。當年12月，高麗告奏使禮部侍郎張翼明、都部署黃公遇抵金。次年二月，二人返回，帶回了世宗的給王晧的正式敕書：「卿逖居侯土，望重邦人。固常公耳以爲心，適會友於之邁疾。累封章而敷奏，述遜

〔註29〕《高麗史》卷九九《庚應圭傳》。
〔註30〕《高麗史》卷一九《明宗一》。
〔註31〕《高麗史》卷一九《明宗一》。
〔註32〕《高麗史》卷一九《明宗一》，《金史》卷一三五《高麗傳》記載相同。
〔註33〕《高麗史》卷九九《崔均傳》。

讓之由來。攝位從宜，投誠有請。意欲承家而保國，義當垂詔以加恩。肆因使價之還，姑用俞音之布。續當遣使冊命。」〔註34〕

1172 年（金大定十二年，高麗明宗王晧二年）五月甲申，金冊封使太府監烏古論仲榮、翰林直學士張享抵達高麗。「壬午，王出昇平門迎詔，受冊於大觀殿。冊曰：『崇德象賢，若稽於古。承家開國，以正其功。粵惟表海之舊封未艾，如川之多祚所從來遠。雖子孫勿替其傳，惟不於常有兄弟相及之道。世將於是享德，人亦無閒言。爰契師虞，往敷天寵。咨爾晧遠大以爲任賢明，而自將地處彼邦之懿親，才雄爾眾之令望。係乃祖乃父，實維藩垣。前烈用弘，嗣賢不乏。蓋跟深則枝茂，積厚者流光。餘慶曷歸，汝躬是在，屬友於之疾，其殆不瘳。推公耳之心，自爲克讓。申以敷奏，達於聽聞。是用成斯美於天倫，代厥後於先正。今遣使命爾爲開府儀同三司・高麗國王，永爲藩屬。於戲！社稷既有所受，德業莫或不勤。律乃邦民，謹爾侯度。禍福惟人所召，切戒於淫佚驕邪。夙夜畏天之威，庶可以安寧長久。罔曰不克，惟既厥心。往哉惟休，無替朕命。』又詔曰：『朕位乎天地之中，託於侯王之上。凡來咨來茹，皆鼇爾成於維藩維垣，固懷以德。卿令圖經遠，雅望得民。以介弟之懿親，篤前人之餘烈。恭承友讓，迓續世封。宜膺蕃錫之恩，永封榮懷之慶。今差某官某等往彼冊命，仍賜卿衣帶鞍馬匹段等物。俱如別錄，至可頒也。九旒冕一頂、九章服一副、玉圭一面、玉冊一副、金印一面、駝紐象輅一、馬四匹。別賜衣五對、細衣箸二百匹段、細弓一張、雕翎大箭二十八支、鞍轡二匹、散馬七匹。』」〔註35〕這樣，王晧正式即位，金與高麗再次明確了宗主、藩屬關係，雙方隨即又展開了頻繁的使節往來。次年十月，王晧派人於雞林坤元寺北淵邊殺害了被囚禁的王晛。而據說此前出使高麗的金使已經預測到了王晛的死亡。「初前王宴金使，使見左承宣金敦中，問於執禮曰：『彼哲而長者，貴而甚文，其名爲誰？』答曰：『名敦中，相國金富軾之子，中魁第者也。』金使曰：『果信矣。』王聞之，使請曰：『寡人壽幾何？』金使曰：『國王之壽久不可數，今滿庭老少之臣盡逝，然後王有臨川之患矣。』及庚癸之亂，老少文臣皆被害，而王亦遇淵上之變。其言果驗。」〔註36〕據《金史・交聘表》，大定九年（1169）「九月丙辰，以提點司天台馬貴中爲高麗

〔註34〕 《高麗史》卷一九《明宗一》。
〔註35〕 《高麗史》卷一九《明宗一》。
〔註36〕 《高麗史》卷一九《明宗一》。

生日使」。馬貴中《金史》卷131有傳，其人擅長術數，預測王晛之死的金使應該是他。

三、金世宗對趙位寵之亂的對策

在世宗正式冊封王晛後，金與高麗的關係穩定了數年。但不久，由於高麗又發生了趙位寵之亂，兩國的關係再次面臨考驗。

趙位寵在高麗毅宗王晛時任兵部尚書、西京（今朝鮮平壤）留守，王晛即位後，他仍保留原職。明宗王晧四年（1174）九月，趙位寵以討伐鄭仲夫、李義方等叛臣的名義起兵，並且移檄東北兩界諸城。他在檄文中說：「側聞上京重房議以北界諸城率多桀驁，欲討之，兵已大舉，豈可安坐，自就誅戮。宜各糾合士馬，速赴西京。」〔註37〕在他的煽動下，岊嶺（今朝鮮黃海道慈悲嶺）以北四十餘城紛起響應。王晧派平章政事尹麟瞻討伐，尹率三軍至岊嶺驛，被趙位寵大敗。趙趁機進兵，被李義方擊敗，奔還。李義方圍城，被趙位寵擊退。不得已，王晧再次派出尹麟瞻圍攻西京。在尹麟瞻長期圍攻下，趙位寵想要借助金來抗禦王晧。於是於1175年（金大定十五年，高麗明宗王晧五年）九月，「遣徐彥等九十六人上表曰：『前王本非避讓，大將軍鄭沖夫、郎將李義方實弒之。臣位寵請以慈悲嶺以西至鴨綠江四十餘城內屬，請兵助援。』」〔註38〕對於趙位寵的求援，金世宗仍本著不干涉高麗內政的原則來處理。「上曰：『王晧已加封冊，位寵輒敢稱兵為亂，且欲納土，朕懷撫萬邦，豈助叛臣為虐。』詔執徐彥等送高麗。」〔註39〕對於王晧，世宗則百般撫慰。同年「十一月辛亥，朴紹還自金。詔曰：『省所上表告，奏事具悉。使价來庭，奏函申懇戴賜封之恩，造述有國之由來。謂寇攘卒起於不虞，致職貢少稽於入覲。迄用平定，孚於聽聞。載嘉侯度之恭，宜固世封之守。』」〔註40〕

對於高麗的內亂，世宗也不得不加以防備。曾派出軍隊以防不測。「（趙位寵起兵後）定、長二州及宣德鎮欲投女真，（東路加發兵馬副使）景升遣人撫安之。女真千餘人到定州門外，欲乘危鈔掠。景升諭解之，女真乃退。」〔註41〕高麗明宗王晧六年（1176）二月「甲午，金人以兵船十餘艘侵掠東海霜陰

〔註37〕《高麗史》卷一〇〇《趙位寵傳》。
〔註38〕《金史》卷一三五《高麗傳》。
〔註39〕《金史》卷一三五《高麗傳》。
〔註40〕《高麗史》卷一九《明宗一》。
〔註41〕《高麗史》卷一〇〇《杜景升傳》。

縣」。〔註42〕六月，王皓最終平定了趙位寵之亂。然而，其餘部仍有活動。爲此，金軍仍嚴加防範。1178 年 11 月，「金遣把將軍兵來屯義州關外」。〔註43〕庾信若時爲高麗西北面兵馬使。「金遣八將軍來屯義州關外，信若遣人詰之。答曰：『聞西京留守趙位寵請兵於本國及西宋欲伐我，故屯兵以備之耳。』信若又遣人曰：『位寵已誅，宋又阻大海無路，請兵此皆虛說，請問告者名？』金將曰：『龍州人某。』信若使人往索，則已逃矣。令諸城物色之，得於永清縣。鞫之，其人果服。曰：『吾父常以國家密事告金人，多獲厚利，及其死，囑諸我。故我以此恐愒，邀彼厚賞耳。』遂斬之，沒其母爲官婢。」〔註44〕

趙位寵之亂平定後，金、麗雙方恢復了正常的使節來往。「頃之，王皓定趙位寵之亂，遣使奏謝，自位寵之亂，皓所遣生日回謝、橫賜回謝、賀正旦、進奉、萬春節等使，皆阻不通，至是，皓並奏之。詔答其意，其合遣人使令節次入朝。」〔註45〕對於高麗使節的過失，世宗能夠予以寬宥。大定十七年（1177），高麗賀正旦使吳光陟帶來的進獻禮物兩條玉帶中有一條實爲石質的，爲此金朝大臣請求追究高麗的責任。但是世宗卻十分大度。他說：「小國無辨識者，誤以爲玉耳。且人不易物惟德，其物若復卻之，豈禮體耶。」〔註46〕王皓聽到吳光陟的彙報後很慚愧，派郎中朴孝縉表謝乞罪。同年 12 月「有司奏高麗下節押馬官順成例外將帶甲三過界，上以使人所坐罪重，但令發還本國而已」。〔註47〕由於金世宗顧全大局的政策，因此金、麗關係在金世宗一朝基本上保持著和平交往的局面。

（原載《當代韓國》2004 年冬季號）

〔註42〕《高麗史》卷一九《明宗一》。
〔註43〕《高麗史》卷一九《明宗一》。
〔註44〕《高麗史》卷九九《庾信若傳》。
〔註45〕《金史》卷一三五《高麗傳》。
〔註46〕《高麗史》卷一九《明宗一》，《金史》卷一三五《高麗傳》記載相同。
〔註47〕《金史》卷一三五《高麗傳》。

二十三、金代的造船與水戰

摘　要

　　金代的造船技術由建國前只能建造獨木舟，發展到完顏亮時期能建造大型戰艦，主要是吸收了宋朝的先進經驗，也是完顏亮出於戰爭的需要。但是，完顏亮的水軍在侵宋戰爭中仍不是裝備了先進戰艦、擁有豐富水戰經驗的宋朝水軍的對手。水戰的失利，也最終導致了完顏亮的覆亡。

關鍵詞：金代、完顏亮、造船、水戰

　　女真族生活的白山黑水之間，分佈著眾多的河流。著名的大河有黑龍江、松花江、遼河等，在這種環境中，女真人很早就掌握了造船技術。但是由於落後的生產力和缺乏與先進民族的交流，他們所造的船多為小舟。據說，金皇室的始祖完顏函普之孫綏可（後尊為獻祖）「自幼習射採生，長而善騎射獵，教人燒炭煉鐵剡木為器，製造舟車，種植五穀，建造屋宇」。〔註1〕這種「舟」在後來宋出使金而被扣留的洪皓筆下有著詳細的記載，「其俗剡木為舟，長可八尺，形如梭，曰梭船。上施一漿，止以捕魚，至渡車則方舟或三舟。後悟室得南人，始造船如中國運糧者，多自國都往五國頭城載魚」。〔註2〕可見，

〔註 1〕　（宋）徐夢莘：《三朝北盟會編》卷一八引《神麓記》。
〔註 2〕　（宋）洪皓：《松漠記聞》，《遼海叢書》，遼瀋書社，1985年，第209頁。這

這種小船實爲長八尺的獨木舟，上面只有一槳，因爲是捕魚之用，因而至少能乘坐兩人，一人操槳，一人捕魚。如果用於渡口擺渡車輛及眾多人員，則須將兩舟或三舟並排連接。可見，這時女眞人的造船技術還比較原始、落後。後來，在所俘宋人的幫助下，對金朝典章制度多有貢獻的完顏希尹才主持建造了與宋運糧船即漕船一樣的船舶，並多用於從五國頭城〔註3〕向國都〔註4〕的漁產品運輸中。由於金建國前造船的落後狀況，使女眞人往往「濟江河不用舟楫，浮馬而渡」。〔註5〕即使在太祖完顏阿骨打起兵伐遼時，渡江所用舟船也得不到保證，收國元年（1115）「八月戊戌，上親征黃龍府。次混同江，無舟，上使一人道前，乘赭白馬徑涉，曰：『視吾鞭所指而行。』諸軍隨之，水及馬腹。後使舟人測其渡處，深不得其底。熙宗天眷二年，以黃龍府爲濟州，軍曰利涉，蓋以太祖涉濟故也」。〔註6〕金太宗時期，女眞人已在東北的河流上使用了較大的船隻，天會二年（1124）五月，「曷懶路軍帥完顏忽剌古等言：『往者歲捕海狗、海東青、鴉、鶻於高麗之境，近以二舟往，彼乃以戰艦十四要而擊之，盡殺二舟之人，奪其兵仗。』」〔註7〕高麗人出動十四艘戰艦對抗金人的兩隻舟船，可見此舟也不會太小，載人也不會太少。而金人在與高麗的接觸中，也可能引進了一些高麗船隻，或是學習了一些高麗的造船技術。同年，宋使臣許亢宗出使金，在過二十餘步寬的來流河（今吉林省拉林河）時，「以船渡之」。〔註8〕可能此時在較大的渡口，都有專門用於擺渡的船隻。這時，也有用船隻連接而成的浮橋的修建，許亢宗在到達燕京附近，「離良鄉三十里，過盧溝河，水極湍激，燕人每候水淺深，置小橋以渡，歲以爲常。近年都水監輒於此河兩岸造浮梁，建龍祠宮舍，彷彿如黎陽三山制度，以快耳目，今睹費錢無慮數百萬緡」。〔註9〕可見，這時盧溝浮橋及附屬設施

條史料高福順先生在《隋唐朝遼金時期東北水路交通的開發》（載於《長春師範學院學報》2000年第1期）一文中曾引用過，筆者受到了啓發。但是該文將這條史料錯標點爲「後悟室得南人，始造船如中國，運糧者，多自國都往五國頭城載魚。」

〔註3〕 位於今黑龍江省依蘭縣，參見張錫彤、王鍾翰、賈敬顏等：《〈中國歷史地圖集〉釋文匯編・東北卷》，中央民族學院出版社，1988年，第162頁。

〔註4〕 金上京，位於今黑龍江省阿城市南。

〔註5〕 《大金國志校證》附錄三《金志・初興風土》，中華書局1986年，第613頁。

〔註6〕 《金史》卷二《太祖紀》。

〔註7〕 《金史》卷三《太宗紀》。

〔註8〕 （宋）徐夢莘：《三朝北盟會編》卷二〇引《奉使行程錄》。

〔註9〕 （宋）徐夢莘：《三朝北盟會編》卷二〇引《奉使行程錄》。

的建造花費了大量的錢財，浮橋的規模不會小，而這也肯定借助了原遼與宋的能工巧匠。

　　金代大規模的造船是在海陵王完顏亮時。完顏亮在殺了熙宗，篡位登基之後，爲了實現自己的大一統理想，在遷都中都後，又決定將都城由中都（今北京市）遷到南京（今河南開封市），以便戰爭準備。於正隆三年（1158）開始大興土木，營建南京。由於工程需要大量木材，而當時木材又多出於關中青峰山，爲方便交通，完顏亮決定在蒲津重建浮橋。蒲津渡位於山西省永濟縣，是黃河上的一處重要渡口，自古以來就是秦晉之間的交通要衝。歷史上這裡多次架設過浮橋。負責此事的是任同知河中府（今山西永濟）事的楊仲武，「海陵營繕南京，典浮橋工役。」〔註10〕宋人對此事也有記載，當時從金投奔南宋的「歸朝官」李宗閔在向宋高宗提出的戰備建議書上說：「臣竊聞近者金人岐、雍間伐木以造浮梁。」〔註11〕具體負責工程實施的是彰德軍節度使張中彥，「明年（正隆四年，1159）作河上浮梁，復領其役。舟之始製，匠者不得其法，中彥手製小舟才數寸許，不假膠漆而首尾自相鈎帶，謂之『鼓子卯』，諸匠無不駭服，其智巧如此。浮梁巨艦畢功，將發旁郡民曳之就水。中彥招役夫數十人，沿地勢順下傾瀉於河，取新秫稭密佈於地，復以大木限其旁，凌晨督眾乘霜滑曳之，殊不勞力而致諸水。」〔註12〕可見，建造浮橋所用的船隻非常巨大，並且張中彥解決了架設浮橋的兩個工程難題：一是架設浮橋所用船隻的連接問題，他採用榫卯結構的「鼓子卯」將船隻連接起來。二是架設浮橋所用船隻的下水問題，他利用落差原理，在河岸的斜坡上用新鮮秫稭鋪設滑道，然後在兩邊用原木固定，以防船隻滑出滑道。在凌晨有霜，摩擦係數較小時，將船隻很容易地推下河，從而使工程圓滿完工。

　　完顏亮出於伐宋戰爭的需要，又大規模地建造船艦，正隆四年（1159）二月，「造戰船於通州」。〔註13〕負責造戰船的官員有韓國公斜卯阿里、〔註14〕工部尙書蘇保衡、〔註15〕工部侍郎韓錫、〔註16〕工部郎中張參、〔註17〕都水

〔註10〕　《金史》卷九一《楊仲武傳》。
〔註11〕　（宋）李心傳：《建炎以來繫年要錄》卷一八一。
〔註12〕　《金史》卷七九《張中彥傳》。
〔註13〕　《金史》卷五《海陵紀》。
〔註14〕　《金史》卷八〇《斜卯阿里傳》。
〔註15〕　《金史》卷八九《蘇保衡傳》。
〔註16〕　（宋）李心傳：《建炎以來繫年要錄》卷一八八紹興二十九年十月。
〔註17〕　（宋）徐夢莘：《三朝北盟會編》卷二四二引《正隆事跡》。

監徐文〔註18〕等人。具體負責的是宋降臣倪詢、商簡、梁三兒等人。〔註19〕
在造戰船的同時，還「籍諸路水手得三萬人。」〔註20〕「金人所造戰船，係
是福建人，北人謂之倪蠻子等三人，指教打造七百隻，皆是通州樣，各人補
忠翊校尉。虜主云候將來成功，以節度使待之。其所統主將皆南官靳賽、徐
文、孟彬、王大刀等主管，然所括水手皆灌園、種稻、取魚之人，實不諳江
海水性。其官吏往往通賄賂，謂如實曾駕舟之人，有錢則得免。其不諳水性
者，無以為賂，則反被差委。其宿州水手無處聲冤，眾人共毆殺本州同知奴
婢而行，可見人心是脅從。」〔註21〕完顏亮對造船工作非常重視，當年十月，
乘打獵之便，親自赴通州潞河的造船工地視察工程進展。據宋人記載，造船
工地距海 280 里而無水可通，於是「起山東民夫開河、擔水、挽舟，自通州
入定林口二百八十里，人人稱冤，道路嗟歎。」〔註22〕由於工程量大，工期
緊迫，因而造成「夫匠之死者甚眾」。〔註23〕宋人周麟之有詩《造海船行》就
記錄了這個事件。

> 造海船海旁，樸斫雷殷山。大船鬥艦容萬斛，小船飛鶻何翩翩！
> 傳聞潞縣燕京北，木梯翻空浪頭白。近年升作北通州，謂是背吭宜
> 控扼。坐令斬木千山童，民間十室八九空。老者駕車輦輸去，壯者
> 腰斧從鳩工。自期鼓楫滄溟隘，他時取道膠西砦。牆頭相風風北來，
> 飛航信宿趨吳會。誰為此計狂且愚，南北土性天淵殊。北人鞍馬是
> 長技，南人濤瀨是坦途。果爾疑非萬全策，驅民忍作魚龍食！任渠
> 轉海入江來，自有周郎當赤壁。〔註24〕

可見，完顏亮這次大規模的造船工程，耗費了大量人力、物力，由於負責造
船技術的是宋降臣倪詢等三人，因而所造船艦都是仿照宋的「通州樣」。船造
好後，山東東路海州所屬東海縣恰好發生了反對完顏亮橫征暴斂的人民起
義，完顏亮也得到了檢驗新造船隻的機會，正隆五年（1160）「三月辛巳，東
海縣民張旺、徐元等反，遣都水監徐文、步軍指揮使張洪信、同知大興尹事

〔註18〕　《金史》卷七九《徐文傳》。
〔註19〕　（宋）李心傳：《建炎以來繫年要錄》卷一九三紹興三十一年十月丙寅，另見
　　　　　（宋）熊克：《中興小紀》卷四〇。
〔註20〕　《金史》卷五《海陵紀》。
〔註21〕　（宋）徐夢莘：《三朝北盟會編》卷二三〇引《崔陟孫淮夫、梁叟上兩府箚子》。
〔註22〕　（宋）徐夢莘：《三朝北盟會編》卷二四三引《煬王江上錄》。
〔註23〕　（宋）李心傳：《建炎以來繫年要錄》卷一九三紹興三十一年十月丙寅。
〔註24〕　（清）于敏中等編纂：《日下舊聞考》卷一〇八《京畿》引《海陵集》。

李惟忠、宿直將軍蕭阿窊率舟師九百,浮海討之,命之曰:『朕意不在一邑,將試舟師耳。』」〔註25〕完顏亮最終靠堅船利艦平定了這次人民起義,但是最終金的水軍在與宋水軍的對抗中仍難逃覆滅的命運。

正隆六年(1161)十月初,金水軍都統制蘇保衡和副都統制完顏鄭家率領女眞、渤海軍二萬人、簽軍一萬人、水手四萬人,乘六百餘戰船向由濱州蒲臺入海南下,〔註26〕這六百餘戰船佔了通州所造七百艘戰船的絕大多數。完顏亮顏亮命令他們「十月十八日到海門山,入錢塘江,幹了大事,遣阿虎來江上迎報」。〔註27〕即達到從海上突襲臨安的戰略意圖。十月下旬,金軍艦隊到達密州膠西海域時,因爲風大浪高而停泊於陳家島。〔註28〕而宋浙西路馬步軍副總管李寶這時已率水軍三千人乘一百二十艘戰船也抵達了與陳家島僅隔30餘里的石臼島。二十七日黎明,金軍水手發現了宋軍艦船,向完顏鄭家報告宋艦乘風很快就會到達,但是完顏鄭家不瞭解海上情況,不相信宋艦這麼快能到,防備鬆懈。而宋軍乘南風迅速抵近,由於金軍船隻的帆都是用油絹製成,因此宋軍借助風勢,向金軍戰船發射大量火箭、火砲,金軍戰船燃燒殆盡。而金軍中的女眞人和渤海人雖然在陸地上能夠縱橫馳騁,但是在船上卻因風大暈船,只能「匍匐而睡,不能動」。〔註29〕金軍中的簽軍多爲漢人,不想同宋軍作戰,普遍反戈。因而金軍大敗,數萬人死亡,數千人被俘。金軍副帥完顏鄭家「顧見左右舟中皆火發,度不得脫,赴水死」。〔註30〕金軍統帥蘇保衡僅率數十隻艦船逃跑。這次海戰是世界上首次使用火藥兵器的海戰,是中國海戰史上一次著名的以少勝多的戰例。這次海戰,也徹底打亂了完顏亮的戰爭部署。

完顏亮的陸上南征大軍於十一月抵達長江北岸。初七日,完顏亮在江邊築起祭壇,「殺黑馬以祭天,以一羊一豕投於江中」,〔註31〕以祈求順風,準備第二天渡江。完顏亮爲了試探軍心,召集左領軍大都督完顏昂和右副領軍

〔註25〕金軍人員及戰船數量見《三朝北盟會編》卷二三七。

〔註26〕《金史》卷五《海陵紀》。

〔註27〕(宋)徐夢莘:《三朝北盟會編》卷二三七。

〔註28〕此據《三朝北盟會編》卷二三七,而據《金史》卷六五《完顏鄭家傳》金艦隊停泊於松林島。

〔註29〕(宋)徐夢莘:《三朝北盟會編》卷二三七。

〔註30〕《金史》卷六五《完顏鄭家傳》。

〔註31〕《金史》卷一二九《李通傳》。

大都督烏延蒲盧渾，對他們說：「舟楫已具，可以濟江矣。」〔註32〕但是「蒲盧渾曰：『宋軍船高大，我船庳小，恐不可遽渡。』海陵怒曰：『汝昔從梁王追趙構於海島，皆大舟耶，今乃沮吾兵事。設不能遽渡江，不過有少損耳。爾年已七十，縱自愛，豈有不死理耶。明日當與奔睹（既完顏昂——筆者注）先濟。』」〔註33〕完顏昂憂懼不已，想要連夜逃亡，但是完顏亮又對完顏昂說：「前言一時之怒耳，不須先渡江也。」〔註34〕完顏亮問完這二人，沒有得到滿意的答覆，又召問身邊的佞倖馬欽，「先戒左右曰：『欽若言舟小不可渡江，即殺之。』」〔註35〕可是佞倖畢竟是佞倖，馬欽完全知道完顏亮的心思，於是說：「臣即使是劃著木筏也可以渡過江去。」完顏亮這時還不知道宋軍已經易將，向王權發佈了一道檄文，說：

> 「吾提兵南渡，汝昨望風不敢抗拒，深知汝懼嚴天威。吾今至江上，見汝南岸兵亦少，止緣吾所用新造船與汝南岸船大小不侔，兼汝操舟進退有度，甚協吾意。汝能盡陪臣之禮，即率眾降，大者王，小者侯。若執迷不返，吾渡江戮汝無赦。」〔註36〕

此前，由於天氣乾旱，梁山濼乾涸，完顏亮所造的戰船不能前進，於是命令李通在和州建造戰船。由於工期緊急、材料缺乏，「將士七八日夜不得休息，壞城中民居以為材木，煮死人膏為油用之。」〔註37〕造出來的戰船只是小舟而已。而宋軍的戰船則是高大的樓船，裏面有幾十位水手腳踏轉輪來行駛。雙方實力相差懸殊。

十一月初八日，完顏亮「在壇上建黃繡真珠旗四面，亮擐滲金鐵甲坐旗下」，〔註38〕命令武平軍都總管完顏阿憐、武捷軍副總管完顏阿撒、宿直將軍溫都奧剌、國子司業馬欽、武庫直長完顏習失率軍登舟渡江。「海陵置黃旗、紅旗於岸上，以號令進止，紅旗立則進，黃旗僕則退。」〔註39〕金軍共有 17隻小船從西采石楊林渡口渡江，其餘 20 餘隻小船因為渡口江沙淤積，未能駛出。虞允文急令宋軍出擊，「官軍以海鰍衝十七舟，舟分為二。官軍呼曰：『官

〔註32〕《金史》卷一二九《李通傳》。

〔註33〕《金史》卷八〇《烏延蒲盧渾傳》。

〔註34〕《金史》卷一二九《李通傳》。

〔註35〕《金史》卷一二九《馬欽傳》。

〔註36〕（宋）徐夢莘：《三朝北盟會編》卷二三八。

〔註37〕（宋）徐夢莘：《三朝北盟會編》卷二三八。

〔註38〕（宋）徐夢莘：《三朝北盟會編》卷二三九引《金人敗盟記》。

〔註39〕《金史》卷五《海陵紀》。

軍勝矣。』遂皆並殺金人。金人舟底闊如廂，極不穩，且不諳江道，皆不能動手。其能施弓箭者，五七人而已。」〔註40〕金軍「兩舟先逼南岸，水淺不得進，與宋兵相對射者良久，兩舟中矢盡，遂為所獲，亡一猛安、軍士百餘人。」〔註41〕完顏亮從采石企圖渡江的計劃失敗了，這次失利，也最終導致了他的覆亡。

金代船隻的實物至今尚未發現，但是從山西省繁峙縣岩山寺的壁畫中我們卻能看到金代船隻的形象。岩山寺壁畫是金代「御前承應畫將」也就是宮廷畫師王逵等人於世宗大定七年（1167）所繪。其北壁西隅畫大船一艘，揚帆行駛於驚濤駭浪之中，表現的是佛傳故事中的五百海商遇難場景。〔註42〕畫面上的海船雖然因壁畫經年歷久，不甚清晰，但是仍然可以看出它是一艘雙層大船，有著巨大的桅杆和風帆，其上下層之間有著樓梯相通。這幅壁畫反映了金代海船的原貌，是瞭解我國古代航海船舶的珍貴形象資料。

（原載《博物館研究》2008 年第 1 期）

〔註40〕（宋）徐夢莘：《三朝北盟會編》卷二三八引《遺史》。
〔註41〕《金史》卷五《海陵紀》。
〔註42〕參見《山西繁峙縣岩山寺的金代壁畫》，《文物》1979 年第 2 期；席龍飛：《中國造船史》，湖北教育出版社，2000 年，第 143～144 頁。

二十四、略論金朝對吐蕃木波部的經略

摘　要

　　木波部是宋金時期吐蕃的一個重要部落。文章主要介紹了金朝前中期以及後期兩個階段對木波部的具體經略過程，認爲金朝與木波部 100 餘年的關係，友好相處是其主流。另外，由於西夏多次殺害木波部長，木波部與西夏結成世仇，因而與金朝結盟以對抗西夏。

關鍵詞：金朝、吐蕃、木波部

　　木波部是宋金時期吐蕃的一個重要部落。「其地北接洮州、積石軍。其南隴逋族，南限大山，八百餘里不通人行。東南與疊州羌接。其西丙離族，西與盧甘羌接。其北彪拜族，與西夏容魯族接。地高寒，無絲枲五穀，惟產青稞，與野莱合酥酪食之。其疆境共八千里，合四萬餘戶。其居隨水草畜牧，遷徙不常。」〔註1〕其分佈地域大致在今黃河以南的青海省東南部、甘肅省西南部一帶。

一、金朝前、中期對木波部的經略

　　唃廝囉政權覆亡後，木波部依附宋朝。1127 年，北宋被金朝滅亡，金朝繼續向陝西進軍。三年多之後的天會九年（1131）正月，「宗弼、阿盧補撫定

〔註1〕《金史》卷九一《移剌成傳附結什角傳》，中華書局，1975 年，第 2017 頁。

鞏、洮、河、樂、西寧、蘭、廓、積石等州。涇原、熙河兩路皆平。」〔註2〕
阿盧補就是完顏宗輔，他和完顏宗弼作爲統帥沒有親自出征，具體執行的將
領是完顏杲（撒離喝）和完顏昂（奔睹）。「宗輔定陝西，宗弼經略熙秦，遣
昂與撒離喝領兵八千攻取河西郡縣。昂等遂取寧洮、安隴二寨。進至河州，
其通判率士民迎降。攻樂州，其都護及河州安撫使郭寧偕降。復進取三寨，
至西寧州，都護許居簡以城降，吐蕃酋長之孫趙鈐轄率其所部木波首領五人
來降。昂別領軍四千往積石軍，降其軍及所部五寨官吏。追吐蕃鈐轄等十二
人至廓州，招之不下，攻取之。」〔註3〕《金史・完顏杲傳》也有大致相同的
記載：「從平陝西，撒離喝徇地自渭以西，降德順軍，又降涇原路鎮戎軍，進
平熙河，降甘泉等三堡，遂取保川城，明年，同奔睹討平河外，降寧洮、安
隴二寨，並降下河及樂州。至西寧，盡降其都護官屬，於是木波族長等皆迎
降。攻慶陽，敗其拒者，遂降其城。慕洧以環州來降，得城寨十三，步騎一
萬。」〔註4〕「吐蕃酋長之孫趙鈐轄」應該就是唃廝囉的後裔趙世昌，其祖父
趙醇忠（又作順忠，即巴氈角，是唃廝囉之孫，瞎氈之子）、父親趙永吉。〔註
5〕趙家世代「皆受宋官，爲左武大夫，遙領萊州防禦使，襲把羊族長。朝廷
定陝西，世昌換忠翊校尉。」〔註6〕入金後，趙氏以喬家部族都鈐轄的官職列
爲從五品，但是「無職田」〔註7〕。不久之後，趙世昌被鬼蘆族首領京臧所殺，
金朝出兵捉拿了京臧，斬於臨洮市，任命世昌子鐵哥爲把羊族都管。可見，
此時的木波部及附近的把羊族等都爲唃廝囉的後裔所管轄。

　　金初，臨洮人鄧千江有詞《望海潮・上蘭州守》，是被譽爲金人樂府第一
的名詞，其背景就是金朝與宋朝在熙河地區的一系列征戰包括木波部歸順在
內的歷史事件。詞云：「雲雷天塹，金湯地險，名藩自古臯蘭。營屯繡錯，山
形米聚，喉襟百二秦關。鏖戰血猶殷。見陣雲冷落，時有雕盤。靜塞樓頭，
曉月依舊玉弓彎。看看定遠西還。有元戎閫令，上將齋壇。區脫晝空，兜零
夕舉，甘泉又報平安。吹笛虎牙閒。且宴陪珠履，歌按雲鬟。未招興靈，醉

〔註2〕　《金史》卷三《太宗紀》，中華書局，1975 年，第 62 頁。
〔註3〕　《金史》卷八四《完顏奔睹傳》，中華書局，1975 年，第 1886 頁。
〔註4〕　《金史》卷八四《完顏杲傳》，中華書局，1975 年，第 1877～1878 頁。
〔註5〕　參見祝啓源：《唃廝囉——宋代藏族政權》，青海人民出版社，1998 年，第 202
　　　　頁。
〔註6〕　《金史》卷九一《移剌成傳附結什角傳》，中華書局，1975 年，第 2016 頁。
〔註7〕　《金史》卷五八《百官志四》，中華書局，1975 年，第 1342 頁。

魄長繞賀蘭山。」〔註8〕金朝在河湟地區對吐蕃諸部的招撫與征討，給這一地區留下了深刻的烙印。如今青海東南、甘肅甘南及四川北部一帶部份藏區至今沿用「完顏」地名和部落名。〔註9〕

　　木波部歸附金朝後，由於地方官吏與邊將大多對木波部採取歧視、壓榨的態度，尤其是在購買木波部出產的馬匹時，或是壓價，或是強奪，因而導致木波部不時反抗。為此，金朝不得不選派得力干將出任與木波部接壤的熙秦路（後改為臨洮路）官員。海陵王完顏亮時，僕散忠義出任臨洮尹兼熙秦路兵馬都總管，完顏亮特意召其「至京師謂之曰：『洮河地接吐蕃、木波，異時剽害良民，州縣不能制。汝宿將，故以命汝。』」〔註10〕大約與僕散忠義任臨洮尹前後，楊仲武被任命為同知臨洮尹，正逢木波部不堪壓迫，起而反抗。於是他「乃從數騎入其營諭之曰：『此皆將校侵漁汝等，以至此爾。今懲治此輩，不復擾害汝也。』並以禍福曉之。羌人喜悅，寇掠遂息。」〔註11〕之後，楊仲武離任，而後繼者對木波部又是貪暴有加，木波部再次反抗，並且聲稱只有楊仲武來，才能罷兵。完顏亮命楊仲武再次前往處理。「及仲武至，與其酋帥相見，責以負約，對曰：『邊將苦我，今之來，求訴於上官耳。今幸見公，願終身不復犯塞。』乃舉酒酹天，折箭為誓。仲武因以卮酒飲之曰：『當更為汝請，若復背約，必用兵矣。』羌人羅拜而去。」〔註12〕楊仲武妥善解決木波部的反抗，與他本人是陝西人，熟悉當地的風土人情有很大關係。「楊仲武二次赴木波居地平息變亂，尊重吐蕃人民習俗，與吐蕃人民結好，妥善解決了民族矛盾，這對於穩定西北地區社會秩序，維護民族團結起了積極作用。」〔註13〕

　　金世宗大定四年（1164），宋軍攻破洮州，鐵哥之弟結什角與其母逃入喬家族躲避戰亂。喬家族首領播逋與鄰近的木波、隴逋、龐拜、丙離四族貴族、高僧等立結什角為木波四族長，號曰「王子」。〔註14〕可見，此時的木波部已經包括了木波、隴逋、龐拜、丙離在內的四族。結什角對於金朝為其父趙世

〔註8〕　《中州樂府》，載（金）元好問編：《中州集》，中華書局，1959 年，第 545頁。

〔註9〕　阿頓・華多太：《從「雅則紅城」分析白黃黑帳霍爾的民族歸屬》，《青海師範大學學報》（哲學社會科學版）2009 年第 5 期，第 58～61 頁。

〔註10〕《金史》卷八七《僕散忠義傳》，中華書局，1975 年，第 1936 頁。

〔註11〕《金史》卷九一《楊仲武傳》，中華書局，1975 年，第 2020 頁。

〔註12〕《金史》卷九一《楊仲武傳》，中華書局，1975 年，第 2020 頁。

〔註13〕劉建麗：《金朝對隴南吐蕃的招撫》，《西藏研究》2007 年第 4 期，第 1～7 頁。

〔註14〕《金史》卷九一《移剌成傳附結什角傳》，中華書局，1975 年，第 2017 頁。

昌報仇一事一直心存感激，想要投奔金朝，但是爲四族所阻止。此時，移剌成出任臨洮尹，他派人招納結什角。於是結什角率領四族歸附金朝，「進馬百匹，仍請每年貢馬。詔曰：『遠人慕義，朕甚嘉之。其遣能吏往撫其眾，厚其賞賜。』」〔註15〕金朝初期的天會年間，曾將積石軍之地割讓給西夏，西夏命名爲祈安城。此地有莊浪四族，而木波四族中的隴逋、龐拜兩族原爲西夏所管轄的莊浪四族中的兩族，莊浪四族分別是吹折門、密臧門、隴逋門、龐拜門。雖然莊浪四族歸屬西夏，但卻叛服不常，西夏最終消滅了吹折、密臧二門，隴逋門、龐拜門投歸結什角，遂成爲木波部的成員。在西夏鎮壓莊浪四族之前，大定初年，金朝也曾積極招撫四族。時張中彥出任臨洮尹兼熙秦路兵馬都總管，「西羌吹折、密臧、隴逋、龐拜四族恃險不服，使侍御史沙醇之就中彥論方略，中彥曰：『此羌服叛不常，若非中彥自行，勢必不可。』即至積石達南寺，酋長四人來，與之約降，事遂定，賞而遣之。」〔註16〕

大定九年（1169），結什角前往莊浪族探視其母親，被西夏得知，出兵包圍了他，脅迫其投降。結什角不從，率所部力戰，突圍而出，但是其胳膊被夏人砍斷，其母被西夏所俘，部下大量傷亡。不久，結什角傷重而死，留下遺言，請求金朝冊立喬家族首領。此時的西夏，正是權臣任得敬當政，陝西方面上奏說：「聞知夏國王李仁孝與其臣任得敬中分其國，發兵四萬，役夫三萬，築祈安城，殺喬家等族首領結什角。屢獲宋諜人，言宋欲結夏國謀犯邊境。」〔註17〕爲了摸清具體情況，大定十年（1170），金世宗派大理卿李昌圖、左司員外郎粘割幹特剌前往調查。「夏人報言，結什角以兵犯夏境故殺之，祁安城本上國所賜舊積石地，發兵修築以備他盜耳。又察知宋、夏無交通狀，及喬家族民戶願令結什角侄趙師古爲首領，具以聞。」〔註18〕西夏的答覆頭頭是道，修復祈安城是爲了鎮撫莊浪族，而結什角也確實死於西夏境內，這樣讓金朝挑不到毛病。只能「詔以趙師古爲木波喬家、丙離、隴逋、龐拜四族都鈐轄，加宣武將軍。」〔註19〕這時的喬家族實際上也已經融入木波部，與其中的木波族融爲一體。

〔註15〕《金史》卷九一《移剌成傳附結什角傳》，中華書局，1975年，第2017頁。
〔註16〕《金史》卷七九《張中彥傳》，中華書局，1975年，第1790～1791頁。
〔註17〕《金史》卷九一《移剌成傳附結什角傳》，中華書局，1975年，第2017～2018頁。
〔註18〕《金史》卷九五《粘割幹特剌傳》，中華書局，1975年，第2108頁
〔註19〕《金史》卷九一《移剌成傳附結什角傳》，中華書局，1975年，第2018頁。

金世宗之後的金章宗時期，金朝與木波部的良好關係得以延續。由於木波部產馬，因此進貢馬匹成爲雙方貿易與交往的主要形式。明昌六年（1195）八月「辛巳，木波進馬。」〔註20〕承安三年（1198）九月「戊午，木波進馬。」〔註21〕泰和六年（1206），南宋在韓侂胄主持下，以恢復中原爲名，分兵三路伐金。西路軍攻入撒车谷，金朝「陝西統軍判官完顏摑刺、鞏州兵馬鈐轄完顏七斤約宋西和州守將會境上。俄伏發，爲所襲，木波部長趙彥雄等七人死焉。摑刺馬陷淖中，中流矢，七斤僅以身免。」〔註22〕可見，在戰爭中，木波部與金朝一起同南宋作戰。

二、金朝後期對木波部的經略

金朝後期，隨著與蒙古戰爭地激烈進行，急需大量優質戰馬，而木波部成爲其主要來源。宣宗曾與權臣朮虎高琪議論馬政，「顧高琪曰：『往歲市馬西夏，今肯市否？』對曰：『木波畜馬甚多，市之可得，括緣邊部落馬，亦不少矣。』宣宗曰：『盡括邊馬，緩急如之何？』」〔註23〕市馬與括馬是兩個概念，市馬就是購買馬匹，而括馬則是無償徵取。宣宗對於括馬深有疑慮，因此市馬尤其是購買木波部所產馬匹，成爲金末戰馬的主要來源。隨即，貞祐二年（1214）「冬十月甲午，詔遣官市木波、西羌馬。」〔註24〕金朝的邊吏也十分重視從木波部採購戰馬的問題，興定二年（1218）二月，張行信出任彰化軍節度使兼涇州（今甘肅省涇川縣）管內觀察使。「行信始至涇，即上書曰：『馬者甲兵之本，方軍旅未息，馬政不可緩也。臣自到涇，聞陝右豪民多市於河州，轉入內地，利蓋百倍。及見省差買馬官平涼府判官烏古論桓端市於洮州，以銀百鋌幾得馬千疋，云生羌木波諸部蕃族人戶畜牧甚廣。蓋前所遣官或抑其直，或以勢陵奪，遂失其和，且常患銀少，所以不能多得也。又聞蕃地今秋薄收，鬻馬得銀輒以易粟。多春之交必艱食，馬價甚低。乞令所司蕫銀粟於洮、河等州，選委知蕃情、達時變如桓端者貿易之。若捐銀萬兩，可得良馬千疋，機會不可失，惟朝廷亟圖之。』」〔註25〕河州（今甘肅省臨夏

〔註20〕《金史》卷一〇《章宗紀二》，中華書局，1975年，第236頁。
〔註21〕《金史》卷一一《章宗紀三》，中華書局，1975年，第248頁。
〔註22〕《金史》卷一二《章宗紀四》，中華書局，1975年，第273頁。
〔註23〕《金史》卷一〇六《術虎高琪傳》，中華書局，1975年，第2341頁。
〔註24〕《金史》卷一四《宣宗紀上》，中華書局，1975年，第305頁。
〔註25〕《金史》卷一〇七《張行信傳》，中華書局，1975年，第2369頁。

市）、洮州（今甘肅省臨潭縣）都是與木波部接壤的地區，便於購買馬匹。張行信的建議對於金朝與木波部都是有益的，一方面金朝可以低價買到急需的戰馬，另一方面木波部則可得到急需的糧食等物資。他的建議得到了採納。

宣宗朝在採購木波戰馬的同時，與木波部也不時發生衝突。興定元年（1217）「八月戊申，陝西行省報木波賊犯洮州敗績，遁去。」〔註26〕興定二年（1218），木波部又與宋軍聯合與金朝對抗。烏古論長壽是臨洮府第五將突門族人，原姓包，後被金朝賜姓烏古論。興定二年，出任同知臨洮府事。「與提控洮州刺史納蘭記僧分兵伐宋。長壽由鹽川鎮進兵，宋人守戍者走保馬頭山，合諸部族兵來拒。長壽擊敗之，復破其援兵四千於荔川寨。即趨宕昌縣。破宋兵二千於八斜谷，拔宕昌縣，進攻西和州，先敗其州兵。明日，木波兵三千與宋兵合，依川爲陣，長壽奮擊，宋兵入保城，堅壁不復出，長壽乃還。凡斬馘八千，獲馬二百餘、牛羊三萬，器械軍實甚多。納蘭記僧出洮州鐵城堡，屢敗宋人，完軍而還。」〔註27〕木波部能夠一次出兵三千人，可見其實力不弱，而與宋朝聯手對抗金朝的動機則不得而知，也可能是木波四族中個別部落所爲。但是在金末與西夏的衝突中，木波部卻始終堅定地站在金朝一方。興定五年（1221）五月，任權參知政事、知平涼行省事的完顏白撒上奏：「近詔臣遣官諭諸蕃族以討西夏，臣即令臨洮路總管女奚烈古里間計約喬家丙令族首領以諭餘族。又別遣權左右司都事趙梅委差官遙授合河縣尉劉貞同往撫諭。未幾，梅、貞報溪哥城等處諸族，與先降族共願助兵七萬八千餘人，本國蕃族願助兵九千，若更以官軍繼爲聲援，勝夏必矣。臣已令古里間將鞏州兵三萬，宜更擇勇略之臣副之。梅、貞等既悉事勢，當假以軍前之職。蕃僧納林心波亦招誘有功，乞遷官授職以獎勵之。」〔註28〕宣宗答應了他的請求。完顏白撒提到的喬家丙令族就是木波四族之一的丙離族，溪哥城也就是祈安城，是西夏的轄區，該城附近的諸族及歸屬金朝的蕃族願意向金朝提供的兵力總數達到八萬七千餘人，其中肯定有大量的木波兵員。值得一提的是，在與西夏的衝突中，木波地區的僧侶也大多堅定地站在金朝一方，上引蕃僧納林心波是其中的代表。元光二年（1224）「秋七月壬寅朔，夏人犯積石州，羌界寺族多陷沒，惟桑迪寺僧看迪、昭迪、廟沒及答那寺僧奔鞠等拒而不從。

〔註26〕《金史》卷一五《宣宗紀中》，中華書局，1975年，第331頁。
〔註27〕《金史》卷一〇三《烏古論長壽傳》，中華書局，1975年，第2273頁。
〔註28〕《金史》卷一一《完顏白撒傳》，中華書局，1975年，第2486頁。

詔賞諸僧鈐轄正將等官，而給以廩祿。」〔註29〕此答那寺就是前文提到的達南寺，又稱爲踏南寺〔註30〕，是木波部的重要寺廟。〔註31〕

由於金末的長期戰亂，木波部也遭到了極大削弱。金代著名文人趙秉文在其名篇《飲馬長城窟行》中也提到了這種情況。詩云：「飲馬長城窟，泉腥馬不食。長城城下多亂泉，多年冷浸征人骨。單于吹落關山月，茫茫原上沙如雪，十去征夫九不回，一望沙場心斷絕。北人以殺戮爲耕作，黃河不盡生人血。木波部落半蕭條，羌婦翻爲邊地妾。聖皇震怒下天兵，天弧夜射旄頭滅。九州復禹跡，萬里還耕桑。但願猛士守四方，更築長城萬里長。」〔註32〕

綜觀金朝與木波部 100 餘年的關係，友好相處是其主題。從金朝來說，與木波部保持友好關係，可以使西部邊陲得以穩定，也能夠長期穩定地得到木波部出產的優質戰馬，並且木波部是其與西夏相抗衡的重要支柱。從木波部來說，與金朝交好，可以出售戰馬，獲得自身急需的糧食、銀絹等物資，獲得經濟利益。另外，由於西夏多次殺害木波部長，木波部與西夏結成世仇，因而與金朝結盟以對抗西夏。

原載《遼金史論集》（第十二輯），吉林大學出版社，2012 年。

〔註29〕《金史》卷一六《宣宗紀下》，中華書局，1975 年，第 366 頁。

〔註30〕《金史》卷一一《完顏白撒傳》，中華書局，1975 年，第 2486 頁。

〔註31〕 答那寺、達南寺、踏南寺在湯開建、楊慧玲《宋金時期安多藏族部落佛教的興盛及其原因》（載《廣西民族學院學報・哲學社會科學版》2005 年第 1 期，第 160～167 頁）一文的表 4 寺院建立統計表中被分別排列，可見被視爲三座寺廟。後該文以《宋金時期安多吐蕃部落佛教信仰》之名收入湯開建著《宋金時期安多吐蕃部落史研究》（上海古籍出版社，2007 年），在第 448 頁的表四中取消了上述三個寺廟。可見，作者的觀點有所修正。

〔註32〕 （金）趙秉文：《閒閒老人滏水文集》卷五，叢書集成初編本，商務印書館，1936 年，第 74 頁。

二十五、金代的賑災與救濟

摘　要

　　本文主要利用《金史》中的史料對金代負責賑災與救濟的機構、賑災與救濟的具體措施進行了研究。其機構主要有提刑司、惠民司、普濟院等；其賑災措施主要有減租免稅、賑貸、平價減價賣糧、收購餘糧、遷移就糧、納粟補官、贖身、官員捐己俸祿、賜予耕牛等；其救濟措施主要有施粥、贍養老人、扶助鰥寡孤獨、撫恤遺孤遺屬、獎勵孝子節婦、救助乞丐、補助多胞胎等。而金代所謂的牛頭稅，就是徵收於猛安謀克戶、用之於猛安謀克戶的賑災儲備糧。

關鍵詞：金代、賑災、救濟、牛頭稅

　　金代雖然是少數民族女真族所建立的封建王朝，但它同我國各朝各代一樣，有著賑災與救濟的優良傳統。本文主要對金代的賑濟機構、賑濟措施及獨具特色的猛安謀克戶的賑濟制度進行一番考述，不當之處，敬請指正。

一、賑災與救濟機構

　　金代除各級地方政府在災害發生時，直接管理賑濟事宜外，另外還設置了一些專門機構管理賑災、救濟事務，有提刑司（後稱按察司）、普濟院、惠民司等。提刑司設置於金章宗即位之初，大定二十九年六月「乙未，初置提刑

司，分按九路，併兼勸農採訪事，屯田、鎮防諸軍皆屬焉」。〔註1〕八月「壬辰，初定……提刑司所掌三十二條」。〔註2〕提刑司的設置，主要是章宗爲了加強對地方的控制、監督。提刑使「掌審查刑獄、照刷案牘、糾察濫官污吏豪猾之人、私鹽酒麴並應禁之事，兼勸農桑」。〔註3〕提刑司職責的重要一項勸農就包括賑濟。提刑司設置不久，當年十一月，章宗即「詔有司，今後諸處或有飢饉，令總管、節度使或提刑司先行賑濟，然後言上」。〔註4〕可見，章宗賦予了提刑司先行賑濟，然後彙報的權力。但是其它人如果擅自令提刑司開倉賑濟，則會受到處罰。「明昌初，（蒲察）五斤嘗爲奉御出使山東，至河間，以百姓饑，輒移提刑司開倉賑之，還具以聞。上初甚悅。太傅徒單克寧言：『陛下始親大政，不宜假近侍人權，乞正專擅之罪。』詔杖之二十。」〔註5〕對水旱災害的發生，提刑司要及早做好預防措施。承安二年十二月「乙酉，諭宰臣，今後水潦旱蝗，盜賊竊發，命提刑司預爲規畫」〔註6〕。水旱災害發生後，提刑司還要及時覆核受災的確切情況，然後才能翻耕農田。「明昌二年二月，敕自今民有訴水旱災傷者，即委官按視其實，申所屬州府，移報提刑司，同所屬檢畢，始令翻耕。」〔註7〕對於未履行好自己的職責，導致饑民無食，提刑司要受到斥責。明昌四年「三月戊辰朔，諸路提刑司人見，各問以職事，仍誡諭曰：『朕特設提刑司，本欲安民，於今五年，效猶未著。蓋多不識本職之體，而徒事細碎，以致州縣例皆畏縮而不敢行事。乃者山東民艱於食，嘗遣使賑濟，蓋卿等不職，故至於此。既往之失，其思悛改。」〔註8〕

惠民司，初名惠民局，屬尙書省禮部管轄，始設於海陵王時。貞元二年十一月「初置惠民局」。〔註9〕惠民司的主要職責是向百姓提供廉價的醫藥。設令一員，從六品；直長，正八品；都監，正九品等。〔註10〕大定三年，曾有人提出惠民司一年的收入尙不足官員的俸祿。對此，世宗認爲惠民司本來

〔註 1〕 《金史》卷九《章宗紀一》。
〔註 2〕 《金史》卷九《章宗紀一》。
〔註 3〕 《金史》卷五七《百官志三》。
〔註 4〕 《金史》卷九《章宗紀一》。
〔註 5〕 《金史》卷一〇《章宗紀二》。
〔註 6〕 《金史》卷一〇《章宗紀二》。
〔註 7〕 《金史》卷四七《食貨志二》。
〔註 8〕 《金史》卷一〇《章宗紀二》。
〔註 9〕 《金史》卷五《海陵紀》。
〔註10〕 《金史》卷五六《百官志二》。

就是福利救濟機構，設置它並非為了牟利，而是為了濟民。因此，不應斤斤計較支出多少。章宗、宣宗、哀宗時都有惠民司的設置，如余里痕都在章宗時任惠民司都監，〔註11〕張彀「貞祐二年，改惠民司令」，〔註12〕哀宗天興二年八月「辛丑，設四隅和朵官及惠民司，以太醫數人更直，病人官給以藥，仍擇年老進士二人為醫藥官」。〔註13〕

　　金代還有養濟院、暖湯院、普濟院等向饑民提供食物的救濟機構。熙宗皇統元年「陝西大旱，饑死者十七八，以愼微為京兆、鄜延、環慶三路經濟使，許以便宜。愼微募民人粟，得二十餘萬石，立養濟院飼餓者，全活甚眾。」〔註14〕此時的養濟院還只是一時一地的應急設置，而到了章宗時，就普遍設置了普濟院。普濟院的前身可能是暖湯院，明昌四年十二月甲午，「喻大興府於暖湯院日給米五石，以贍貧者」。〔註15〕承安二年始見普濟院的設置，當年十月「甲午，大雪，以米千石賜普濟院，令為粥以食貧民」。〔註16〕承安四年「十一月乙未，敕京、府、州、縣設普濟院，每歲十月至明年四月設粥以食貧民」。〔註17〕普濟院的初設時間雖無從考證，但從上引文可知，承安四年，普濟院即已設置於縣以上的行政區。

二、賑災與救濟措施

　　金代賑災與救濟有著詳盡的措施，下詳述之。

（一）賑災

　　1、減免租稅：金代實施最廣泛、最普遍的賑災措施就是減免租稅，幾乎史不絕書。金代對由於水旱災害而申請減免租稅有著詳細的規定。「民訴水旱應免者，河南、山東、河東、大名、京兆、鳳翔、彰德部內支郡，夏田四月，秋田七月，餘路夏以五月，秋以八月，水田則通以八月為限，遇閏月則展期半月，限外訴者不理。非時之災則無限。損十之八者全免，七分免所損之數，六分則全徵。桑被災不能蠶，則免絲綿絹稅。諸路雨雪及禾稼收穫之數。月

〔註11〕《金史》卷一○一《完顏承暉傳》。
〔註12〕《金史》卷一二八《張彀傳》。
〔註13〕《金史》卷一三《哀宗紀下》。
〔註14〕《金史》卷一二八《傅愼微傳》。
〔註15〕《金史》卷一○《章宗紀二》。
〔註16〕《金史》卷一○《章宗紀二》。
〔註17〕《金史》卷一一《章宗紀三》。

以捷步申戶部」。〔註18〕上述規定實際是在發生小範圍災害時，由百姓自行申請的。但對於大範圍內的自然災害，則由皇帝下詔減免。僅以號稱「小堯舜」的世宗時期為例，由於災害屢生，相應也就頻頻發佈減免租稅的詔書。大定「十二年正月，以水旱免中都、西京、南京、河北、河東、山東、陝西去年租稅……十六年正月，詔免去年被水旱路分租稅。……十七年三月，詔免河北、山東、陝西、河東、西京、遼東等十路去年被旱蝗租稅。十八年正月，免中都、河北、河東、山東、河南、陝西等路前年被災租稅。十九年秋，中都、西京、河北、山東、河東、陝西以水旱傷民田十三萬七千七百餘頃，詔蠲其租。二十年三月，以中都、西京、河北、山東、河東、陝西路前歲被災，詔免其租稅……二十一年九月，以中都水災，免租……二十六年，軍民地罹水旱之災者，二十一萬頃免稅凡四十九萬餘石。二十七年六月，免中都、河北等路嘗被河決水災軍民租稅。十一月，詔河水泛溢，農田被災者，與免差稅一年。懷、衛、孟、鄭四州塞河勞役，並免今年差稅。」〔註19〕

2、賑貸：同減免租稅這項間接賑災措施相比，賑貸更為直接，但也不是無償向災民發放，而是須償還的。大定二十一年三月「上初聞薊、平、灤等州民乏食，命有司發粟糶之，貧不能糶或貸之。有司以貸貧民恐不能償，止貸有戶籍者。上至長春宮，聞之，更遣人閱實，賑貸。以監察御史石抹元禮、鄭達卿不糾舉，各笞四十，前所遣官皆論罪」。〔註20〕可見，即使賑貸，災民有時也不能得到，而是由地方官甄別對待，只貸給有償還能力的。雖然世宗對此予以更正，但是想必不會是個別現象。發放賑貸必須先上報，如「興定三年，歲饑，民無所與糴，衡白行省，得開倉賑貸，全活者甚眾」。〔註21〕如果不經請示，就發倉賑貸，則會受到懲罰。章宗時，劉仲洙「升為定海軍節度使。歲饑，仲洙表請開倉，未報，先為賑貸，有司劾之，罪以贖論。」〔註22〕但特殊情況下也有例外，衛紹王時，移剌福僧「充遼東宣撫副使，歲大饑，福僧出沿海倉粟，先賑其民，而後奏之，優詔獎諭」。〔註23〕

3、平價、減價賣糧：自然災害發生後，由於糧食減產，因而糧價上升，

〔註18〕《金史》卷四七《食貨志二》。
〔註19〕《金史》卷四七《食貨志二》。
〔註20〕《金史》卷八《世宗紀下》。
〔註21〕《金史》卷一二四《商衡傳》。
〔註22〕《金史》卷九七《劉仲洙傳》。
〔註23〕《金史》卷一〇四《移剌福僧傳》。

災民無力購買，所以政府採取措施調節糧價，平價或減價賣糧也就成為一項重要的賑災措施。盧孝儉任廣寧尹時，「廣寧大饑，民多流亡失業，乃借僧粟，留其一歲之用，使平其價市與貧民，既以救民，僧亦獲利。」〔註24〕大定二年，盧克忠任北京副留守，「會民艱食，克忠下令凡民有蓄積者計留一歲，悉平其價糶之，由是無捐瘠之患。」〔註25〕上述兩例是平價售糧。另外從皇帝到宰相直至地方官都有減價售糧之例。承安元年「六月甲寅，上以百姓艱食，詔出倉粟十萬石，減價以糶之」。〔註26〕樞密使兼平章政事完顏襄「屯北京，民方艱食，乃減價出糶倉粟以濟之。或以兵食方闕為言，襄曰：『烏有民足而兵不足者？』卒行之，民皆悅服。」〔註27〕冀州節度使賈霆「發倉廩，減價以賑貧者」。〔註28〕

4、收購餘糧：荒歉時期，收購富糧地區或富糧戶的餘糧用來賑濟災民，金代也經常採用。大定二十一年，「時中都大水，而濱、棣等州及山後大熟，命治懷來以南道路，以來糶者。又命都城減價以糶。」〔註29〕大定二年，完顏守道「改太子詹事，兼右諫議大夫，馳驛規畫山東兩路軍糧，及賑民饑。守道籍大姓戶口，限以歲儲，使盡輸其贏入官，復給其直，以是軍民皆足。」〔註30〕

5、遷移就糧：大定三年三月庚午，上謂宰相曰：「灤州饑民，流散逐食，甚可矜恤。移於山西，富民贍濟，仍於道路計口給食。」〔註31〕興定五年八月，宣宗「又諭樞密，河北艱食，民欲南來者日益多，速令渡之，毋致殍死」。〔註32〕由於遷移就糧，要產生大量的人口流動，容易成為社會不安定因素，因而政府很少主動實施。上述兩例，都是在既成事實情況下，不得已而疏導之。

6、納粟補官：對積極捐糧賑濟災民的人給予一定的官職，也是解決急需糧食的一個手段。章宗明昌二年八月「乙亥，救山東、河北闕食等處，許納

〔註24〕　《金史》卷九二《盧孝儉傳》。
〔註25〕　《金史》卷一二八《盧克忠傳》。
〔註26〕　《金史》卷一○《章宗紀二》。
〔註27〕　《金史》卷九四《完顏襄傳》。
〔註28〕　《金文最》卷六五《創建文廟學校碑》。
〔註29〕　《金史》卷四七《食貨志二》。
〔註30〕　《金史》卷八八《完顏守道傳》。
〔註31〕　《金史》卷六《世宗紀中》。
〔註32〕　《金史》卷一六《宣宗紀下》。

粟補官」。〔註33〕明昌六年，「復有郡人榮昺，好事而樂施予，頃因賑濟，嘗授恩級」。〔註34〕宣宗貞祐「二年正月，鼎以在京貧民闕食者眾，宜立法振救，乃奏曰：『京師官民有能贍給貧人者，宜計所贍遷官升職，以勸獎之。』遂定權宜鬻恩例格，如進官升職、丁優人許應舉求仕、宮監戶從良之類，入粟草各有數，全活甚眾。」〔註35〕

7、贖身：隨著災荒的發生，大批百姓無力自養，只得出賣妻子、兒女甚至自身而求活命。官府往往出資為其贖身。「熙宗皇統四年，詔陝西、蒲、解、汝、蔡州歲饑，百姓流落典雇為驅者，官以絹贖為良，丁男三匹，婦人幼小二匹。」〔註36〕世宗大定四年九月乙丑，上謂宰臣曰：「北京、懿州、臨潢等路嘗經契丹寇掠，平、薊二州近復蝗旱，百姓艱食，父母兄弟不能相保，多冒鬻為奴，朕甚憫之。可速遣使閱實其數，出內庫物贖之。」〔註37〕章宗泰和四年十二月「辛丑，救陝西、河南饑民所鬻男女，官為贖之。」〔註38〕但對官府出資為饑民贖身的善舉也有不同意見，認為此舉不利於救濟饑民，如章宗時「行簡奏曰：『往年饑民棄子，或勾以與人，其後詔書官為收贖，或其父母衣食稍充，即識認，官亦斷與之。自此以後，饑歲流離道路，人不肯收養，肆為捐瘠，餓死溝中。伏見近代禦災詔書，皆曰以後不得復取，今乞依此施行。』上是其言，詔書中行之。」〔註39〕

8、官員捐己俸祿：這往往是少數良吏的個人行為，但也能帶動下屬，使饑民得到一定的救助。如移剌益「明昌三年，畿內饑，擢授霸州刺史，同授刺史者十一人，既入謝，詔諭曰：『親民之職惟在守令，比歲民饑，故遣卿等往撫育之。其資序有過者有弗及者，朕不計此，但以材選，爾其知之。』既至，首出俸粟以食饑者，於是倅以下及郡人遞出粟以佐之，且命屬縣視以為法，多所全活。」〔註40〕裴滿亨「泰和五年，改安武軍節度使。歲大雪，民多凍殍，亨輸己俸為之賙贍，及勸率僚屬大姓同出物以濟。」〔註41〕

〔註33〕《金史》卷九《章宗紀一》。
〔註34〕《金文最》卷七〇《棣州重修廟學碑》。
〔註35〕《金史》卷一〇八《胥鼎傳》。
〔註36〕《金史》卷四六《食貨志一》。
〔註37〕《金史》卷六《世宗紀上》。
〔註38〕《金史》卷一二《章宗紀四》。
〔註39〕《金史》卷一〇六《張行簡傳》。
〔註40〕《金史》卷九七《移剌益傳》。
〔註41〕《金史》卷九七《裴滿亨傳》。

9、賜予耕牛：災荒後，爲了恢復生產，官府往往向農民提供耕牛。大定二十八年十一月戊戌，「詔南京、大名府等處避水逃移不能復業者，官與津濟錢，仍量地頃畝給以耕牛。」〔註42〕哀宗正大四年十二月「壬子，遣使安撫陝西，以牛千頭賜貧民」。〔註43〕

（二）救濟

1、施粥：施粥是官府對貧民進行救濟的一項較普遍的措施。章宗泰和三年三月「命給米諸寺，自十月十五日至次年正月十五日作麋以食貧民」。〔註44〕哀宗時，仁聖皇太后「夢乞丐萬數踵其後，心惡之，占者曰：『後爲天下母，百姓貧寠，將誰訴焉。』遂敕京城設粥與冰藥以應之。」〔註45〕

2、提供廉價醫藥：見前「惠民司」。

3、贍養老人：海陵王時，「沂州男子吳眞犯法，當死，有司以其母老疾無侍爲請，命官與養濟，著爲令。」〔註46〕「著爲令」即要成爲制度。世宗時也有贍養死囚父母的記載，大定十三年五月「甲辰，尚書省奏，鄧州民范三毆殺人，當死，而親老無侍。上曰：『在醜不爭謂之孝，孝然後能養，斯人以一朝之忿忘其身，而有事親之心乎。可論如法。其親，官與養濟。』」〔註47〕另外世宗時還規定：「流移人老病者，官與養濟。」〔註48〕

4、扶助鰥寡孤獨：金朝對鰥寡孤獨者經常有一定的救助。皇統元年九月戊申，「詔賜鰥寡孤獨不能自存者，人絹二匹、絮三斤」。〔註49〕大定二十九年正月，賜「鰥寡孤獨人絹一匹、米兩石」。〔註50〕

5、撫恤遺屬、遺孤：對陣亡將士的遺屬、遺孤，政府也多加以撫恤。貞祐二年十月甲午，「陝西軍戶戰死者給糧贍其家」。〔註51〕正大七年「八月，賜陝西死事之孤鹽引及絹，仍量材任使」。〔註52〕

〔註42〕《金史》卷一七《哀宗紀上》。
〔註43〕《金史》卷八《世宗紀下》。
〔註44〕《金史》卷一二《章宗紀四》。
〔註45〕《金史》卷二三《五行志》。
〔註46〕《金史》卷五《海陵紀》。
〔註47〕《金史》卷七《世宗紀中》。
〔註48〕《金史》卷七《世宗紀中》。
〔註49〕《金史》卷四《熙宗紀》。
〔註50〕《金史》卷九《章宗紀一》。
〔註51〕《金史》卷一四《宣宗紀上》。
〔註52〕《金史》卷一七《哀宗紀上》。

6、獎勵孝子節婦：明昌元年十月「丙申，詔賜貴德州孝子翟巽、遂州節婦張氏各絹十匹、粟二十石」。〔註53〕明昌三年四月戊午，「詔賜雲內孝子孟興絹十匹、粟二十石」。〔註54〕

7、救助乞丐：興定二年十二月「甲子，上諭旨有司：『京師丐食死於祁寒，朕甚憫之。給以後苑竹木，令居獲燠所。』」〔註55〕

8、補助多胞胎：明昌元年三月「癸亥，禮館言：『民或一產三男，內有才行可用者，可令察舉，量材敘用。其驅婢所生，舊制官給錢百貫，以資乳哺，尚書省請更給錢四十貫，贖以爲良。』」〔註56〕可見，對於奴婢產下多胞胎，政府給予一定的哺乳費，而且產婦還能贖身爲良。

三、對猛安謀克戶的賑濟

金代存在著事實上的民族等級，統治者往往在各方面優待女真人，即使在賑濟上，女真人占絕大多數的猛安謀克戶也得到特殊照顧，這主要表現在牛頭稅上。

「牛頭稅，即牛具稅，猛安謀克部女直戶所輸之稅也。其制每耒牛三頭爲一具，限民口二十五受田四頃四畝有奇，歲輸粟大約不過一石，官民占田無過四十具。天會三年，太宗以歲稔，官無儲積無以備飢饉，詔令一耒賦粟一石，每謀克別爲一廩貯之。四年，詔內地諸路，每牛一具賦粟五斗，爲定制。」〔註57〕可見，所謂的牛頭稅，完全是取之於猛安謀克戶，用之於猛安謀克戶，是在災荒時對猛安謀克戶進行賑濟用的。據上所引文按「一耒賦粟一石」計算，猛安謀克戶每畝地才納牛頭稅約 0.25 升，而州縣戶（主要爲漢人、渤海人）每畝地夏秋兩稅則納 5.3 升，〔註58〕兩者相差 21.5 倍。但即使如此輕微的稅額，有時也予以緩徵、免徵。大定二十六年，「尚書省奏並徵牛頭稅粟，上曰：『積壓五年，一見並徵，民何以堪。其令民隨年輸納，被災者蠲之，貸者俟豐年徵還。』」〔註59〕正如劉浦江先生所說：「相對於兩稅來說，

〔註53〕《金史》卷九《章宗紀一》。
〔註54〕《金史》卷九《章宗紀一》。
〔註55〕《金史》卷一五《宜宗紀中》。
〔註56〕《金史》卷九《章宗紀一》。
〔註57〕《金史》卷四七《食貨志二》。《太宗紀》有同樣的記載，只是天會四年記爲天會五年，不知二者孰對孰錯。
〔註58〕《金史》卷四七《食貨志二》。
〔註59〕《金史》卷四七《食貨志二》。

牛頭稅的稅率極低，又從來沒有以錢鈔折納的記錄，而且它有專項用途，即主要用於猛安謀克部內『備飢饉』之需，故牛頭稅對於國家財政幾乎沒有什麼意義。實際上，嚴格說來，金代的牛頭稅既非地租，也非地稅。」〔註60〕筆者認為，金代所謂的牛頭稅就是徵收於猛安謀克戶、用之於猛安謀克戶的賑災儲備糧。正如金世宗所說：「猛安謀克牛頭稅粟，本以備凶年，凡水旱乏糧處就賑給之。」〔註61〕

金初對於戍邊的猛安謀克戶還有額外的賑濟。天會九年四月己卯詔：「新徙戍邊戶，匱於衣食，有典質其親屬奴婢者，官為贖之。戶計其口而有二三者，以官奴婢益之，使戶為四口。又乏耕牛者，給以官牛，別委官勸督田作，戍戶及邊軍資糧不繼，糴粟於民而與賑恤。其續遷戍戶在中路者，姑止之，即其地種藝，俟畢獲而行，及來春時，至戍所。」〔註62〕可見，對於此時的戍邊猛安謀克戶，政府不但使不足4口人的戶，「以官奴婢益之，使戶為四口」，而且對沒有耕牛的戶提供耕牛。沒有糧食（肯定也不會納牛頭稅），政府還從民戶購買而賑濟之。對在中途的遷戍戶也緩期前往目的地，使他們能就地耕種，秋天收穫糧食後，來年春天再到戍所。由於金初的猛安謀克戶生產力十分低下，因而對他們的賑濟也就史不絕書。天會十年「二月庚午，賑上京戍邊猛安民」；〔註63〕四月「庚寅，聞鴨綠、混同江暴漲，命賑徙邊戶在混同江者」；〔註64〕「七月甲午，賑泰州路戍邊戶」。〔註65〕

金代皇帝中，對女真人的優待尤以世宗最為明顯。他曾「詔曰：『南路女直戶頗有貧者，漢戶租佃田土，所得無幾，費用不給，不習騎射，不任軍旅。凡成丁者簽入軍籍，月給錢米，山東路沿邊安置。其議以聞。』浹旬，上問曰：『宰臣議山東猛安貧戶如之何？』奏曰：『未也。』乃問安禮曰：『於卿意如何？』對曰：『猛安人與漢戶，今皆一家，彼耕此種，皆是國人，即日簽軍，恐妨農作。』上責安禮曰：『朕謂卿有知識，每事專效漢人，若無事之際可務農作，度宋人之意且起爭端，國家有事，農作奚暇？卿習漢字，讀《詩》、《書》，姑置此以講本朝之法。前日宰臣皆女直拜，卿獨漢人拜，是邪非邪？所謂一

〔註60〕 劉浦江：《金代雜稅論略》，《遼金史論》，遼寧大學出版社，1999年。
〔註61〕 《金史》卷八八《紇石烈良弼傳》。
〔註62〕 《金史》卷三《太宗紀》。
〔註63〕 《金史》卷三《太宗紀》。
〔註64〕 《金史》卷三《太宗紀》。
〔註65〕 《金史》卷三《太宗紀》。

家者皆一類也，女直、漢人，其實則二。朕即位東京，契丹、漢人皆不往，惟女直人偕來，此可謂一類乎。』又曰：『朕夙夜思念，使太祖皇帝功業不墜，傳及萬世，女直人物力不困。卿等悉之。』因以有益貧窮猛安人數事，詔左司郎中粘割斡特剌使書之，百官集議於尚書省。」〔註66〕由於世宗的民族偏見，因而對於本族的猛安謀克戶也就備加照顧，不管有無自然災害，隨時對饑貧的猛安謀克戶加以賑濟。大定三年四月「乙酉，賑山西路猛安謀克貧民，給六十日糧」。〔註67〕大定九年「十二月丙戌，詔賑臨潢、泰州、山東東路、河北東路諸猛安民」。〔註68〕大定十一年正月「丙申，命賑南京屯田四猛安被水災者」。〔註69〕這些內遷的猛安謀克戶由於不習農耕，往往將田地租給漢人耕種，所得不多。一有水旱之災，即陷於貧困，因而需時時賑濟。同樣，處於金源內地的猛安謀克戶處境也好不到哪裏。大定十七年三月「辛亥，詔……賑東京、婆速、曷速館三路，乙丑，尚書省奏，三路之粟，不能周給。上曰：『朕嘗語卿等，遇豐年即廣糴以備凶歉。卿等皆言天下倉廩盈溢。今欲賑濟，乃云不給。自古帝王皆以蓄積爲國家長計，朕之積粟，豈欲獨用之耶。今既不給，可於鄰道取之以濟。自今預備，當以爲常。」〔註70〕對此事，還有同樣的記載：大定「十七年春，尚書省奏，先奉詔賑濟東京等路饑民，三路粟數不能給。上曰：『朕嘗諭卿等，豐年廣糴以備凶歉，卿等皆言天下倉廩盈溢，今欲賑濟，乃云不給。自古帝王皆以蓄積爲國長計，朕之積粟豈欲獨用。即今不給，可於鄰道取之，自今多備，當以爲常。』四月，尚書省奏，『東京三路十二猛安尤闕食者，已賑之矣。尚有未賑者。』詔遣官詣復州、曷蘇館路，檢視富家，蓄積有餘增直以糴。令近地居民就往受糧。」〔註71〕可見由於東京、婆速（東京路下轄）、曷速館（上京路下轄）三路沒有充足的糧食儲備，而不得不從臨近地區調入糧食對猛安謀克戶進行賑濟。

（原載《北方文物》2001 年第 1 期）

〔註66〕《金史》卷八八《唐括安禮傳》。

〔註67〕《金史》卷六《世宗紀上》。

〔註68〕《金史》卷六《世宗紀上》。

〔註69〕《金史》卷六《世宗紀上》。

〔註70〕《金史》卷七《世宗紀中》。

〔註71〕《金史》卷五〇《食貨志五》。

二十六、金代植樹考述

摘 要

本文從經濟林木的種植，防護林木的種植，庭院、園林、寺院樹木的種植，森林資源的破壞與保護等四個方面的內容對金代的植樹情況進行了考述。

關鍵詞：金代、植樹、森林資源

學界對於金代植樹的研究，目前較爲薄弱，專門論述這一問題的論文寥寥無幾。臺灣淡江大學郝俠遂教授對金代伐木、桑蠶、植樹、護堤等進行了簡述。〔註1〕夏宇旭對金代植樹造林，發展山林資源進行了概述。〔註2〕筆者不揣簡陋，就金代經濟林木的種植，防護林木的種植，庭院、園林、寺院樹木的種植，森林資源的破壞與保護等四個植樹方面的問題進行簡單考述。不當之處，敬請教正。

一、經濟林木的種植

金朝雖然是女眞族建立的封建王朝，但是與其它封建王朝一樣重視農業。反映在植樹上，就是重視桑樹等經濟林木的種植。對於農民，規定每戶都必須種植桑、棗樹，並有明確的量化要求。「凡桑棗，民戶以多植爲勤，少

〔註 1〕 郝俠遂：《遼、金、元三朝之林業概》，（臺灣）《中華科技史學會會刊》第九卷，2006 年。

〔註 2〕 夏宇旭：《論金代女眞人對林木資源的保護與發展》，《北方文物》2014 年第 1 期。

者必植其地十之三，猛安謀克戶少者必課種其地十之一，除枯補新，使之不闕。」〔註3〕這條規定，可能最初開始於金章宗時期，明昌元年（1190）「六月，尚書省奏：『近制以猛安謀克戶不務栽植桑果，已令每十畝須栽一畝，今乞再下各路提刑及所屬州縣，勸諭民戶，如有不栽及栽之不及十之三者，並以事怠慢輕重罪科之。』詔可。」〔註4〕猛安謀克戶中女眞人占絕大多數，民戶中漢族占絕大多數，前者的植樹指標低於後者，主要是女眞人沒有從事農桑的傳統。泰和元年（1201），這一指標再次細化。六月「己亥，用尚書省言，申明舊制，猛安謀克戶每田四十畝樹桑一畝，毀樹木者有禁，鬻地土者有刑。」〔註5〕按照猛安謀克戶每十畝地種植一畝桑果的規定，則四十畝地種植一畝桑樹外，還須種植三畝果樹。

對於農戶種植經濟林木，金朝歷任皇帝都很重視，經常派官員予以檢查。世宗大定五年（1165）十二月，「上以京畿兩猛安民戶不自耕墾，及伐桑棗爲薪鬻之，命大興少尹完顏讓巡察。」〔註6〕對於損毀桑樹的情況，還予以懲處。大定十九年（1179）二月，「上如春水，見民桑多爲牧畜齧毀，詔親王公主及勢要家，牧畜有犯民桑者，許所屬縣官立加懲斷。」〔註7〕上級官員對於轄區經濟林木的種植，負有監督督促的責任。宣宗時，王浩擔任涇陽（今陝西省涇陽縣）縣令，「時西臺檄州縣增植棗果，督責嚴急，民甚被擾，浩獨無所問，主司將坐之，浩曰：『是縣所植已滿其數，若欲增植，必盜他人所有，取彼置此，未見其利。』」〔註8〕

果樹的種植，除了零星種植外，也有大規模的果園。如宣化州（金代後期更名爲宣德州，今河北省張家口市宣化區）的張氏家族自遼代就是當地的富戶大族，到張世本去世的金熙宗皇統四年（1144），其家族「栽植園果，經營藉產，日有所增」。〔註9〕果園中有皇家果園，也就是御果園，金世宗時，「就御果園建道院」。〔註10〕果園中有栗園，昌平縣崔村農戶「有祖業不成行戶栗

〔註3〕《金史》卷四七《食貨志二》，第 1043 頁。
〔註4〕《金史》卷四七《食貨志二》，第 1050 頁。
〔註5〕《金史》卷一一《章宗紀三》，第 256 頁。
〔註6〕《金史》卷四七《食貨志二》，第 1044 頁。
〔註7〕《金史》卷四七《食貨志二》，第 1045 頁。
〔註8〕《金史》卷一二八《循吏傳・王浩》，第 2774 頁。
〔註9〕河北省文物研究所：《宣化遼墓》（上），文物出版社，2001 年，第 160 頁。
〔註10〕《玉虛觀記》，載王新英編：《全金石刻文輯校》，吉林文史出版社，2012 年，第 524 頁。

園一所。」〔註11〕栗子是秋季的時令食品。趙秉文《栗》寫到：「漁陽上谷晚風寒，秋入霜林栗玉乾。未折棕櫚封萬殼，乍分混沌出雙丸。賓朋宴罷煨秋熟，兒女燈前爆夜闌。幹樹侯封等塵土，且隨園芋勸加餐。」〔註12〕栗樹還是社稷的代表，金代社稷壇的南面，「栽栗以表之。」〔註13〕果園中有杏園，金末楊宏道有詩《杏園》二首：「綈袍倦晴晝，看落瓶中花。朝來借長鞭，走踏平堤沙。杏園一片白，不辨枝橫斜。嗟餘出最晚，猶及見春華。」「青雲二公子，相約聯鑣出。杏園色憔悴，把酒酹春日。攀枝紛墮雪，嚼蕊香如蜜。花落亦無傷，綠陰催結實。」〔註14〕果園中有桃園，王處一《詠桃園》記載了桃園桃花盛開的景致：「紅芳映日賞桃花，此是人間景沒加。奉勸諸公歸物外，洞天深處更堪誇。」〔註15〕

茶樹是金代分佈範圍比較狹窄的一種經濟林木，由於茶樹的生長習性，只分佈在河南及山東南部的部份地區。金章宗時的左諫議大夫賈鉉曾「上書論山東採茶事，其大概以爲『茶樹隨山皆有，一切護邏，已奪民利，因而以揀茶樹執誣小民，嚇取貨賂，宜嚴禁止，仍令按察司約束。』」〔註16〕泰和六年（1206），「河南茶樹槁者，命補植之。」〔註17〕

二、防護林木的種植

金代的防護林有堤岸防護林、道路防護林、墓葬防護林等。

金代黃河多次泛濫決口，給人民生命財產造成極大的破壞，爲此，疏濬河道，修築堤壩都是治河的重要手段。章宗時期的國史院編修官高霖曾建議，「黃河所以爲民害者，皆以河流有曲折，適逢隘狹，故致湍決。按《水經》當疏其扼塞，行所無事。今若開雞爪河以殺其勢，可免數埽之勞。凡卷埽工物，皆取於民，大爲時病。乞並河堤廣樹榆柳，數年之後，堤岸既固，埽材

〔註11〕楊廣文、邢軍、周峰：《金元昌平崔村鑼鈸邑碑考釋》，《中國歷史文物》2004年第1期。

〔註12〕薛瑞兆、郭明志編：《全金詩》卷七一，南開大學出版社，1995年，第2冊，第477～478頁。

〔註13〕《金史》卷三四《禮志七》，第803頁。

〔註14〕薛瑞兆、郭明志編：《全金詩》卷一〇六，南開大學出版社，1995年，第3冊，第469頁。

〔註15〕薛瑞兆、郭明志編：《全金詩》卷四三，南開大學出版社，1995年，第2冊，第36頁。

〔註16〕《金史》卷九九《賈鉉傳》，第2191頁。

〔註17〕《金史》卷四九《食貨志四》，第1108頁。

亦便，民力漸省。」〔註18〕高霖之後還有在都水監任職的經歷。事實上，在堤壩上栽種榆柳樹成為金朝的一項制度性措施，也成為水利官員的職責。如都水監中從七品的都巡河官的職責是「掌巡視河道、修完堤堰、栽植榆柳、凡河防之事」。〔註19〕

黃河上的浮橋相傳最早是建於戰國秦昭襄王時的蒲津橋，在今陝西大荔東大慶關與山西永濟西蒲州鎮間，唐朝這裡是著名的蒲津渡，1989 年在永濟縣西 12 公里的古蒲州城遺址西門外的黃河灘出土了鐵牛、鐵人、鐵柱等，是固定蒲津浮橋的設施。金代曾重修此處的黃河浮橋，並在黃河西岸的陝西設有大慶關進行管理。大慶關的主官為正八品的管勾河橋官兼譏察事，其職責是「掌解繫浮橋、濟渡舟楫、巡視河道、修完埽岸、兼率埽兵四時功役、栽植榆柳、預備物料、譏察姦偽等事。」〔註20〕種植榆柳進行河岸防護是其一項重要內容。

在金中都的護城河河堤上也載有柳樹進行防護。陽春門是中都東城牆南側的城門，金代文人楊雲翼有詩《陽春門堤上》記載了春日陽春門外柳樹初綠的風光：「薄薄晴雲漏日高，雪消土脈潤如膏。東風可是多才思，先送輕黃到柳梢。」〔註21〕

金中都城內外的道路兩側都栽種有柳樹，一方面給行人提供了陰涼，也為道路提供了養護，這是金世宗時期的舉措。「將至宮城，東西轉各有廊百許間，馳道兩傍植柳，廊脊覆碧瓦，宮闕殿門則純用碧瓦。……大定四年十月，命都門外夾道重行植柳各百里。」〔註22〕宋孝宗乾道六年（1170，金大定十年）宋使范成大見到金中都宮城應天門外「東西廊之中，馳道甚闊，兩旁有溝，溝上植柳。」〔註23〕這些柳樹應該是金世宗下令在金中都各門外道路兩側種植柳樹的同時，在城內道路兩側也種植的結果。

金代不但皇陵附近有林木防護，民間百姓的墓地也都種植松柏等加以保護。在山西侯馬市金代董海墓出土的明昌七年（1196）角柱上有題記記載了董

〔註18〕《金史》卷一〇四《高霖傳》，第 2299 頁。

〔註19〕《金史》卷五六《百官志二》，第 1277 頁。

〔註20〕《金史》卷五七《百官志三》，第 1326 頁。

〔註21〕薛瑞兆、郭明志編：《全金詩》卷八三，南開大學出版社，1995 年，第 3 冊，第 108 頁。

〔註22〕《金史》卷二四《地理志上》，第 572、573 頁。

〔註23〕（宋）范成大：《攬轡錄》，《范成大筆記六種》，中華書局，2002 年，第 15 頁。

氏家族墓地栽植樹木的情況：「□大□□大定十五年二月二十日栽栢樸墳塋一十九根，又祖墳內二塋栽栢樸八根，董海買到栢樸。」〔註24〕大定年間，陝西澄城縣（今陝西省澄城縣）有一農婦獨自在外流浪近 50 年後返回故鄉，看到祖墳已經變成田地，向縣衙申訴，請求田主返還祖墳，但沒有結果。之後主簿段規上任，農婦再次申訴。「公覽之得其冤狀，下令期於所爭地，引數騎直抵其處，其老婦亦迷亡其丘冢所在。公乃取山川之形狀，以其可葬地，命僉徒運畚鍤出土壤，約一丈二尺，廣狹倍之，因得其宅兆。田主叩頭伏罪流血，公命博丘冢，植樹林，周以垣牆。」〔註25〕段規為農婦奪回了祖墳，而且幫助其加以修葺、植樹，這成為段規的德政之一。

對於古代遺留下來的屍骸，一些地方官員也能加以安葬並植樹保護。皇統元年（1141），任高平縣令的王庭直派人收拾了戰國長平之戰趙軍所留下的遺骸，「乃勸鄰農於所佔墳地外，更四面各廣八步，起供堂一所於其上，植美木成圍，俾永久知所悼惜。」〔註26〕

金代的鄉村基層社會組織同歷代一樣是里社，里社的標誌是社樹。「成周之法，自大夫以下，成郡而立社，曰『置社』。降迄秦漢，雖非大夫，但民居五鄰以上，自為立之，曰『里社』。皆壇而不屋，各樹以土地所宜之木，所以達天暘，仍俾民望而師敬之。自爾沿及於後，其閭巷村坊，或立或否，以興以廢，其事固不能一。」〔註27〕泰和八年（1208），襄垣縣（今山西省襄垣縣）雙榆社的百姓重新修理社壇，並且重新種植兩株榆樹，以替換已經枯死的社樹。可以說，社樹既是社的標識，也是為了保護社壇而植。金代詩人元德明《楸樹》一詩寫到：「道邊楸樹老龍形，社酒澆來漸有靈。只恐等閒風雨夜，怒隨雷電上青冥。」〔註28〕這株楸樹就是社樹。

〔註24〕山西省考古研究所侯馬工作站：《侯馬 102 號金墓》，《文物季刊》1997 年第 4 期。

〔註25〕（清）張金吾編：《金文最》卷六九《澄城主簿趙公德政碑》，中華書局，1990 年，第 1005 頁。

〔註26〕（清）張金吾編：《金文最》卷二二《省冤谷掩骼記》，中華書局，1990 年，第 298 頁。

〔註27〕（清）張金吾編：《金文最》卷八〇《襄垣雙榆社碑》，中華書局，1990 年，第 1162 頁。

〔註28〕薛瑞兆、郭明志編：《全金詩》卷五九，南開大學出版社，1995 年，第 2 冊，第 273 頁。

三、庭院、園林、寺院樹木的種植

金代職官中有多個專門負責樹木、花卉種植的機構，長官爲從六品提舉的都城所「掌修完廟社及城隍門鑰、百司公廨、係官舍屋並栽植樹木工役等事。」〔註29〕長官爲從五品提點的上林署「掌諸苑囿池沼、種植花木果蔬及承奉行幸舟船事。」〔註30〕還有長官爲正八品都監的花木局，其具體執掌雖然不詳，但從名稱來看，無疑是負責宮廷花木種植的。以上都是屬於工部系統的機構，花木局是其中最爲專業的負責種樹的機構，而上林署掌管種樹的範圍應該是皇家園林，都城所掌管種樹的範圍應該是都城內的官署院落。另外，負責伺候皇太子的東宮官系統中正八品的家令與正九品的家丞「掌營繕栽植鋪設及燈燭之事」。〔註31〕種樹也是其一部份職責。

金代庭院、園林、寺院種植的重要樹種有松、柏、槐樹、石榴、月桂、桐樹、竹等。

松樹是金代庭院、寺院等種植最廣泛的一種樹木。金代著名文人元好問有《種松》詩：「百錢買松羔，植之我東牆。汲井浣塵土，插籬護牛羊。一日三摩挲，愛比添丁郎。昨宵入我夢，忽然變昂藏。昂藏上雲雨，慘淡含風霜。起來月中看，細蠆錯針芒。惘然一太息，何年起明堂？鄰叟向我言，種木本易長。不見河畔柳，顧盼百尺強。君自作遠計，今日何所望？」〔註32〕可見，植於院庭的稱之爲「松羔」的松苗被格外珍視，主人對其呵護備至。大定、明昌時期，被元好問稱爲「雁門前輩」的八位詩人之一的倪民望也作有《種松詩》：「種松莫種柳，種柳莫種松。堅脆非所計，雅俗寧與同。可是種松無隙地，卻教憔悴柳陰中。」〔註33〕將種松與種柳的利弊做了一番比較。

松樹也是寺院、道觀與民間廟宇植樹的首選樹種之一。山西省繁峙縣的岩山寺是一座金代寺院，該寺以金世宗時期宮廷畫師王逵所繪製的壁畫聞名。寺院內還有多株種植於金正隆元年（1156）的古松，這爲殿前刻於香爐臺柱的銘文所證實：「正隆元年栽松樹人李旺、李□記。」〔註34〕

〔註29〕《金史》卷五六《百官志二》，第 1287 頁。
〔註30〕《金史》卷五六《百官志二》，第 1287 頁。
〔註31〕《金史》卷五七《百官志三》，第 1300 頁。
〔註32〕（金）元好問：《元好問全集》（增訂本）卷一，山西古籍出版社，2004 年，第 22 頁。
〔註33〕（金）元好問編：《中州集》卷九，華東師範大學出版社，2014 年，第 563 頁。
〔註34〕柴澤俊、張丑良：《繁峙岩山寺》，文物出版社，1990 年，第 213 頁。

　　二仙是主要流行於宋金時期晉東南地區的一種民間信仰，二仙是兩姐妹，被北宋敕封爲沖惠眞人和沖淑眞人，其廟宇的正式稱呼爲眞澤宮，俗稱爲二仙廟，幾乎遍佈於晉東南地區的鄉村。其祖廟位於陵川縣，宋金戰爭之際被毀，金世宗大定年間重修，「因栽松數百株，今並小松千株矣。」〔註35〕

　　金代興起的道教全眞道的道觀內也多種植有松樹，全眞道的第二代掌教馬鈺也作有種松詩，「大定癸卯六月三日，黃縣道友邀予居金玉庵，環堵於內新栽小松株，因作三絕：六月庵前種六松，故然反倒馬風風。三番布氣無多力，六願還生有大功；時當數伏故栽松，道友閒閒適馬風。我說六株無自活，人傳三髻有眞功；六月初三種小松，六株色變遇扶風。祈榮我藉重陽氣，應效人傳三髻功。」〔註36〕

　　柏樹同松樹一樣爲寺院所喜愛，如山西臨猗縣的龍岩寺，「載翠柏以成行，植青松而□□。」〔註37〕懷州（今河南沁陽市）明月山大明禪院「種柏千株，繞在碧溪岩畔。」〔註38〕

　　和當代庭院不種槐的觀念不一樣，在古代朝廷種三槐九棘，公卿大夫坐於其下，面對三槐者爲三公，因此庭院植槐是富貴的象徵，金代也是如此。李冶《觀主人植槐》寫到：「主人有佳樹，移植庭之隅。繁柯雖翦去，不敢觸根株。朝漑復夕灌，乳井幾成枯。諷諷角弓詩，古人能起予。愛樹尚如此，愛士當何如？」〔註39〕可見，槐樹栽植於庭院的一角。宋楫《庭槐》寫到：「庭槐先人手所植，再世清陰方滿臺。慚愧兒孫種桃李，花枝準擬當年開。」〔註40〕充滿了對於前人栽樹，後人乘凉的感激之情。

　　石榴因爲象徵著多子多福，在金代平民的庭院中也多有種植。元德明《從張敷道覓石榴》寫到：「儡人囊中五色露，得種昔與蒲桃俱。猩猩染花開五月，

〔註35〕（清）張金吾編：《金文最》卷六七《重修眞澤二仙廟碑》，中華書局，1990年，第977頁。

〔註36〕薛瑞兆、郭明志編：《全金詩》卷一九，南開大學出版社，1995年，第1冊，第265頁。

〔註37〕《龍岩寺碑》，載王新英編：《全金石刻文輯校》，吉林文史出版社，2012年，第126頁。

〔註38〕《懷州明月山大明禪院記》，載王新英編：《全金石刻文輯校》，吉林文史出版社，2012年，第209頁。

〔註39〕薛瑞兆、郭明志編：《全金詩》卷一三六，南開大學出版社，1995年，第4冊，第360～361頁。

〔註40〕（金）元好問編：《中州集》卷八，華東師範大學出版社，2014年，第511頁。

已覺秋實懸庭除。張園一酸齒欲裂，君家兩株蜜不如。竹馬兒童厭梨栗，綠囊聊爲剝紅珠。」〔註41〕可看出，當時人們特意選擇果實甜的石榴樹作爲良種來種植，果實酸的則不爲人所喜。石榴也被稱爲海榴，楊宏道《彥深家榴花》寫到：「小院深沉畫掩扉，薰風注意海榴枝。新詩題罷空歸去，不見累累著子時。」〔註42〕

月桂是金代寺院、道觀中常見的樹木，尤其爲全眞教眾所喜愛。全眞教創立者王喆的多首詩詞以月桂爲題，其《題淨業寺月桂》寫到：「識將月桂土中栽，爭忍塵凡取次開。折得一枝攜在手，卻將仙種赴蓬萊。」〔註43〕其筆下月桂頗有超凡脫俗的仙氣。其關於月桂的詩詞還有《贈趙資深戴月桂》、《江梅引·寧海范明叔邀飯·覽月桂花》。全眞教第二代傳人的全眞七子中，丘處機和譚處端都有關於月桂的詩。丘處機《王宅月桂》寫到：「太原門下景幽深，一簇仙花壓古今。根幹發從雲上面，祖宗來自月中心。香苞灼灼披紅粉，茂葉重重鎖綠陰。朵朵精神皆異俗，飄然特使眾人欽。」〔註44〕將月桂花視爲仙花。他關於月桂的詩還有《又載月桂》、《隴州楊氏攜月桂栽見訪四首》等。譚處端《詠月桂》寫到：「綠葉柔莖結翠紅，精神朵朵弄晴風。歲寒堅耐同松竹，盡占年光造化功。」〔註45〕同樣對月桂喜愛有加。

竹子雖然不是樹木，但是卻是綠化、美化環境的重要植物，歷朝歷代，上至皇帝公卿，下至平民百姓，對竹子的喜愛可以說滲透中華民族的骨髓，金朝的統治者女眞族也不例外。金朝的皇宮中就種植了竹子。金世宗有一次說到：「朕見宮中竹有枯瘁者，欲令更植，恐勞人而止。」〔註46〕竹子在寺院、園林、庭院中都是不可或缺的植物。郭長倩《義師院叢竹》寫到：「南軒移植自西壇，瘦玉亭亭十數竿。得法未應輸老柏，植根兼得近幽蘭。雖無穠豔包

〔註41〕 薛瑞兆、郭明志編：《全金詩》卷五九，南開大學出版社，1995年，第2冊，第272頁。

〔註42〕 薛瑞兆、郭明志編：《全金詩》卷一一〇，南開大學出版社，1995年，第3冊，第515頁。

〔註43〕 薛瑞兆、郭明志編：《全金詩》卷一一，南開大學出版社，1995年，第1冊，第180頁。

〔註44〕 薛瑞兆、郭明志編：《全金詩》卷五〇，南開大學出版社，1995年，第2冊，第148頁。

〔註45〕 薛瑞兆、郭明志編：《全金詩》卷二六，南開大學出版社，1995年，第1冊，第339頁。

〔註46〕 《金史》卷六《世宗紀上》，第144頁。

春色，自許眞心老歲寒。百草千華盡零落，請君來向此中看。」〔註47〕讚美了竹子歲寒而後知勁節的品質。劉從益《種五竹堂後自娛作詩》寫到：「撥土移根卜日辰，森森便有氣淩雲。眞成闕里二三子，大勝樊川十萬軍。影浸涼蟾窗上見，聲敲寒雨枕邊聞。林間故事傳西晉，不數山王詠五君。」〔註48〕趙秉文《和種竹》：「君家種竹五七個，我亦近栽三數竿。兩地平分風月破，大家留待雪霜看。土膏生澀葉猶卷，客枕夢回聲已寒。見此又思君子面，何時相對倚欄杆。」〔註49〕以上諸詩都說明竹子已經成爲金代典型的庭院景觀。

四、森林資源的破壞與保護

中國古代建築多爲土木結構，大的工程建設往往要消耗大量的木材，金代也是如此。金代大型工程建設以海陵王完顏亮時期最爲頻繁與浩大，尤其是他爲兩次遷都所進行的工程建設。

由於金上京（今黑龍江省哈爾濱市阿城區）僻在一隅，難以滿足完顏亮統一天下雄心壯志之需。天德三年（1151）三月，完顏亮下詔在燕京（遼南京，今北京市）的基礎上擴建城市，修築宮殿，作爲新的都城。爲此需要大量的木材，由於工期緊迫，往往拆用汴京等地的建築構件。「汴梁宋時宮殿，凡樓觀、棟宇、窗戶，往往題『燕用』二字，意必當時人匠姓名耳。及金海陵修燕都，擇汴宮窗戶刻鏤工巧以往，始知興廢皆定數，此即先兆也。」〔註50〕將工匠的名字「燕用」理解成「爲燕京所用」雖然是附會之說，但此事也反映了當時營建燕京所用汴京建築構件數量之大。此外，也砍伐了大量林木，甚至有些著名園林的林木也難以幸免。如眞定府（今河北省正定縣）的潭園自唐朝藩鎮成德節度使李寶臣開始修建，到北宋時期就成爲了北方的著名園林，園內風景秀麗，樹木參天。「是時，營建燕京宮室，有司取眞定府潭園材木。仲軻乘間言其中材木不可用，海陵意仲軻受請託，免仲軻官。」〔註51〕儘管秘書少監張仲軻建議潭園的樹木不堪使用，但是完顏亮未加採納，潭園

〔註47〕 （金）元好問編：《中州集》卷八，華東師範大學出版社，2014 年，第 515 頁。

〔註48〕 薛瑞兆、郭明志編：《全金詩》卷九六，南開大學出版社，1995 年，第 3 冊，第 347 頁。

〔註49〕 薛瑞兆、郭明志編：《全金詩》卷七一，南開大學出版社，1995 年，第 2 冊，第 476 頁。

〔註50〕 （宋）周密：《癸辛雜識》別集上《燕用》，中華書局，1997 年，第 258 頁。

〔註51〕 《金史》卷一二九《張仲軻傳》，第 2781 頁。

的樹木也就沒有幸免。

正隆三年（1158）十一月，完顏亮再次下令營建南京宮室，南京也就是北宋的汴京（今河南省開封市）。完顏亮準備南京宮殿等建好後，正式遷都南京。南京宮殿的營造耗費了大量的人力、物力，所需木料都出自關中的深山中，採伐、運輸都艱難之至。「正隆營汴京新宮，（張）中彥採運關中林木。青峰山巨木最多，而高深阻絕，唐、宋以來不能致。中彥使構崖駕壑，起長橋十數里，以車運木，若行平地，開六盤山水洛之路，遂通汴梁。」〔註52〕青峰山位於今陝西省太白縣境內，是秦嶺的支脈，最高峰海拔 2242 米。即使有張中彥這樣的能吏，但是在深山中採伐、架橋、修路的工程之大，還是可想而知的。青峰山採木對於原始森林資源的破壞也是可想而知的。這也從側面說明了當時北方的森林資源已經所存無幾，不得已要從唐、宋都未開發的深山險壑中採伐。

南京的修建同燕京的修建一樣也徵收了全國的木材。當時德州平原縣（今山東省平原縣）有一座淳熙寺，寺內的千佛殿在宋金戰爭之際被焚毀，完顏亮登基後，寺僧智深經懇請住持廣俊同意之後，發願重修千佛殿。「於是命工師，求大木。歲月之間，雲委山積。無何，正隆失御，括天下之良材，以修南京。被籍之後，中規繩者無餘焉。」〔註53〕準備好修建千佛殿的木材被徵收用於營建南京宮殿。完顏亮之後的金世宗大定六年（1166），智深再次發起修建千佛殿，但是當地已經難覓合適的木材。「智深又出家貲，懇告於五戒蘭端、齊善淨、劉愷、李惠佺等曰：『此中新脫兵火，兼地薄川平，無修梁巨棟。與眾等同往太行，以購貞材如何？』眾皆悅隨，至臺山伐木歲餘。不意山雨暴至，蕩無孑遺。尋即還歸，其志愈堅，無毫髮退轉色。八年，再訪山求材。歷岩崖之欹傾，度澗谷之縈紆。十尋百圍，凡中度者皆取焉。」〔註54〕由於當地木材的匱乏，智深等人到山西五臺山訪求大樹，歷盡艱辛，才備齊了木材。實際上在山西有些地區的木材也十分缺乏，在今日保留下來的山西南部很多金代寺院建築中，其立柱往往是石質的，這也從側面反映了當時木材的缺乏。正隆四年（1159），陵川縣（今山西省陵川縣）古賢寺要修建彌勒殿，其木材的準備也是東拼西湊，好

〔註52〕《金史》卷七九《張中彥傳》，第 1789 頁。

〔註53〕（清）張金吾編：《金文最》卷七四《平原縣淳熙寺重修千佛大殿碑》，中華書局，1990 年，第 1085 頁。

〔註54〕（清）張金吾編：《金文最》卷七四《平原縣淳熙寺重修千佛大殿碑》，中華書局，1990 年，第 1085 頁。

不容易才攢齊。「先是，邑眾誓檁非松材勿用，自近及遠多方訪求，至縣東雅士坊化松三株，嶺南又化三株並雜木二條。」〔註55〕

不單是民間的廟宇取得木材艱苦備至，甚至赫赫有名的曲阜孔廟也同樣如此。大定十九年（1179），襲封衍聖公的孔摠主持修復孔廟內的孔子夫人郓國夫人殿，其木材的取得也是備嘗艱辛。孔摠「乃與族祖端修親率廟丁，載斤斧，走東蒙，深入數百里；歷戲險，冒風雨，與役者同其勞，得貞松中橡橑者以千數。又與族兄播市材於費於丞，凡棼櫨、栱桷之屬，皆取足焉。會祖林大槐數十，一旦皆椆死，適可為楹棟之用。」〔註56〕他們在山東各地訪求木材，仍不夠用。適逢孔林內的幾十株大槐樹突然枯死，這才備齊了木料。

在森林資源遭到嚴重破壞的情況下，統治者和民間都意識到了問題的嚴重性，也逐漸採取了一些措施保護森林資源，儘管其出發點和目的各有不同。

首先，對於本朝陵寢以及歷代帝王陵寢所在地的林木，金廷都曾專門下達詔書予以保護。金朝前期，沒有完備的陵寢制度，遷都中都（今北京市）後，在中都西南的大房山建立了陵寢，並將歷代祖先陵寢遷葬到此，為此，大定二十一年（1181），世宗冊封大房山神為保陵公。「申敕有司，歲時奉祀。其封域之內，禁無得樵採弋獵。」〔註57〕位於今遼寧省北鎮市的醫巫閭山是遼代的一處重要陵寢，此處葬有世宗、景宗、天祚帝三位皇帝以及被追尊為帝的遼太祖長子東丹王耶律倍。天會七年（1129），金太宗下詔，「禁醫巫閭山遼代山陵樵採」。〔註58〕

金世宗大定六年（1166）之前，曾規定「名山大川，禁其樵採」。〔註59〕但是之後，為了解決貧民的生計問題，不得不解除禁令，又造成了森林資源的極大破壞。「大定六年，朝廷推恩，弛天下山澤以賜貧民，由是諸山林舊所固護者莫敢為主，樵者薪之，匠者材焉。凡森鬱叢茂之處，皆濯濯如也，惟靈巖山林，以其有得地之本末，故獨保完。明昌三年，提刑司援他山例，許

〔註55〕《古賢寺彌勒殿記》，載王新英編：《全金石刻文輯校》，吉林文史出版社，2012年，第107頁。

〔註56〕《重修郓國夫人殿記碑》，載王新英編：《全金石刻文輯校》，吉林文史出版社，2012年，第231頁。

〔註57〕《金史》卷三五《禮志八》，第820頁。

〔註58〕《金史》卷三《太宗紀》，第60頁。

〔註59〕《天開寺奉先縣禁山榜示碑》，載王新英編：《全金石刻文輯校》，吉林文史出版社，2012年，第517頁。

民採伐。由是長老廣琛訴於部於省，才得地之十一二也。」〔註60〕靈巖寺就是今山東省濟南市長清區的靈巖寺，從古至今都是一座著名寺院。儘管因爲有地權憑證，在大定六年之後，靈巖寺的山林得以保全。但是，章宗明昌三年（1192），由於山東西路提刑司的處置不當，靈巖寺的山林遭到很大破壞。

靈巖寺的遭遇在金代寺院中不是孤例，保留至今的一些金代寺院產業碑刻都說明了這一問題。章宗泰和六年（1206），弘州襄陰縣（今河北省陽原縣）中白泉村民張昱等因爲本村寺院聚聖岩的山林遭到鄰村的盜伐而告狀於縣，「並固護山林，滋榮長茂，方已成材。至承安四年分，爲鄰村白家泉、葭其疃、曲長城等村樵採等，往往斫乏林木，開斸地面，侵損山岩。」〔註61〕爲此，襄陰縣縣令阿不罕發給原告公據，作爲寺院山林的產權憑證，禁止盜伐。張昱等將公據刻碑立石，以爲證據。同樣，易縣（今河北省易縣）洪崖山壽陽院爲了保護本寺山林產業，在政府的授權下，也立下了碑。「其山門四至，東至灰崖分水，南至□院崖，西至大嶺分水，北至黃崖山頂。鄉上人戶立狀奉施，界內仍斷樵採。往時土人剪伐，山無寸莖，今茲守護，漸成林樹，未然可愛。」〔註62〕

北京房山區的上方山自古以來就是著名的風景名勝區，有九洞十二峰及以兜率寺爲中心的七十二茅庵等古跡。遼金時期上方山名六聘山，沿山麓自東向西分佈著下院、中院和兜率寺三座寺院爲中心的寺院群，合稱六聘山天開寺。其中兜率寺原有一通「奉先縣禁山榜示碑」（現存北京石刻藝術博物館），也反映了對於寺院山林的保護情況。該碑是「六聘山天開寺十方禪院」住持善惠大師於衛紹王崇慶元年（1212）所立。此前，金章宗明昌二年（1191），因爲周圍的村民在「東至望海岩、南至神仙峪、西至紫雲嶺神仙洞、北至龍虎峪」寺院所屬的山林內大肆砍伐樹木，因而善惠向寺院所在的中都萬寧縣告狀。因六聘山是「自古名山」，而朝廷有法令「名山大川，禁其樵採」。而且六聘山與大房山相鄰，大房山是金皇陵所在。爲此，萬寧縣令發佈公告，嚴禁村民在寺院所屬山林內亂砍亂採。但是，因爲當年萬寧縣就已經更名爲

〔註60〕《靈巖寺田園記碑》，載王新英編：《全金石刻文輯校》，吉林文史出版社，2012年，第380頁。

〔註61〕《聚聖岩公據》，載王新英編：《全金石刻文輯校》，吉林文史出版社，2012年，第467頁。

〔註62〕《紅崖山壽陽院記碑》，載王新英編：《全金石刻文輯校》，吉林文史出版社，2012年，第466頁。

奉先縣，並且時隔 20 餘年，這時的大金王朝已日薄西山，距離中都陷落於蒙古也只有三年時間。因而社會秩序十分混亂，而山林周圍的村民就更加肆無忌憚，幾乎天天上山砍伐樹木，搬運木柴，山林日見凋敝。這些人還辱罵、恐嚇僧人，揚言要斷絕香道。「使本寺僧徒甚怯懼，不甘早晚出入」。不得已，善惠大師再次到奉先縣告狀，奉先縣為此又重申明昌二年的禁令，並且給以文據作為憑證。善惠大師因而立下此碑以明示眾人。

還有一種情況，就是因為百姓唯恐神靈的報復而不敢破壞寺觀所屬山林，如濟源縣（今河南省濟源市）的岱嶽廟的林木就是因此得以保存。「四圍翠柏萬株，皆森然合抱，廟甚靈異，更歷兵火，牆宇傾圮數矣，而柏能蓊鬱逾茂者，以樵童、牧豎畏忌而莫敢犯也。」〔註63〕

（原載《農業考古》2015 年第 4 期）

〔註63〕《濟源縣重修岱嶽廟記碑》，載王新英編：《全金石刻文輯校》，吉林文史出版社，2012 年，第 90 頁。

二十七、金代的蝗災

摘　要

　　本文闡述了金代蝗災的規律及對蝗災的防治措施，由於當時生產力的低下，蝗災造成的損失往往很大。

關鍵詞：金代、自然災害、蝗災

　　蝗災與水災、旱災合爲農業的三大自然災害。在中國古代，農業生產幾乎完全靠天吃飯。雖然一些水利設施的興修可以減輕水旱災害，但是對於蝗災來說，幾乎無法可施，而完全靠人工捕捉，但這顯然於大事無補。因而一有蝗災，難免哀鴻遍野，民不聊生。本文僅對金代的蝗災及減災措施作一簡單敘述，不當之處，敬請指正。

一、金代頻繁發生的蝗災

　　據筆者的統計，金代的 120 年間，共發生較大的蝗災 20 次（見附錄《金代重大蝗災一覽表》），平均每六年一次。據有關資料，「我國自紀元前 707 年起到 1935 年止，在 2642 年之間，共發生飛蝗危害 796 次，即每三年一次。」〔註1〕但這並不說明金代的蝗災較少，一方面是由於金代史料有限，在現有的

〔註 1〕忻介六、楊慶爽、胡成業：《昆蟲形態分類學》，復旦大學出版社，1985 年，第 109 頁。

史料中不可能記載了所有發生過的蝗災。另外可能是統計上的差異，筆者將一年內不同地域發生的蝗災都計為一次，而後者則不知具體如何統計，不知是否將一年內不同地域發生的蝗災分別計為一次。

從所附《金代重大蝗災一覽表》及有關史料可看出，金代蝗災有如下一些特點：

1、發生的地域廣泛。北到曷懶路（今吉林延邊朝鮮族自治州一帶），南到河南，西到陝西、東到遼東、山東，在金政權統治的大部份地域內都發生過蝗災。而其中尤以河南、陝西、山東為重災區。

2、頻繁連續發生。金代的 20 次重大蝗災中，有 15 次為連續發生，即皇統元年至二年、正隆二年至三年、大定二年至四年、泰和七年至八年、貞祐三年至四年、興定元年至二年、正大二年至三年。

3、旱災、蝗災相伴。由於蝗蟲喜乾不喜濕的生活習性，因而蝗災的發生時常伴隨著旱災。如皇統五年「秋七月，國中大旱，飛蝗蔽日。」〔註2〕大定十六年，「是歲，中都、河北、山東、陝西、河東、遼東等十路旱蝗。」〔註3〕

4、損失嚴重。由於金代蝗災的上述三個特點，因而造成的損失也就十分嚴重。如世宗大定四年九月「乙丑，上謂宰臣曰：『北京、懿州、臨潢等路嘗經契丹寇掠，平、薊二州近復蝗旱，百姓艱食，父母兄弟不能相保，多冒鬻為奴，朕甚憫之。可速遣使閱實其數，出內庫物贖之。』」〔註4〕因蝗災等天災人禍造成民不聊生，甚至出賣自身。因而統治者不得不動用內庫物資加以賑濟。大定十六年，發生了大面積的旱災、蝗災，涉及到中都、河北、山東、陝西、河東、遼東等十路，世宗不得不於次年詔免上述十路受災地區的租稅。而金代共有十九路，這次災害涉及到全國一半地區，可見損失之重。

二、金代對蝗災的防治

由於蝗災在生產力不發達的古代為害甚巨，因而金代上至皇帝，下至各級地方官對蝗災的防治十分重視。「泰和七年，河南旱蝗，詔維翰體究田禾分數以聞。七月，雨，復詔維翰曰：『雨雖霑足，秋種過時，使多種蔬菜猶愈於荒蕪也。蝗螟遺子，如何可絕？舊有蝗處來歲宜菽麥，諭百姓使知之。』」〔註5〕

〔註2〕《大金國志》卷一二。
〔註3〕《金史》卷二三《五行志》。
〔註4〕《金史》卷六《世宗紀上》。
〔註5〕《金史》卷一二一《王維翰傳》。

金章宗對於當年發生的蝗災十分重視，並且親自指導災後的生產：雖已誤農時，但應多種蔬菜，而不應使土地撂荒。另外他也認識到滅蝗的困難性，尤其對深藏於地下的蝗蟲的幼蟲─蝗蝻很難滅絕。因此次年應種相對來說抗蝗較強的菽麥，並且要廣為宣傳，使百姓都知道。泰和八年，章宗又對預防蝗災作出指示，「詔諭有司，以苗稼方興，宜速遣官分道巡行農事，以備蟲蝻。」〔註6〕

蝗災發生時，皇帝往往指派各級官吏督捕。大定三年「三月丙申，中都以南八路蝗，詔尚書省遣官捕之。」〔註7〕貞祐四年六月「丁未，河南大蝗傷稼，遣官分道捕之。」〔註8〕興定二年五月丙子，「詔遣官督捕河南諸處蝗。」〔註9〕此人是時為御史中丞的完顏伯嘉，「五月，充宣差河南提控捕蝗，許決四品以下。」〔註10〕可見皇帝對滅蝗的重視。為指導捕蝗，章宗還曾於泰和八年七月頒發過《捕蝗圖》。〔註11〕

金代還針對各級官吏制定了法規，以懲治捕蝗不利者。泰和六年六月，「除飛蝗入境雖不損苗稼亦坐罪法。」〔註12〕可見，廢除此法前，雖然蝗蟲入境未造成莊稼損失，但是地方官也要獲罪。此項法律明顯不合理，因此予以廢除。泰和八年七月「庚子，詔更定蝗蟲發生坐罪法。」〔註13〕

由於捕蝗不利，各級官吏都要承擔責任，連宰相因為蝗災發生都要主動乞罪，金代著名文人趙秉文曾代為寫過一篇《宰相為蝗生乞罪表》，茲錄於下：「陰陽佐理，濫居丞弼之司；蝗旱為災，深負燮調之責。兢惶失措，蹙蹐靡安。伏念臣等以斗筲之材，膺棟樑之任。外不能鎮四夷而撫百姓，內不能調元氣而率群臣。徒累明恩，叨承重寄。以致旱暵為虐，貽當寧之憂。螟螣繼生，為民之害。歲一不熟，罪將安歸。方聖主建中興之功，而臣蹈素餐之責。位苟冒處，人其謂何？伏願皇帝陛下憫臣以無功而自慚，察臣以有罪而自劾。別求俊異，許就退閒。庶可下弭謗言，上消沴氣。則知天工之不曠，亦足為

〔註6〕　《金史》卷一二《章宗紀四》。
〔註7〕　《金史》卷六《世宗紀上》。
〔註8〕　《金史》卷一三《宣宗紀上》。
〔註9〕　《金史》卷一四《宣宗紀中》。
〔註10〕　《金史》卷一○○《完顏伯嘉傳》。
〔註11〕　《金史》卷一二《章宗紀四》。
〔註12〕　《金史》卷一二《章宗紀四》。
〔註13〕　《金史》卷一二《章宗紀四》。

榮；但令賢路以無妨，猶云有補。」〔註14〕對於捕蝗不利的官員，要進行懲處。大定三年五月，中都發生蝗災，世宗「詔參知政事完顏守道按問大興府捕蝗官。」〔註15〕這個捕蝗官就是時爲大興府少尹的梁肅，「坐捕蝗不如期，貶川州刺史，削官一階，解職。」〔註16〕

　　由於生產力的低下，沒有今日的農藥來進行大面積的滅蝗，因此往往依賴於自然因素。如正大二年「四月，旱、蝗。六月，京東雨雹，蝗死。」〔註17〕大定「二十二年五月，慶都蝗蝝生，散漫十餘里。一夕大風，蝗皆不見。」〔註18〕正是由於大雨、大風，才使這兩次蝗災得以消除。各級官吏在蝗災發生時，除少數能吏外，多數還祈禱上天的祐護。完顏宗寧「大定二年，爲會寧府路押軍萬戶，擢歸德軍節度使。時方旱、蝗，宗寧督民捕之，得死蝗一斗，給粟一斗，數日捕絕。」〔註19〕由於完顏宗寧採取了物質獎勵的辦法，因而人人踴躍捕蝗，使蝗災數日即消除。但是完顏宗寧這樣的能吏太少，絕大多數官吏往往祈禱於天。如章宗時，康德璋任平陽府襄陵縣令，「明年（泰和六年）秋，在所蝗害稼，已及縣境，公率士庶齋沐致禱。其日，蝗徑過無留者。」〔註20〕胡景崧任鎮西軍節度使時，「樓煩報蝗入縣境，公馳至。禱於后土祠，言罪在守令，幸無毒平民。顧盼之際，蝗去無留者。」〔註21〕又如移剌溫「移鎮武定，歲旱且蝗，溫割指，以血瀝酒中，禱而酹之。既而雨霑足，有群鴉啄蝗且盡，由是歲熟，人信爲至誠之感云。」〔註22〕由於祈禱上天之需，就產生了很多禳蝗青詞〔註23〕和祭蝗文，茲錄一篇金代最負盛名的文學家、史學家元好問所作的《祭飛蝗文》：「粵惟此州，百道從出。調度之急，膏血既枯。懸望此秋，以紓四夕。沴氣所召，百臘踵來。種類之繁，蔽映天日。如雲之稼，一飽莫供。道路嗷嗷，無望卒歲。考之傳記，事有前聞。

〔註14〕《金文最》卷一三。
〔註15〕《金史》卷六《世宗紀上》。
〔註16〕《金史》卷八九《梁肅傳》。
〔註17〕《金史》卷二三《五行志》。
〔註18〕《金史》卷二三《五行志》。
〔註19〕《金史》卷七三《完顏宗寧傳》。
〔註20〕《金文最》卷一〇三《輔國上將軍京兆府推官康公神道碑》。
〔註21〕《金文最》卷九三《朝散大夫同知東平府事胡公神道碑》。
〔註22〕《金史》卷八二《移剌溫傳》。
〔註23〕青詞又稱「綠章」，是道教齋醮儀式上寫給天神的奏章表文。一般爲駢儷體，因用朱筆寫於青藤紙上，故名。金代的禳蝗青詞有李俊民的兩篇《裴懷誠禳蝗青詞》及《郡守郭彥卿禳蝗青詞》，見《金文最》卷一一六。

魯公中车，今爲異政。貪墨汝罰，詎曰弗靈。言念茲時，瀕於陸陳。吏實不德，民則何辜。歲或凶荒，轉死誰抹。敢殫志願，神其憫之。」〔註24〕

金代借助於上天之力來滅蝗的最有戲劇性的要數蕭志沖了。蕭志沖是金代道教太一派的第三代傳人。金章宗泰和七年發生了大蝗災，章宗派人向當時提點道教的郭元長請求祛除蝗災。元長命令徒弟查閱道藏，看其中有無祛蝗的法術。蕭志沖在旁邊說道：「道藏浩瀚如大海，哪裏那麼容易找到呢？即使有，也未必起作用啊。我的祖師蕭眞人留下了三百餘階經籙，裏面有秘術，今日正可一用。」於是將其獻給章宗。章宗非常高興，就命蕭志沖做法。正要做法時，天降大雨，志沖遂燃香一柱，向祖師祈禱，雨遂止。第二天，章宗問何時蝗蟲能滅，回答說三天。做法要向四面施加符咒，但應該空出一面，使蝗蟲能有地方去。志沖就空出了西邊，而西邊是大山。到了規定的期限，果然蝗蟲都飛進了山而死。章宗命令賞賜他，志沖辭謝說：「道士本來就應度人救物，用不著賞賜。」章宗感歎道：「這才眞是有道之士啊！」於是免去郭元長的提點職務，命蕭志沖繼任，並賜號玄通大師。〔註25〕此事雖只可當故事一聽，但卻反映了金代對蝗災的無奈，只能求助於神靈。

金代重大蝗災一覽表

時間	地域	資料來源
天會二年（1124）	曷懶路	《金史》卷二三《五行志》
皇統元年（1141）秋		《金史》卷四《熙宗紀》、卷二三《五行志》
皇統二年（1142）七月	北京、廣寧府	《金史》卷四《熙宗紀》
皇統五年（1145）七月		《大金國志》卷一二
正隆二年（1157）秋	中都、山東、河東	《金史》卷五《海陵紀》、卷二三《五行志》
正隆三年（1158）六月	中都	《金史》卷五《海陵紀》
大定二年（1162）	會寧府路	《金史》卷七三《完顏宗尹傳》

〔註24〕《金文最》卷一一三。
〔註25〕此事見《金文最》卷九一《太一三代度師蕭公墓表》。

大定三年（1163）	三月	中都以南八路	《金史》卷六《世宗紀上》、卷二三《五行志》、卷八九《梁肅傳》
	五月	中都	《金史》卷六《世宗紀上》
大定四年（1164）	八月	中都南八路	《金史》卷二三《五行志》
	九月	平、薊州	《金史》卷六《世宗紀上》
大定十六年（1176）		中都、河北、山東、陝西、河東、遼東等十路	《金史》卷七《世宗紀中》、卷二三《五行志》、卷四七《食貨志二》
大定二十二年（1182）		河北西路中山府慶都縣	《金史》卷二三《五行志》
泰和七年（1207）		中都、河南	《金文最》卷九一《太一三代度師蕭公墓表》、《金史》卷一二一《王維翰傳》
泰和八年（1208）		河南路	《金史》卷一二《章宗紀四》、卷二三《五行志》
貞祐三年（1215）五月		河南	《金史》卷二三《五行志》
貞祐四年（1216）四月至六月		河南、陝西	《金史》卷一四《宣宗紀上》、卷二三《五行志》
興定元年（1217）三月		汴京宮中有蝗	《金史》卷二三《五行志》
興定二年（1218）四月至五月		河南諸郡	《金史》卷一四《宣宗紀中》、卷二三《五行志》、卷一○○《完顏伯嘉傳》
正大二年（1215）四月至六月		京東	《金史》卷二三《五行志》
正大三年（1226）四月至六月		京東	《金史》卷一七《哀宗紀上》

（原載《農業考古》2003 年第 3 期）

二十八、宋金時期的文化交流與融合

摘　要

　　宋金時期的文化交流與融合，體現在兩個方面，一方面是金朝內部漢文化與統治階級女眞文化的交流與融合，另外一方面是南宋與金朝雙方文化的交流與融合。

關鍵詞：宋朝、金朝、文化交流、文化融合

　　公元 1115 年，完顏阿骨打建立金朝後，出於對遼作戰的共同需求，宋和金經過多次交涉，簽訂了名爲「海上之盟」的盟約。但隨著遼爲金所滅，金宋很快進入戰爭狀態。金天會五年（1127，宋靖康二年），金軍攻陷開封，宋徽宗、欽宗及大量皇族、官員、工匠等人員被金軍押解北歸，北宋滅亡。隨著南宋的建立，宋、金基本沿著秦嶺、淮河一線形成對峙局面。儘管戰爭造成的破壞是巨大的，但伴隨著戰爭的進行，人員大範圍內的大量調集、流動，也不可避免地帶來文化的交流與融合。宋金時期的文化交流與融合，體現在兩個方面，一方面是金朝內部漢文化與統治階級女眞文化的交流與融合，另外一方面是南宋與金朝雙方文化的交流與融合。

一、金朝漢文化與女眞文化的交流與融合

　　金朝存在了僅僅 120 年，在這短短的時間內，進入中原的女眞人如饑似渴地學習、吸收漢文化，較爲迅速地完成了漢化過程。以致元朝建立後，這部份女眞人也被視爲漢人的一種。儘管後世史家對於女眞人漢化與金朝興亡的關係有著不同看法，但是這是不可避免的歷史趨勢，也是中華民族發展壯

大過程中的一個重要環節，應予以肯定。

隨著金朝的建立，以猛安謀克制度編集起來的女真人大量移居內地，不可避免地時刻與漢人接觸，與漢文化進行交流，這又突出體現在以皇帝為代表的女真權貴階層。

金代的第三位皇帝熙宗自幼接受漢文化的教育，被當時的守舊的女真貴族視為「宛然一漢家少年子也」。他登基之初，就積極汲取中原王朝的治國經驗，《貞觀政要》成了他案頭時常翻閱之書，一次就此他與翰林學士韓昉有一場對話。他對韓昉說：「我每次閱讀《貞觀政要》，見其君臣議論，都有可以取法之處。」韓昉回答：「這都是因為唐太宗虛心下問，房玄齡、杜如晦等人能夠竭盡忠誠。其書雖然簡略，但足以師法。」金熙宗又問唐玄宗、周成王是什麼樣的帝王？韓昉一一回答。另外，史載金熙宗還曾讀過《尚書》、《論語》及《五代史》、《遼史》等書。

金朝的第四位皇帝海陵王完顏亮更是一位漢文化素養深厚的皇帝，他幼年時，其父完顏宗幹選了一位博學儒生張用直當他的老師，在良好的教育下，完顏亮年輕時，「好讀書，學弈象戲、點茶，延接儒生，談論有成人器。」其詩詞具有較高的文學價值，「一詠一吟，冠絕當時。」他的詩詞保存下來最早的一篇是《過汝陰作》，這是他跟從宗弼伐宋時經過汝陰所作，詩云：「門掩黃昏染綠苔，那回蹤跡半塵埃。空亭日暮鳥爭噪，幽徑草深人未來。數仞假山當戶牖，一池春水繞樓臺。繁花不識興亡地，猶倚闌干次第開。」這首詩簡潔、生動地描寫了在殘酷的戰爭破壞下，仍有一些美好的事物存在，抒發了詩人對天下興亡無常的感慨。體味其意，有著一縷淡淡的哀傷，畢竟此時的完顏亮尚是青年。完顏亮登基之後，其詩風也隨著地位的變化而為之一變。正隆四年（1159）冬，完顏亮派侍講學士施宜生出使南宋的同時將畫工隱藏在出使隊伍中，摹繪南宋的山水。後命畫工在寢宮的屏風上畫上經過兵火摧殘後的臨安，而自己策馬立於吳山之巔。完顏亮提筆在畫上寫下了他最著名的一首詩：「萬里車書已混同，江南豈有別疆封。提兵百萬西湖上，立馬吳山第一峰。」詩中充滿了帝王的霸氣。

金章宗可以說是金代漢化程度最深的皇帝。金末文人劉祁評價到：「章宗天資聰悟，詩詞多有可稱者」。平心而論，章宗的詩詞還脫離不了帝王生活的限制，其詩詞遠沒有完顏亮詩詞所具有的雄渾氣魄，傲視天下的豪氣，而更多了一些纖麗、旖旎的味道，藝術價值並不是太高。其《宮中絕句》一詩寫

道：「五雲金碧拱朝霞，樓閣崢嶸帝子家。三十六宮簾盡卷，東風無處不飛花」。
劉祁評價此詩「眞帝王詩」。而這首詩應爲模仿唐朝詩人韓翃的《寒食》一詩：
「春城無處不飛花，寒食東風御柳斜。日暮漢宮傳蠟燭，輕煙散入五侯家」。
兩詩意境頗爲近似，而且句詞多有相近乃至相同之處。《雲龍川泰和殿五月牡
丹》一詩堪稱章宗詩詞的代表作，詩云：「洛陽穀雨紅千葉，嶺外朱明玉一枝。
地力發生雖有異，天公造物本無私」。雲龍川泰和殿位於宣德州龍門縣（今河
北省赤城縣西南），地處塞外，能生長牡丹實屬不易。表面上章宗借歌詠牡丹
花來感歎天公造物並無私心，其實是表達了作者認爲女眞族也並非外夷，同
樣是中華一員，同樣可以一統中華的思想感情。

　　金章宗對漢族傳統文化有著濃厚的愛好，其明昌內府收藏有大量的歷代
書畫，現存很多傳世名畫與法書都經過他的收藏，他有專門用於收藏書畫的
七枚玉璽，即「秘府」、「明昌」、「明昌寶玩」、「御府寶繪」、「內殿珍玩」、「群
玉中秘」和「明昌御覽」。大英博物館藏有《女史箴圖》，據傳是東晉顧愷之
所繪，這幅畫也曾經是金章宗的藏品，其卷尾有金章宗的瘦金體題跋：「歡不
可以瀆，寵不可以專。專實生慢，愛極則遷。致盈必損，理有固然。美則自
美，翩以取尤。冶容末好，君子所讎。結恩而絕，職此之由。故曰，翼翼矜
矜，福所以興。靖恭自思，榮顯所期。女史思箴，敢告庶姬。」金章宗的書
法筆跡酷似宋徽宗，應爲刻意學習之故。至於野史傳說章宗的生母是宋徽宗
的外孫女，當然是無稽之談了。

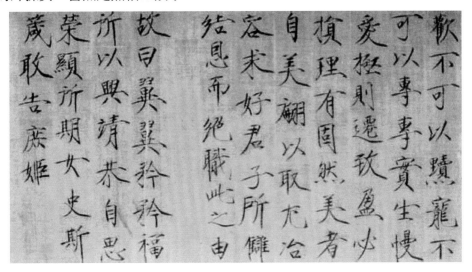

金章宗《女史箴圖》題跋

除了皇帝之外，女真的權貴世家也對漢文化有著濃厚的興趣。宋代是金石學的開創時期，湧現了很多金石收藏愛好者。金代也有這樣一些人，其中碑刻拓本的收藏以女真權貴世家僕散安貞為突出。僕散家族三代位居宰執，僕散安貞的祖父僕散忠義官至左丞相兼都元帥，僕散安貞的父親僕散揆官至平章政事、左副元帥，僕散安貞官至左副元帥權參知政事。他在平定金朝晚期紅襖軍的起義以及對南宋的戰爭中都起過重要的作用。然而在繁忙的公務和戎馬倥傯之餘，他卻醉心於法書、碑拓的收藏，並為此專門建了一座寶墨堂。金代著名文人趙秉文為其寫了一篇《寶墨堂記》，記載到：「夫公平生無所嗜好，獨於法書名刻，寶之不啻珠玉。千金購求，必得而後已。自公壯時，馳驛往來於燕秦齊晉之間。聞有石刻，雖深山曠澤，必命齎藤楮，作墨本以歸。以是裒金石遺文僅千餘卷，兵火散亡，幾三之二，猶掊拾而不已也。暇日築堂於私第，榜之曰寶墨。」由此可見女真權貴受漢文化影響之一斑。

金朝女真文化對漢人的影響，不像漢文化對女真族的影響那樣全面、深刻，但是在社會生活上也有一定的體現，尤其以服裝為主。自從戰國趙武靈王胡服騎射以後，由於方便實用的特點，中原王朝對北方游牧、漁獵民族的服飾一直在予以吸收、利用，其過程始終未斷。中原漢人改穿胡服，這在南宋出使金朝的使者眼中最為醒目。范成大於乾道六年（1170，金大定十年）出使金朝之後，寫下了《攬轡錄》以及出使詩 72 首作為出使的記錄。《攬轡錄》記載：「民亦久習胡服，態度嗜好與之俱化，……最甚者衣裝之類，其制盡為胡矣。自過淮以北皆然，而京師尤甚。惟婦女之服不甚改，而戴冠者絕少，多縮髻，貴人家即用珠瓏璁冒之，謂之方髻。」《相國寺》一詩寫到：「聞說今朝恰開寺，羊裘狼帽趁時新。」可見，「羊裘狼帽」這種女真人的裝束已經成為相國寺市集上的熱銷商品。《蹋鴟巾》一詩寫到：「重譯知書自貴珍，一生心愧蹋鴟巾。雨中折角君何愛，帝有衣裳易介鱗。」作者自己注釋蹋鴟巾為「金接伴使田彥皋所裹，蓋胡服也」。1177 年出使金朝的周輝在《北轅錄》中也記載到：「無貴賤，皆著尖頭靴，所頂巾謂之蹋鴟。」可見，作為胡服的蹋鴟巾已經成為金朝的普遍裝束。

銅鏡是古代日常生活的必需品，金代銅鏡的題材除了仿漢鏡、仿唐鏡之外，還沿用宋代的柳毅傳書鏡、犀牛望月鏡，但金代最為流行及最具特色的銅鏡是雙魚鏡，其形制以圓形居多，鏡背主要圖案之外有一圈邊廓，主體紋飾均為兩條肥碩的鯉魚分佈在鏡鈕兩側，在波浪中首尾相逐著對游，有的還

有水草、花枝等紋飾。雙魚紋飾的銅鏡在金代首次出現，這也正是漢文化與女眞文化融合的一個產物。銅鏡本身是漢族的傳統用具，鯉魚是女眞人生活的松花江流域數量最多的一種魚類，雙魚圖案是女眞族漁獵生活的反映，其中還蘊含著對於鯉魚強大生殖能力的崇拜。

金代雙魚鏡

二、南宋與金的文化交流

南宋與金對峙的局面並沒有阻斷雙方的文化交流，這主要表現在圖書的流通、文學的交融等方面。

1、圖書的流通

圖書是文化傳播的載體，圖書的流通，對於文化的交流起著重要的作用。南宋時期沿襲了北宋對遼朝的書禁，也對金朝採取書禁政策，也就是有關國家大事以及國家機密的圖書一律禁止出境。但是，由於南宋刻書業的高度發達，以及金人對於宋文化的迫切需要產生的廣大市場需求，不可避免地使書賈以及渴求暴利的其它人員將大量書籍通過各種渠道販賣進金朝。

金朝政府曾多次從民間購買書籍。章宗明昌五年（1194）二月，下詔購求《崇文總目》內所缺書籍。《崇文總目》是宋代第一部有解題的官修藏書目，於宋仁宗慶曆元年（1041）成書。可見，這時的金朝的皇室藏書較北宋還有不少遺缺，因而不得公開求購。其途徑無外乎兩種，一是從民間徵購，二是從南宋進口。泰和元年（1201）十月，章宗再次下令求購書籍，並抬高購買

價格。對於不願意出售的藏家，還可以由官府代為謄寫，再將原本歸還，並給書主書價的一半以為酬勞。

以上措施無疑都促使了南宋圖書流向金朝。據孔凡禮、胡傳志等學者考證，不算南宋之前撰寫、刊刻的書籍，僅南宋的著述流入金朝的可考的就有70多種。其中經部有尹焞《論語解》，胡安國《春秋傳》，葉夢得《論語釋言》，張九成《論語解》、《孟子傳》，胡寅《論語詳說》，林之奇《論孟講義》、《尚書全解》，夏僎《書解》，朱熹《四書章句集注》、《語孟集義》、《小學》，張栻《癸巳論語解》、《癸巳孟子說》，呂祖謙《左氏博議》、《家塾讀詩記》等。史部有夏少曾《靖康僉言》，胡寅《讀史管見》，王稱《東都事略》，呂祖謙《呂氏家塾通鑑節要》、《大事記》，陳季雅《兩漢博議》等。子部有鄭厚《藝圃折衷》，曾慥《類說》，嚴有翼《藝苑雌黃》，呂本中《童蒙訓》，吳曾《能改齋漫錄》，邵博《邵氏聞見後錄》，洪邁《夷堅志》、《容齋隨筆》，茅璞《三餘錄》，無名氏《諸儒鳴道集》，沈喆《寓簡》，葛長庚《道德寶章》等。集部有陳與義《簡齋集》，程俱《北山小集》，葛勝仲《丹陽集》，孫覿《鴻慶居士集》，劉子翬《屏山集》，汪藻《浮溪集》，李石《方舟子集》，林之奇《觀瀾集》，張栻《南軒集》，呂祖謙《東萊集》、《宋文鑑》，葉適《水心別集》，徐似道《竹隱集》，張鎡《南湖集》，洪興祖《韓文注》，趙次公《杜詩證誤》，鮑彪《杜詩譜論》，杜田《注杜詩補遺正謬》，徐宅《門類杜詩》，趙夔《注東坡詩序》，曾慥《宋百家詩選》，葉棻、魏齊賢《播芳大全》，葛立芳《韻語陽秋》，葉夢得《石林詩話》，胡仔《苕溪漁隱叢話》，黃徹《䂬溪詩話》，何汶《竹莊詩話》等。

金人所撰著流入南宋的書籍種類不多，主要有《金太祖實錄》、《世宗實錄》、《明昌事實》、《大明曆》，毛麾《平水老人詩集》，趙可《玉峰散人集》，朱弁《風月堂詩話》，楊弘道《事言補》，元好問《中州集》、《續夷堅志》等。

元好問的《續夷堅志》是一部筆記小說，從其書名可看出，它是為續寫南宋洪邁的《夷堅志》而著，可以說直接反映了南宋與金的文化交流。洪邁《夷堅志》是一部篇幅僅次於《太平廣記》的筆記小說，原書有 420 卷，現存 206 卷，其寫作花費了洪邁 60 年的時間。洪邁的父親洪皓於高宗建炎三年（1129，金天會七年）使金被扣留，直到紹興十三年（1143，金皇統三年）才被放回，在金朝的 10 多年間，他生活在女真族的腹地黃龍府（今吉林省農安縣）一帶，被迫充任女真權貴完顏希尹八子的家庭教師，為漢文化在金源內

地的傳播做出了貢獻。他撰有筆記體的《松漠紀聞》二卷，記載了金源內地的風土人情。洪邁撰著《夷堅志》，受到了其父的影響。《夷堅志》儘管是筆記小說，其取材繁雜，舉凡奇事異人、詩詞雜著、因果報應、神仙鬼怪、醫卜妖巫、忠臣孝子、釋道淫祀、貪謀詐騙、風俗習尚等等，無不收錄，雖然失之於蕪雜，但是很多內容深刻反映了宋代尤其是南方地區的社會生活、宗教信仰、倫理道德、風俗民生，為後世研究宋代社會提供了豐富的史料。從小說發展史上看，《夷堅志》又是宋代志怪小說發展到頂峰的標誌，對後世的相關創作產生了極大的影響。

對於《夷堅志》傳播到金朝，洪邁本人很自豪，他在《夷堅庚志序》中提到：「章德懋使虜，掌訝者問《夷志》自《丁志》後，曾更續否？」《夷堅志》雖然傳播到了金朝，但是對於北方的記載，內容很少。只是在《夷堅甲志》卷一 19 篇中有 12 篇是關於北方金朝之事。而其中的《冰龜》、《阿保機射龍》、《冷山龍》、《熙州龍》4 篇，又是錄自其父洪皓的《松漠紀聞》。為了彌補這一缺憾，元好問的《續夷堅志》也就因此產生。《續夷堅志》共四卷，208 篇，其寫作跨越了金末元初，金亡後十餘年才最終定稿。其內容豐富，題材與《夷堅志》基本類似，以志怪娛樂為主。《續夷堅志》的篇幅雖然遠遜於《夷堅志》，但其藝術水平卻不低於前者。這是由於兩人創作方法的不同，由於《夷堅志》篇幅巨大，很多作品不是出於洪邁之手，而是他採撅別人的作品，進行進一步的編輯加工，有些甚至直接引用。而元好問的創作則要嚴謹得多，儘管很多故事得之於他人，但是還是由他自己親自撰寫出來。《續夷堅志》可以說是金代小說的巔峰之作，其中有些篇成為後世創作的源泉。如卷一《京娘墓》一篇描寫的是志怪小說中常見的人鬼相戀的故事，其情節跌宕起伏，曲折動人。元代的彭伯成據此改編、創作了雜劇《四不知月夜京娘怨》。卷二《狐鋸樹》一篇描繪了人狐鬥智的生動場景，文字不長，淺顯易懂，姑引錄如下：

> 陽曲北鄭村中社鐵李者，以捕狐為業。大定末，一日張網溝北古墓中，繫一鴿為餌，身在大樹上伺之。二更後，群狐至，作人語云：「鐵李、鐵李，汝以鴿賺我耶？汝家父子，驢群相似，不肯做莊農，只學殺生。俺內外六親，都是此賊害卻。今日天數到此，好好下樹來。不然，鋸倒別說話！」即聞有拽鋸聲，大呼搘鑊煮油，當烹此賊！火亦隨起。鐵李懼，不知所為。顧腰惟有大斧，思樹倒則

亂斫之。須臾天曉，狐乃去。樹無鋸痕，旁有牛肋數枝而已。鐵李
知其變幻無實，其夜復往。未一更，狐至，泣罵俱有倫。李腰懸火
罐，取卷爆潛蒸之，擲樹下。藥火發，猛作大聲，群狐亂走。爲網
所冒，瞑目待斃，不出一語。以斧椎殺之。

這一篇如果放在清代蒲松齡《聊齋誌異》的群狐世界中，也毫不遜色。

2、文學的交流與融彙

金代文學與宋代文學關係非常緊密，可以說，宋代文學是金代文學之源。
清人莊仲方《金文雅序》寫到：「金初無文字也，自太祖得遼人韓昉而言始文；
太宗入汴州，取經籍圖書。宋宇文虛中、張斛、蔡松年、高士談輩先後歸之，
而文字熅興，然猶借才異代也。」「借才異代」說出了金初文壇的實質，也成
爲劃分金代文學史的一個時段。這一時期金代文壇的代表人物多是北宋末、
南宋初入金被扣留的使節和其它人員。

宇文虛中於南宋建炎二年（1128）使金被扣，此時他已經 50 歲了，在宋
朝官至資政殿大學士，文名頗著。宇文虛中寫於兩宋時的作品存留不多，詩
較平澹，主要爲羈旅閒愁等個人情感的抒發。入金之後詩風一變，每多感憤
之辭以及故國、思鄉之情。如其《秋興》一詩：「後園雜樹入雲高，萬里長風
夜怒號。憶向錢塘江上寺，松窗竹閣瞰秋濤。」宇文虛中詩現存 50 餘首，收
入金朝元好問所編《中州集》。他在金朝官至翰林學士承旨，後以謀圖南奔的
罪名被殺。

吳激是北宋宰相吳栻之子，著名書畫家米芾之婿，善詩文書畫。靖康二
年（1127），吳激奉命使金被扣留，曾任翰林待制，官至深州（今河北省深縣）
知州。吳激被稱爲金初詞壇盟主，元好問推其爲「國朝第一作手」。所作詞風
格清婉，多家園故國之思，與蔡松年齊名，時稱「吳蔡體」。其《人月圓》是
爲北宋被擄入進的一名宮女所寫的一首詞，尤爲時人所傳誦：「南朝千古傷心
事，猶唱《後庭花》。舊時王榭，堂前燕子，飛向誰家？恍然一夢，仙肌勝雪，
宮髻堆鴉。江州司馬，青衫淚濕，同是天涯！」

宋徽宗宣和末年，蔡松年隨從其父蔡靖守燕山府（今北京市），兵敗降金。
蔡松年是入金宋人中地位最高的人，最後官至右丞相。蔡松年詩詞中雖然也
多有故國之思，但與這一時期其它人不同的是其筆下也有北國意境。如《晚
夏驛騎再之涼陘觀獵，山間往來十有五日，因書成詩》描繪了隨同海陵王完
顏亮到涼陘也就是金蓮川（今內蒙古正藍旗境內）夏獵時的沿途風光與自身

感受。「兜羅蒽鬱浮空青，曉日馬頭雙眼明。名山不作世俗態，千里傾蓋來相迎。老松閱世幾千尺，玉骨泠風戰天碧。應笑年年空往來，塵土勞生種陳跡。山回晚宿一川花，剪金裁碧明煙沙。寒鄉絕豔自開落，欲慰寂寞無流霞。明日行營獵山麓，古樹寒泉更深綠。強臨水玉照鬢毛，只恐山靈怪吾俗。陂潮不盡水如天，清波白鷗自在眠。平時朝市手遮日，思把一竿呼釣船。驛騎回時山更好，過雨秋容淨如掃。山英知我宦遊心，為出清光慰枯槁。可憐歲月易侵尋，慚愧山川知我心。一行作吏豈得已，歸意久在西山岑。他年俗累粗能畢，雲水一區供老佚。舉杯西北酹山川，為道此言吾不食。」

金代文學史的第二個時期是所謂「國朝文派」時期。「國朝文派」的提法最先出自金世宗、章宗時期的詩人、戶部尚書蕭貢，後又為元好問具體闡述：「國初文士如宇文大學（虛中）、蔡丞相（松年）、吳深州（激）之等，不可不謂豪傑之士，然皆宋儒，難以國朝文派論之。故斷自正甫（蔡珪）為正傳之宗，党竹溪（懷英）次之，禮部閒閒公（趙秉文）又次之。自蕭戶部真卿倡此論，天下迄無異議云。」這段話同「借才異代」的議論聯繫起來，正可以看出金代文壇從初期到中期的發展脈絡。「國朝文派」的提出，其目的是為了確立金代文學的獨立性，但是「國朝文派」也不能橫空出世，與宋代文學仍然有著割不斷的聯繫，這是因為「國朝文派」正是在踵繼「借才異代」的基礎上產生的。以「國朝文派」的代表性人物蔡珪來說，他正是蔡松年之子，他雖然出生在金朝，但其文學創作無疑深受其父影響。其筆下的北國風物更加雄渾、勁健。如《野鷹來》：「南山有奇鷹，冥穴千仞山。網羅雖欲施，藤石不可攀。鷹朝飛，聳肩下視平蕪低，健狐躍兔藏何遲。鷹暮來，腹肉一飽精神開，招呼不上劉表臺。錦衣少年莫留意，饑飽不能隨爾輩。」

（原載《北京文史》2014年第4期）

二十九、金末元初儒士梁斗南事跡鉤沉

摘　要

梁陟（斗南）是金末元初著名的儒士，本文在有限的史料基礎上，儘量將梁斗南的生平勾勒出一個大致的輪廓。

關鍵詞：金朝、元朝、梁斗南、儒士

梁陟（斗南）是金末元初著名的儒士，由於關於他的史料所存甚稀，致使很多研究者對其不知其所以然。如薛瑞兆先生將其誤認爲是梁陟和梁斗南兩人〔註1〕，方滿錦認爲，「其人事跡不詳，僅知其與耶律楚材有交誼，籍貫不可考」〔註2〕。但也有的學者能夠根據史料得出正確的認識，如劉曉先生認爲：「『梁都運斗南』即梁陟，大興梁鄉（應爲良鄉之誤——筆者注）人，明昌進士，因官同知南京路都轉運司事，故有都運之稱」。〔註3〕梁斗南其人在《金史》中不僅無傳，甚至也沒有得到記載。其名字在金元的一些詩句中及個別其它文獻中有所提及，但都是零星、瑣碎的，最主要的史料是元代袁桷

〔註1〕 薛瑞兆：《金代科舉》，中國社會科學出版社，2004年，第221頁。
〔註2〕 方滿錦：《元好問之名節研究》，（臺北）天工書局，1997年，第83頁。
〔註3〕 劉曉：《金遺民張本事跡考略》，載李治安主編《元史論叢》第十輯，中國廣播電視出版社，2005年，第56頁。

所撰的《追封薊國公諡忠哲梁公行狀》〔註4〕。本文在有限的史料基礎上，儘量將梁斗南的生平勾勒出一個大致的輪廓。

一、金朝生涯

據記載梁斗南四世孫梁德珪事跡的《追封薊國公諡忠哲梁公行狀》，「牧子陟，明昌進士，官中奉大夫、同知南京路都轉運司事。」〔註5〕《畿輔通志》卷六一《選舉》記載：「梁斗南，良鄉人，進士第一，河南轉運使。」《畿輔通志》卷七九《文翰》記載：「梁斗南，良鄉人，第進士，官河南都運。性穎悟，讀書工詩，有干局，時輩服其通敏。」《萬姓統譜》卷五〇記載：「梁斗南，良鄉人，第進士，累官至河南都運。性穎悟，讀書精熟，尤善作詩。有干局，長於吏事，能剖繁治劇，時輩服其通敏。」《明一統志》卷一《京師‧人物》記載：「梁斗南，良鄉人，第進士，累官至河南都運。性穎悟，讀書精熟，尤喜作詩。有干局，長於吏事，能剖繁治劇，時輩服其通敏。」綜合上述記載，梁斗南，名陟，斗南可能是他的字，也可能是號。他是金代大興府良鄉縣人，在今房山區琉璃河鎮立教村，曾有觀蓮池，「在邑南三十五里立教村西，即琉璃河下流分出也。金狀元梁斗南種蓮於此，廣六頃，今淤成平陸。」〔註6〕另外梁斗南的墓地也在立教村。〔註7〕可見，梁斗南應該是立教村人。他於金章宗明昌年間中進士，但是否是進士第一名也就是狀元，以上《畿輔通志》和民國《良鄉縣志》的記載可能有誤。金章宗明昌年間兩次開科取士。分別是明昌二年（1191）和明昌五年（1194），可這兩科的詞賦和經義各兩名狀元都另有其人，明昌二年的分別是王澤和陳載〔註8〕，明昌五年的分別是張楫和楊雲翼〔註9〕。

梁斗南中第後的仕歷，無明確的記載，從他又以梁都運而知名可看出，其最高官職可能就是同知南京路（河南）都轉運司事，為從四品，而其品階為從三品下階的中奉大夫。梁斗南曾擔任過司農少卿，〔註10〕而司農少卿是

〔註4〕 （元）袁桷：《清容居士集》卷三二，文淵閣四庫全書本。
〔註5〕 （元）袁桷：《清容居士集》卷三二，文淵閣四庫全書本。
〔註6〕 民國《良鄉縣志》卷一《輿地志‧古跡》。
〔註7〕 （清）于敏中等編纂：《日下舊聞考》卷一三三《京畿‧良鄉縣》，北京古籍出版社，1983年，第2149頁。
〔註8〕 薛瑞兆：《金代科舉》，中國社會科學出版社，2004年，第150～151頁。
〔註9〕 薛瑞兆：《金代科舉》，中國社會科學出版社，2004年，第155頁。
〔註10〕 （元）王惲：《秋澗集》卷六七《追諡故都運梁公通憲先生制》，文淵閣四庫

司農司的官員，爲正五品。司農司設置於宣宗興定六年（1222），〔註11〕梁斗南任司農少卿應在此年之後。另外還有史料說明梁斗南曾在戶部任職，金代中後期的著名文人趙秉文篤信佛教，曾教石抹嵩企隆學佛，「嘗於慧林院謁長老，公（趙秉文——筆者注）親教企隆持香爐三棹腳作禮，因與梁戶部斗南曰：『此老不亦壞了人家子弟邪？』士林傳以爲笑。」〔註12〕梁斗南在戶部的任職應爲從五品的郎中以下，時間應爲在任司農少卿之前。從這條史料可以看出，梁斗南對佛教的態度談不上尊敬。而從下面的一條史料則可看出，梁斗南是一個堅定的儒士，對佛教始終持排斥態度。元好問《續夷堅志》卷三《呂內翰遺命》條記載：「呂防禦忠嗣，生平經學有所得，故每以古人自期。臨終敕諸子云：『我死無火葬，火葬是爲戮屍。無齋僧作佛事，齋僧佛事是不以堯、舜、文、武、周、孔之教待我。有違我言，非呂氏子孫！』諸子從教，無一敢違者。范司農拯之，梁都運斗南每爲予言。近歲斗南遺令：『送終不以僧佛從事。』有自來矣！」〔註13〕

梁斗南早年經歷中，還有關於天賜夫人的傳說。《日下舊聞考》記載道：「相傳斗南讀書閭山。與同舍生論及鬼神，斗南以爲不足畏。同舍生曰：『閭山廣寧廟，汝夜能獨往乎？』斗南諾之，乃約堊壁爲驗。至則遙見燈燭，聞曰：『丞相來。』燈燭盡滅，隨以筆堊殿壁。至東北隅，暗中觸一物，捫之，則人也。攜以歸，乃一女子，有殊色。問其故，曰：『妾蘇州人，因清明觀擊毬，忽怪風晝晦，昏迷不知至此。』事聞，詔以女配斗南，人謂『天賜夫人』。」〔註14〕按此事只見於《日下舊聞考》，而該書又說明是引自《良鄉縣志》（版本不詳）。因此，此事的出處只有一處，大可懷疑。而關於天賜夫人傳說的最早記載是元好問的《續夷堅志》，「廣寧閭山公廟，靈應甚著，又其象設獰惡，林木蔽映，人白晝入其中，皆恐怖毛豎。旁近言：靜夜時聞訊掠聲。故過者或迂路避之。參知政事梁公肅，家此鄉之牽馬嶺。作舉子時，與諸生結夏課，談及鬼神事，歷數時人之膽勇者，因自言：『我能以昏暮或陰晦之際，入閭山

全書本。

〔註11〕　《金史》卷五五《百官志一》，第 1243 頁。

〔註12〕　（金）劉祁：《歸潛志》卷九，中華書局，1983 年，第 107 頁。

〔註13〕　《元好問全集》（增訂本）卷五〇《續夷堅志三》，山西古籍出版社，2004 年，第 1187 頁。

〔註14〕　（清）于敏中等編纂：《日下舊聞考》卷一三三《京畿‧良鄉縣》，北京古籍出版社，1983 年，第 2149 頁。

廟，巡廊廡一周。』諸生從臾之曰：『能往，何以取信？』梁公曰：『我當就
周行處以物畫之，用是爲驗。』明日晚，約偕往。諸生待於廟門外。奮袖徑
去。畫至廟之東隅，摸索有一人倚壁而立。梁公意其爲鬼，負之出。諸生迎
問何所見？梁公笑曰：『我負一鬼至矣！可取火照之。』及火至。見是一美婦，
衣裝絕與鄉俗不同。欲問詰之，則氣息奄奄，狀若昏醉。諸生眞謂鬼物，環
立守之。良久開目，見人環繞，驚怖不自禁。問此爲何地？諸生爲言其處，
及廟中得之者，且詰其爲人爲鬼？何所從來？婦言：『我揚州大族某氏女，以
吉日迎往婿家。在輿中忽爲大風所飄，神識散亂，不知何以至此。』諸生喜
曰：『梁生未受室，神物乃從揚州送一妻至，誠有冥數存乎其間！可因而成之。』
梁公乃攜婦歸。尋擢第。不十數年，致身通顯，婦舉數子，故時人有『天賜
夫人』之目。至於傳達宮禁。梁公以大定二十年節度彰德，相下耆舊仍有及
見之者。兵亂後，梁氏尚多，問其家世，多天賜諸孫孫行云。」〔註15〕梁肅
《金史》卷八十九有傳，最後官至參知政事（副宰相），與傳說中所記「丞相
來」之語相符，而梁斗南則僅官至同知南京路都轉運使。因此，這則傳說的
主人公應該是梁肅，後來編纂《良鄉縣志》者對梁斗南生平已經不太清楚，
僅僅因兩人同姓而將《續夷堅志》所載梁肅的傳說附會成梁斗南。又宋人梁
顥也有天賜夫人的傳說，而元人郝經的《陵川集》中也有一首《天賜夫人詞》，
但是不知所記是梁顥還是梁肅的傳說。

二、元朝生涯

金哀宗正大九年（1232，此年正月改元開興，四月又改元天興）三月，
蒙古大軍圍攻南京（汴京）。與此同時，出於中書令耶律楚材的安排，蒙古派
使者入城招降，並「書索翰林學士趙秉文、衍聖公孔元措等二十七家，及歸
順人家屬，蒲阿妻子、繡女、弓匠、鷹人又數十人。」〔註16〕梁斗南就以「名
儒梁陟」〔註17〕的名目出現在這二十七家名單之中。這大概是因爲耶律楚材
降蒙古之前任金朝的尚書省左右司員外郎，對本朝的顯宦名儒十分瞭解的緣

〔註15〕《元好問全集》（增訂本）卷四九《續夷堅志二》，山西古籍出版社，2004年，
第 1177 頁。

〔註16〕《金史》卷一七《哀宗紀上》，第 386 頁。

〔註17〕（元）宋子貞：《中書令耶律公神道碑》，載（元）蘇天爵編：《元文類》卷五
七。又（元）蘇天爵輯撰：《元朝名臣事略》卷五《中書耶律文正王》記載相
同。

故。天興二年（1233）四月二十日，被蒙古軍圍困的南京（汴京）陷落。二十二日，元好問向耶律楚材上書，即《寄中書耶律公書》〔註18〕，希望耶律楚材能夠對中原儒士進行保護，並爲此提出了一份54人的名單，梁斗南也以「梁都運斗南」的名目出現在當中。這可能是在當時混亂的局勢中，身爲金朝下級官員的元好問並不瞭解決策的內幕，因而也就不知道梁斗南已被耶律楚材安置好，但由此也可看出梁斗南在金朝士大夫中的地位與影響。

梁斗南離開汴京後，即北上燕京，在耶律楚材的建議下，得到了很好的安排，「耶律楚材請立編修所於燕京，經籍所於平陽，編集經史，召儒士梁陟充長官，以王萬慶、趙著副之。」〔註19〕這樣，梁斗南爲蒙古政權的文化建設發揮了一定的作用。與此同時，在耶律楚材推薦下，梁斗南、王萬慶、趙著等人還「進講東宮」〔註20〕。正是由於梁斗南和耶律楚材有著這些淵源，因而兩人保持著良好的個人關係，經常吟詠唱和。耶律楚材有一首詩《用梁斗南韻》就體現了兩人的親密關係，詩云：「丁年學道道難成，卻得中原浪播名。否德自慚調鼎鼐，微材不可典機衡。誰知東海潛姜望，好向南陽起孔明。收拾琴書作歸計，玉泉佳處老餘生。」〔註21〕這首詩一方面是耶律楚材的自謙之詞，另一方面「誰知東海潛姜望，好向南陽起孔明」也表達了對梁斗南的殷勤期望以及極高評價。

梁斗南回到燕京後，當然不會定居於遠郊立教村祖居，因此在燕京城內另築新居。這在同是金朝遺民的張本的《梁都運斗南新居落成》一詩中有具體反映，「購材燕市中，作室何翹翹。老手爲拮据，百日不敢驕。室成僅容膝，勃谿益無聊。云胡寫予懷，惟是風雨宵。先生名大夫，黼衣華四朝。楓堂接桂室，燕處俱逍遙。新築誠瑣兮，貧飲稱一瓢。居之不自陋，無乃壯志消。孰知君子心，一念恒萬朝。滔滔寧我盈，凜凜不吾凋。處樂及處約，所以長囂囂。里社來落成，賤子亦見招。盤飱無兼味，至樂等聞韶。我獨何人斯，永惟德音昭。日居及月諸，維此心搖搖。」〔註22〕由此詩可以看出，梁斗南當時的經濟條件並不好，所建新居也比較狹窄、簡陋。張本是貞祐二年（1214）進士，晚於梁斗南中第二十餘年，因而可算是其晚輩。他在正大九年（1232）

〔註18〕《元好問全集》（增訂本）卷三九，山西古籍出版社，2004年。

〔註19〕《元史》卷二《太宗紀》，第34頁。

〔註20〕《元史》卷一四六《耶律楚材傳》，第3459頁。

〔註21〕《湛然居士集》卷一四，中國書店刷印本。

〔註22〕（金）元好問編：《中州集》卷七，中華書局，1959年，第362頁。

以翰林侍講學士的身份陪同曹王完顏訛可作爲蒙古軍的人質北上，在燕京長春宮（今白雲觀）居住將近十年。〔註23〕

梁斗南之後梁德珪「南城有故宅，在閣西南針條巷內。」〔註24〕所謂南城，就是原來的金中都城，也就是燕京。因爲元大都建成後，中都城位於大都城的西南，因而稱南城。此「故宅」應該就是梁斗南所建「新居」。「閣西南針條巷」，其具體方位已不可考。所謂的「閣」就是大悲閣，「在南城舊市之中。建自唐，至遼開泰重修。聖宗遇雨，飛駕來臨，改寺聖恩，而閣隸焉。金皇統九載，即其地而新之。元至元壬午春重修。」〔註25〕大悲閣故址在今下斜街和廣安門內大街交叉口處，因而梁斗南「新居」應在此處的西南，大致在牛街北段路西一帶。此地是金中都的金臺坊所在，金臺得名於燕昭王之黃金臺，其地在唐代、遼代先後名招賢坊、隗臺坊。〔註26〕與張本同爲金朝遺民，且同爲貞祐二年（1214）進士的李庭與梁斗南也有交往。在其《趙景溫還燕以詩寄梁都運》一詩中，就曾提到了梁斗南的燕京居住地金臺坊。「北來南去幾征鴻，十載燕山在眼中。邂逅相逢三語掾，平安首問五噫公。解貂貰酒誰家子，擊筑行歌故國風。落日黃金臺下過，也應無處說詩窮。」〔註27〕趙景溫其人只見於元好問《舊與趙景溫》〔註28〕一詩中，也應該是金朝遺民。

在梁斗南的交遊者中，元好問是與其關係最爲密切的。元好問有一首詩《梁都運亂後得故家所藏無盡藏詩卷，見約題詩，同諸公賦》，詩云：「飛亭四望水雲寬，亭上高人杳莫攀。已就湖山攬奇秀，更教鄉社得安閑。風流豈落正始後，詩卷常留天地間。勝賞休言隔今昔，肩吾新自會稽還。」〔註29〕反映了梁斗南與元好問及其它文人的交遊，可惜與元好問同時作詩的「諸公」之詩都未保留下來。另外就此無盡藏詩卷，元人王惲也有一首《跋梁斗南先生無盡藏手軸》：「昇平豪富林泉主，白髮歸來一幅巾。世與士安籌國計，誰

〔註23〕 張本事跡詳見劉曉：《金遺民張本事跡考略》，載李治安主編《元史論叢》第十輯，中國廣播電視出版社，2005年。

〔註24〕 （元）熊夢祥：《析津志輯佚》，北京古籍出版社，1983年，第150頁。

〔註25〕 （元）熊夢祥：《析津志輯佚》，北京古籍出版社，1983年，第68頁。

〔註26〕 參見魯曉帆：《試析遼南京城二十六坊》，《北京歷史與文化論文集》，北京出版社，2007年。

〔註27〕 薛瑞兆、郭明志編纂：《全金詩》卷一四六，南開大學出版社，1995年，第4冊，第481頁。

〔註28〕 《元好問全集》（增訂本）卷一四，山西古籍出版社，2004年，第352頁。

〔註29〕 《元好問全集》（增訂本）卷九，山西古籍出版社，2004年，第213頁。

云開府是辭臣。江頭宮殿千門暗，物外雲煙萬古春。休向諸郎訪遺事，青山依舊是比鄰。」〔註30〕由於王惲（1227～1304），生年較晚，因此在梁斗南生前不可能與其交往。「休向諸郎訪遺事，青山依舊是比鄰」之句也說明這首詩作於梁斗南身後。在梁斗南去世後，元好問還有一首詩提到他，《梁移忠詩卷》云：「一箭功成塞上歸，乃翁垂白藉扶持。燕雲義俠風流遠，里社陰功父老知。龍種作駒元自異，虎頭食肉未應遲。高門更與增華表，丁令還家先有期。」〔註31〕詩後小注寫到：「時都運丈已下世，故詩中及之」。梁移忠可能是梁斗南之子梁術，移忠是其字。梁斗南在金末元初文人的交遊圈中，評價極高，有「剛明」〔註32〕之譽。

梁斗南的卒年不詳，由於其四世孫梁德珪在元成宗朝官至中書平章政事，因而身後倍極殊榮，被元廷加以「通憲」之諡。王惲撰寫了《追諡故都運梁公通憲先生制》，對梁斗南評價極高。全文如下：「制曰：望隴思賢，臣子無古今之間；顯親盡孝，國家有推獎之崇。矧茲文憲之傳，篤我世臣之舊。資德大夫、中書左丞梁暗都剌，故曾祖金中奉大夫、司農少卿陟，早登科第，顯歷仕途。履正奉公，才憂國計。持難抗節，身為大閒。在先儒耆德之間，有泰和能臣之譽。經綸事往，道義日尊。流澤遠及於子孫，致位有開於卿相。克宣忠力，勵相我家。不有恤章，曷勸來者？可賜諡曰通憲先生。於戲！老成雖遠，典刑猶見於國人；寵數惟新，潛德載光於泉壤。尚期英爽，不昧歆承。」〔註33〕梁暗都剌就是梁德珪，但他不是梁斗南的曾孫，而是四世孫，詳見下文。

三、家族世系

袁桷爲梁德珪所撰《封薊國公諡忠哲梁公行狀》詳細載明了梁斗南的先輩與後世，「公諱德珪，字伯溫。姓梁氏，大興路良鄉人。八世祖德成，遼末以勇力善自雄鄉里。生子吉，不仕。吉子伯緼，金皇統進士，官通議大夫、同知河南府事，遂贈吉安定郡伯。郡伯孫牧，牧子陟，明昌進士，官中奉大夫、同知南京路都轉運司事。亦贈其父安定郡侯。郡侯有別墅，金世，諸名士日觴詠從之遊。中奉髫年，能以詞章相週旋，咸器偉之。晚歲，直節善政，

〔註30〕　（元）王惲：《秋澗集》卷一六，文淵閣四庫全書本。
〔註31〕　《元好問全集》（增訂本）卷一〇，山西古籍出版社，2004年，第234頁。
〔註32〕　（元）魏初：《青崖集》卷五《王隱君真贊》，文淵閣四庫全書本。
〔註33〕　（元）王惲：《秋澗集》卷六七，文淵閣四庫全書本。

深自植立。值金亡，終老於里。生衍，爲金承奉班祗候。祗候生守信，終隆興都轉運鹽使。轉運生國禎，終內藏庫提點。是生公，後以公爲左丞。時朝廷特號中奉曰通憲先生，轉運贈榮祿大夫、定國公，諡忠毅。提點贈榮祿大夫、安定郡公，諡僖敏。」〔註34〕袁桷在文中還說明了梁家的譜系可信度很高。「方金將亡時，士族解散澌盡，既獲平定，推原高曾名字於荒碑野冢之際，皆缺軼無所考。獨梁公八世，官簿歷歷可據，德源深長，通憲守儒之效著矣。」據此，可將其家族世襲梳理如下：

德成——吉——伯緼——牧——陟（斗南）——衍——守信——國禎——德珪

在梁斗南家族九代中，除了其本人外，要數梁德珪知名度最高，梁德珪《元史》卷一七〇有傳。他幼年入宮服侍元世祖昭睿順聖皇后察必，因而熟習蒙古語，爲其後的仕途順利打下了基礎。後來，梁德珪「奉國朝旨，學西域法」〔註35〕。又取了一個穆斯林的名字暗都剌（暗都剌），也就是 Abdullah，今譯爲阿卜都拉。丁國範先生認爲「西域法當指回回人理財之法」〔註36〕。在世祖朝，梁德珪官拜參知政事，才華得以充分展示。「在省日久，凡錢穀出納之制，銓選進退之宜，諸藩賜予之節，命有驟至，不暇閱簡牘，同列莫知措辭，德珪數語即定。間遇疑事，則曰某事當如某律，某年嘗有此旨，驗之皆然。」〔註37〕其後，在成宗朝，他與中書平章政事伯顏一同對財政進行了一系列改革，使國家財政狀況有所好轉，史稱這一時期爲「賽梁秉政」。但是這遭到了歷來恥於言利的漢人儒臣的強烈反對，伯顏、梁德珪、八都馬辛被視爲三凶。漢人儒臣利用所掌握的臺諫之權對他們不斷彈劾，梁德珪被貶黜湖廣，後雖召回，但不久就病逝。梁德珪身爲漢族名儒梁斗南之後，在一定程度上卻蒙古化、回回化了，這應歸因於蒙元時期大的歷史環境。在這一時期，包括蒙古、色目等各少數民族入居中原，與漢族不僅發生了體質上的融合，更是在思想、文化上都得以交融。梁德珪其人就是後者的突出表現，這同其先祖梁斗南作爲女眞族統治下的漢族名儒的身世相比，更加令人玩味。

原載《遼金史論集》（第十一輯），內蒙古大學出版社，2009 年

〔註34〕（元）王惲：《秋澗集》卷六七，文淵閣四庫全書本。
〔註35〕（元）熊夢祥：《析津志輯佚》，北京古籍出版社，1983 年，第 150 頁。
〔註36〕丁國範：《至元大德年間的「賽梁秉政」》，載《元史及北方民族史研究集刊》第 12～13 期，1989～1990 年。
〔註37〕《元史》卷一七〇《梁德珪傳》，第 4005 頁。

參考文獻

一、古籍

1.　（宋）范成大：《范成大筆記六種》，中華書局，2002 年。

2.　（宋）洪皓：《松漠記聞》，《遼海叢書》，遼瀋書社，1985 年。

3.　賈敬顏：《五代宋金元人邊疆行記十三種疏證稿》，中華書局，2004 年。

4.　（宋）江少虞：《宋朝事實類苑》，上海古籍出版社，1981 年。

5.　（宋）李燾：《續資治通鑒長編》，中華書局，2004 年。

6.　（宋）李心傳：《建炎以來繫年要錄》，上海古籍出版社，2008 年。

7.　（金）劉祁：《歸潛志》，中華書局，1983 年。

8.　（後晉）劉昫等：《舊唐書》，中華書局·1975 年

9.　（元）劉因：《靜修先生文集》，四部叢刊本。

10.　（宋）陸游：《家世舊聞》，中華書局，1993 年。

11.　（宋）馬永易：《實賓錄》，文淵閣四庫全書本。

12.　（宋）歐陽修：《新五代史》，中華書局，1974 年。

13.　（宋）歐陽修、宋祁等：《新唐書》，中華書局，1975 年。

14.　（宋）彭汝礪：《鄱陽集》，文淵閣四庫全書本。

15.　（明）宋濂等：《元史》，中華書局，1976 年。

16.　（宋）蘇頌：《蘇魏公文集》，中華書局，1988 年。

17.　（宋）蘇轍：《欒城集》，上海古籍出版社，1987 年。

18.　（元）脫脫等：《遼史》，中華書局，1974 年。

19.　（元）脫脫等：《宋史》，中華書局，1977 年。

20.　（元）脫脫等：《金史》，中華書局，1975 年。

21. （金）王寂撰，張博泉注釋：《遼東行部志注釋》，黑龍江人民出版社，1984 年。

22. （宋）王欽臣：《王氏談錄》，文淵閣四庫全書本。

23. （宋）王闢之：《澠水燕談錄》，中華書局，1981 年。

24. （宋）王欽若等：《冊府元龜》，中華書局，1960 年。

25. 王新英編：《全金石刻文輯校》，吉林文史出版社，2012 年。

26. （元）王惲：《秋澗集》卷六七，文淵閣四庫全書本。

27. （元）魏初：《青崖集》，文淵閣四庫全書本。

28. 向南編：《遼代石刻文編》，河北教育出版社，1995 年。

29. （宋）熊克：《中興小紀》，福建人民出版社，1985 年。

30. （元）熊夢祥：《析津志輯佚》，北京古籍出版社，1983 年。

31. （宋）徐夢莘：《三朝北盟會編》，上海古籍出版社，1985 年。

32. （清）徐松輯：《宋會要輯稿》，中華書局，1957 年。

33. （宋）薛居正等：《舊五代史》，中華書局，1976 年。

34. 薛瑞兆、郭明志編纂：《全金詩》，南開大學出版社，1995 年。

35. （元）耶律楚才：《湛然居士集》，中國書店刷印本。

36. （宋）葉隆禮撰，賈敬顏、林榮貴點校：《契丹國志》，上海古籍出版社，1985 年。

37. （清）于敏中等編纂：《日下舊聞考》，北京古籍出版社，1983 年。

38. （宋）宇文懋昭撰，崔文印校證：《大金國志校證》，中華書局，1986 年。

39. （金）元好問編：《中州集》，中華書局，1959 年。

40. （金）元好問編：《中州集》，華東師範大學出版社，2014 年。

41. （金）元好問：《元好問全集》（增訂本），山西古籍出版社，2004 年。

42. （元）袁桷：《清容居士集》，文淵閣四庫全書本。

43. （清）張金吾編：《金文最》，中華書局，1990 年。

44. （金）趙秉文：《閒閒老人滏水文集》，叢書集成初編本，商務印書館，1936 年。

45. （朝鮮）鄭麟趾：《高麗史》，奎章閣本。

46. （宋）周密：《癸辛雜識》，中華書局，1997 年。

二、著作

1. 北京市文物局編：《北京遼金史蹟圖志》（上），北京燕山出版社，2003 年。

2. 北京市文物局編：《北京遼金史蹟圖志》（下），北京燕山出版社，2004

年。

3. 柴澤俊、張丑良：《繁峙岩山寺》，文物出版社，1990 年。

4. 陳述：《金史拾補五種》，科學出版社，1960 年。

5. 陳振主編：《中國通史》第七卷《中古時代‧五代遼宋夏金時期》（上），上海人民出版社，1999 年。

6. 方滿錦：《元好問之名節研究》，（臺北）天工書局，1997 年。

7. 傅璇琮、謝灼華主編：《中國藏書通史》，寧波出版社，2001 年。

8. 蓋之庸編著：《內蒙古遼代石刻文研究》（增訂本），內蒙古大學出版社，2007 年。

9. 河北省文物研究所：《宣化遼墓》，文物出版社，2001 年。

10. 河北省製圖院編製：《河北省地圖冊》，地質出版社，2001 年。

11. 景愛：《金代官印集》，文物出版社，1991 年。

12. 劉浦江：《遼金史論》，遼寧大學出版社，1999 年。

13. 內蒙古自治區文物考古研究所、哲里木盟博物館：《遼陳國公主墓》，文物出版社，1993 年。

14. 孫建華、楊星宇：《大遼公主——陳國公主墓發掘紀實》，內蒙古大學出版社，2008 年。

15. 湯開建：《宋金時期安多吐蕃部落史研究》，上海古籍出版社，2007 年。

16. 王玲：《北京通史‧遼代卷》，中國書店出版社，1994 年。

17. 王禹浪：《金代黑龍江史略》，哈爾濱出版社，1993 年。

18. 王曾瑜：《荒淫無道宋高宗》，河北人民出版社，1999 年。

19. 王曾瑜：《金朝軍制》，河北大學出版社，1996 年。

20. 魏志江：《遼金與高麗關係考》，香港天馬圖書有限公司，2001 年。

21. 席龍飛：《中國造船史》，湖北教育出版社，2000 年。

22. 忻介六、楊慶爽、胡成業：《昆蟲形態分類學》，復旦大學出版社，1985 年。

23. 薛瑞兆：《金代科舉》，中國社會科學出版社，2004 年。

24. 嚴耕望：《嚴耕望史學論文選集》，中華書局，2006 年。

25. 閻鳳梧、康金聲主編：《全遼金詩》，山西古籍出版社，1999 年。

26. 楊寬：《中國古代都城制度史研究》，上海古籍出版社，1993 年。

27. 尹鈞科：《北京郊區村落發展史》，北京大學出版社，2001 年。

28. 于德源：《北京歷代城坊、宮殿、苑囿》，首都師範大學出版社，1997 年。

29. 于傑、于光度：《金中都》，北京出版社，1989 年。

30. 張錫彤、王鍾翰、貫敬顏等：《〈中國歷史地圖集〉釋文匯編‧東北卷》，中央民族學院出版社，1988 年。

31. 趙永春編注：《奉使遼金行程錄》，吉林文史出版社，1995 年。

32. 中國文物研究所、北京石刻藝術博物館編：《新中國出土墓誌‧北京〔壹〕》（上冊），文物出版社，2003 年。

33. 周惠泉：《金代文學論》，東北師範大學出版社，1997 年。

34. 祝啓源：《唃廝囉——宋代藏族政權》，青海人民出版社，1998 年。

三、論文

1. 阿頓‧華多太：《從「雅則紅城」分析白黃黑帳霍爾的民族歸屬》，《青海師範大學學報》（哲學社會科學版）2009 年第 5 期。

2. 陳述：《大遼瓦解以後的契丹人》，中央民族學院研究部編：《中國民族問題研究集刊》第 5 輯，1956 年。

3. 丁國範：《至元大德年間的「賽梁秉政」》，載《元史及北方民族史研究集刊》第 12～13 期，1989～1990 年。

4. 高福順：《隋唐朝遼金時期東北水路交通的開發》，《長春師範學院學報》2000 年第 1 期。

5. 郝俠遂：《遼、金、元三朝之林業概》，（臺灣）《中華科技史學會會刊》第九卷，2006 年。

6. 康鵬：《遼代五京體制研究》，北京大學博士研究生學位論文，2007 年。

7. 李桂芝：《遼景宗即位考實》，《學習與探索》2006 年第 6 期。

8. 劉鳳翥：《女眞字「國誠」信牌考釋》，《文物》1980 年第 1 期。

9. 劉建麗：《金朝對隴南吐蕃的招撫》，《西藏研究》2007 年第 4 期。

10. 劉寧：《對金代幾面牌子的認識》，《遼海文物學刊》1995 年第 1 期。

11. 劉浦江：《關於金朝開國史的眞實性質疑》，《歷史研究》1998 年第 6 期。

12. 劉曉：《金遺民張本事跡考略》，載李治安主編《元史論叢》第十輯，中國廣播電視出版社，2005 年。

13. 魯曉帆：《試析遼南京城二十六坊》，《北京歷史與文化論文集》，北京出版社，2007 年。

14. 聶鴻音：《〈貞觀政要〉的西夏文譯本》，《固原師專學報》（社會科學版）1997 年第 1 期。

15. 任秀俠：《呂徵墓表考釋》，《北京文博》2002 年第 1 期。

16. 山西省考古研究所侯馬工作站：《侯馬 102 號金墓》，《文物季刊》1997 年第 4 期。

17. 舒焚：《金初無傳功臣考》，《遼金史論集第九輯‧金史國際學術研討會專

集》，中州古籍出版社，1996 年。

18. 譚英傑：《伊春大豐地區發現的契丹文金質符牌》，《黑龍江古代文物》，黑龍江人民出版社，1979 年。

19. 湯開建、楊慧玲：《宋金時期安多藏族部落佛教的興盛及其原因》，《廣西民族學院學報‧哲學社會科學版》2005 年第 1 期。

20. 王則：《吉林省發現的契丹文銀質符牌》，《博物館研究》1985 年第 2 期。

21. 夏宇旭：《論金代女眞人對林木資源的保護與發展》，《北方文物》2014 年第 1 期。

22. 肖愛民：《遼代珍奇動物貔狸考》，《北方文物》1999 年第 1 期。

23. 熊鷹：《從館藏石刻略談遼金元時期石刻書法特點》，《書法叢刊》2007 年第 4 期。

24. 顏華：《女眞文國信牌的發現》，《社會科學戰線》1979 年第 2 期。

25. 楊廣文、邢軍、周峰：《金元昌平崔村鑺鈸邑碑考釋》，《中國歷史文物》2004 年第 1 期。

26. 趙永春：《「語錄」緣起與宋人出使遼金「語錄」釋義》，《遼金契丹女眞史研究》2008 年第 1 期。

27. 鄭紹宗：《承德發現的契丹符牌》，《文物》1979 年第 10 期。